非物质文化遗产保护问题研究

中国社会科学院知识产权中心 编

图书在版编目（CIP）数据

非物质文化遗产保护问题研究／中国社会科学院知识产权中心编.—北京：知识产权出版社，2011.8（2017.9 重印）
ISBN 978-7-5130-0715-3
Ⅰ.①非… Ⅱ.①中… Ⅲ.①文化遗产—保护—研究—中国 Ⅳ.①K203
中国版本图书馆 CIP 数据核字（2011）第 144415 号

内容提要

本书汇编了有关非物质文化遗产保护的立法概况、理论与实践，以及保存与运用等方面的论文，可供非物质文化遗产保护领域的实践工作者、相关政府部门和理论研究人员阅读和参考。

责任编辑：龙　文　　　　责任出版：卢运霞
装帧设计：开元图文　　　特约编辑：李怡婷

非物质文化遗产保护问题研究
Feiwuzhi Wenhua Yichan Baohu Wenti Yanjiu
中国社会科学院知识产权中心　编

出版发行：知识产权出版社有限责任公司	网　址：http://www.ipph.cn
社　址：北京市海淀区气象路50号院	邮　编：100081
责编电话：010-82000860 转 8123	责编邮箱：longwen@cnipr.com
发行电话：010-82000860 转 8101/8102	发行传真：010-82000893/82005070
印　刷：北京中献拓方科技发展有限公司	经　销：新华书店及相关专业书店
开　本：880mm×1230mm 1/32	印　张：12
版　次：2012年3月第1版	印　次：2017年9月第2次印刷
字　数：300千字	定　价：36.00元

ISBN 978-7-5130-0715-3/K·101（3620）

出版权专有　侵权必究
如有印装质量问题，本社负责调换。

序　言

　　非物质文化遗产是指各民族、社区和群体视为其文化遗产组成部分的各种文化表现形式，以及与这些文化表现形式相关的实物和场所。非物质文化遗产涉及非常广泛的内容，包括传统的口头表达、语言文字、表演艺术、宗教仪式、节庆风俗、医药知识、手工艺，以及传统的有关自然和社会的知识等等。

　　非物质文化遗产与人类漫长的农耕社会密切相关。随着工业社会的到来，无论是在发达国家还是在发展中国家和最不发达国家，非物质文化遗产都在迅速消失。于是，抢救非物质文化遗产，尤其是发展中国家和最不发达国家的非物质文化遗产，成了摆在国际社会面前的紧迫问题。同时，发达国家的个人和公司利用发展中国家和最不发达国家的非物质文化遗产，创作出可以受到著作权或者版权保护的作品，做出可以获得专利的技术发明，也从另一个角度提出了如何让非物质文化遗产的持有者或者传承者获得必要经济利益的问题。

　　与此相应，国际上有关非物质文化遗产的保护，也有了行政保护和民事权利保护的模式。所谓行政保护模式，是由政府的主管部门采取行政措施，积极、主动地保存或保护非物质文化遗产。例如政府部门建立非物质文化遗产的名录体系、传承制度和保障制度等等。联合国教科文组织通过的《非物质文化遗产保护公约》，是行政保护模式的典型代表。所谓民事权利保护的模式，则是在非物质文化遗产上设定民事权利，防止他人未经许可而商业性地利用相关的非物质文化遗产，并在必要的时候给予法律救济。

　　大体说来，国际上有关非物质文化遗产保护的探讨，开始于民事权利的保护模式。1967 年的《突尼斯著作权法》率先规定，以著作权的方式保护民间文艺，开了以民事权利的方式保护非物质文化遗产的先河。随后，世界知识产权组织和联合国教科文组织于1982年推出了《发展中国家著作权保护突尼斯示范法》，就民间文艺表达的著作权保护做出了示范规定。此后，世界知识产权组织于2000年成立了一个"知识产权与遗传资源、传统知识和民间文学艺术政府间委员会"，就遗传资源、传统知识和民间文艺的民事权利保护问题进行了积极的探索。然而，由于民事保护模式涉及较为复杂的民事法律和知识产权法律的问题，很难在国际上达成共识。另一方面，有关行政保护模式的探讨虽然起步较晚，但由于简单易行，很快在国际上达成共识，形成了具有约束力的《非物质文化遗产保护公约》。中国对于非物质文化遗产保护的探讨，同样开始于民事权利保护的探讨。早在20世纪80年代，当中国制定《著作权法》时，就开始了对于民间文艺保护的探讨。1990年通过的《著作权法》，也在第6条原则规定了对于民间文学艺术作品的保护，授权国务院制定相关的条例。在此之后，中国社会科学院知识产权中心主任郑成思教授，翻译了国际上有关民间文艺保护的立法文件，以期推动民间文学艺术作品保护条例的制定。进入21世纪以后，中国对于非物质文化遗产保护的探讨，则是在两个因素的推动下进行的。一是中国加入世界贸易组织，大大提高了知识产权的保护标准，促使一些学者探讨如何更加有效地保护同样属于智力活动成果的遗传资源、传统知识和民间文艺。二是世界知识产权组织、联合国教科文组织和其他国际组织，积极推进有关非物质文化遗产保护的探索，推出了一系列富有成效的文件。这也促使国内的很多专家学者，从民事权利保护和行政保护的角度，探讨对于非物质文化遗产的保护。

与国际上的情形类似，中国对于非物质文化遗产保护的探讨虽然开始于民事权利的保护模式，但行政保护模式迅速走在了前面。早在1998年，文化部与全国人大教科文卫委员会就起草了一部《民族民间传统文化保护法》（草案）。2004年8月，中国加入联合国教科文组织制定的《非物质文化遗产保护公约》。随后,文化部将原来的《民族民间传统文化保护法》改名为《非物质文化遗产法》,经国务院讨论后,提交全国人大常委会讨论,于2011年2月获得通过。这部法律全面规定了行政机关对于非物质文化遗产的保护,包括对于非物质文化遗产的认定,公布名录和确定传承人等等。

与此相成鲜明对比的是,1990年通过的《著作权法》虽然原则规定了对于民间文学艺术作品的保护,但在经过了20多年以后,仍然没有制定出"民间文学艺术作品保护条例"。又如,2008年修订《专利法》,曾经在草案中规定,利用他人的遗传资源和传统知识做出的技术发明,申请人应当在申请文件披露相关的遗传资源和传统知识。然而,由于众多利益集团的反对,最终通过的《专利法》删除了有关传统知识的披露要求。即使是对于遗传资源的强制披露要求,也没有相应的惠益分享机制加以补充。由此看来,在非物质文化遗产的民事权利保护方面,我们仍然是任重而道远。

中国社会科学院知识产权中心与台湾清华大学科技法律研究所自2004年以来,连续举办了五届有关知识产权的会议。其中两次会议的主题,都是关于非物质文化遗产的保护,显示了两个单位对于这个问题的重视。在2005年5月,两个单位与贵州师范大学合作,召开了"遗传资源、传统知识和民间文艺保护研讨会"。这次会议达成了一个共识,保护遗传资源、传统知识和民间文艺,并不是要把这些非物质文化遗产封闭起来,而是要在商业化运用的过程中,既传播、发扬和充分利用遗传资源、传统知识和民间文艺,又让其持有者或者传承人获得一定的经济利益。这就是引入特殊权利的保护,设定惠益分享的机制。会议的论文纳入了《知识产权文丛》第十三卷(中国方正出版社2006年版),在学术界引起了广泛的影响。

到了2010年11月,当《非物质文化遗产法》正在全国人大常委会审议之时,两个单位再次与湖南大学、湖南省文化厅和中共炎陵县委、县政府合作，在湖南省炎陵县举办了"非物质文化遗产保护中的法律问题研讨会"。研讨会的开幕式是在中华民族的始祖之一炎帝的陵墓前面举行的。我作为会议主办方的代表，有幸主持了研讨会的开幕式。祭灵仪式由朝拜、歌舞、仪仗、锣鼓、献祭等传统的文化要素所构成。与祭灵的仪式相结合，台湾清华大学科技法律研究所所长范建得教授、湖南省文化厅的周用金厅长、中共炎陵县委书记李晖分别致辞。在庄严的祭灵仪式中，我们再次感受到了非物质文化遗产的巨大生命力，以及在当今的社会经济条件下保存和保护中华民族非物质文化遗产的重要性。

开幕式之后，来自海峡两岸的专家学者，就"非物质文化遗产保护的立法概况"、"非物质文化遗产保护的基本理论"、"非物质文化遗产的保存与保护"、"非物质文化遗产的产业化"等专题进行了深入的研讨。会议期间，还穿插了炎陵县政府组织的"非物质文化遗产传承人表演和解说"等内容。根据研讨的专题可以看出，会议不仅探讨了非物质文化遗产保护的基本理论和立法概况，而且着力探讨了非物质文化遗产的保存、保护和产业化等问题。在这方面，台湾在非物质文化遗产的保存方面，在非物质文化遗产的产业化方面，已经积累了一些宝贵的经验，值得大陆的相关部门和学术界加以借鉴。

会议结束之后，我们按照以往的惯例，从会议论文中精选了16篇，在作者进一步修改的基础上，汇编了这本《非物质文化遗产保护问题研究》。我们希望，本文集的出版，能够进一步推动我国对于非物质文化遗产的保护和保存，尤其是推动对于非物质文化遗产的民事权利的保护。

李明德

2011 年 5 月于北京

目　录

一、非物质文化遗产保护的立法概况

关于非物质文化遗产立法的几个问题 …………… 王建华（3）
论非物质文化遗产的公权保护 ………………… 黄玉烨（12）
非物质文化遗产的法律保护问题 ………………… 管育鹰（26）
台湾地区鼓励民间参与保存非物质文化
　　遗产之作为 ………………………… 范建得　罗雅之（49）
台湾地区对于遗传资源法之立法方向 …… 陈昭华　彭怡静（63）

二、非物质文化遗产保护的理论与实践

非物质文化遗产保护与著作权保护的
　　冲突与协调 ………………………… 董炳和　於亚萍（97）
论非物质文化遗产衍生"作品"的
　　著作权 …………………………… 孙元清　余　晖（112）
我国传统村落及其文化遗存现状与
　　保护思考 ……………………………………… 胡彬彬（126）
农业文化遗产的概念、特点与
　　保护要求 …………………………… 闵庆文　孙业红（140）
法律视野中的全球重要农业文化遗产
　　（GIAHS） ………………………… 吴　莉　焦洪涛（151）
知识产权、"集体共有知识产权"与非物质
　　文化遗产 ……………………………………… 喻　铃（199）

三、非物质文化遗产的保存与运用

非物质文化遗产的商业化利用 …………………… 何家怡（225）
证明标章保护原住民工艺品之功能 …………………… 李崇僖（236）
原始部落的文化与传承 …………………… 林素甘　郭良文（254）
数位典藏之权利盘点 …………………………………… 陈晓慧（282）
燕赵民间文化传承的法律保护机制
　研究 …………………… 胡云红　杨　朝　胡海涛（302）

附录1：非物质文化遗产法律保护研究
　报告 …………………………… 李明德　管育鹰（320）
附录2：《中华人民共和国非物质文化遗产法》 …………（371）

一、非物质文化遗产保护的立法概况

关于非物质文化遗产立法的几个问题

王建华 *

摘要：2010 年 8 月 23 日，《中华人民共和国非物质文化遗产法（草案）》（以下简称《草案》）首次提请全国人大常委会进行审议，我国非物质文化遗产的立法进入了十分关键的阶段。目前，全国人大已通过互联网向社会各界征求对《草案》的意见。可以说，非物质文化遗产立法工作，在全社会引起了广泛关注和热烈讨论。这对提高立法的科学性、民主性，推动我国非物质文化遗产事业的发展意义重大。笔者根据自己的体会，谈几点看法。

一、关于法律名称

（一）关于名称之争

根据讨论和反馈的意见，一部分人主张将法律名称修改为《中华人民共和国非物质文化遗产保护法》，理由是：（1）我国已加入联合国教科文组织的《保护非物质文化遗产公约》，国内法的法律名称中没有"保护"二字，显得非常突兀；（2）众所周知，我国关于文物的法律是《中华人民共和国文物保护法》，对于同样作为文化遗产重要组成部分的非物质文化遗产，在法律名称上应一致。

主张法律名称应为《中华人民共和国非物质文化遗产法》的理由，主要有以下几点：（1）"保护"一词涵义过窄；（2）"保护"一词带有价值取向色彩，应当区别保存与保护，以便对不同类型的非

---

* 文化部政策法规司。本书汇编时《非物质文化遗产法》正在审议尚未出台，因此在各文中均称《草案》，以下不再一一注明。

物质文化遗产进行区别对待。

(二) 名称之争产生的原因

笔者认为,产生上述分歧的主要原因有二:

其一,公约翻译上的原因。《保护非物质文化遗产公约》的英文名称为《Convention for the Safeguarding of the Intangible Cultural Heritage》。再看公约对"保护"的解释:"保护"指确保非物质文化遗产生命力的各种措施,包括这种遗产各个方面的确认、立档、研究、保存、保护、宣传、弘扬、传承(特别是通过正规和非正规教育)和振兴。我们很快就能发现这里的一个"漏洞"——用"保护"解释"保护"。但是,对照英译本就可以知道,被定义的"保护"是"safeguarding",用以解释的"保护"是"protection"。可见,正是因为在汉语中没有对"safeguarding"和"protection"加以区别,一并译为"保护",才导致了对其涵义的不同理解。简单地说,主张法律名称为《中华人民共和国非物质文化遗产保护法》的人认为,这里的"保护"相当于"safeguarding";主张法律名称为《中华人民共和国非物质文化遗产法》的人认为,这里的"保护"相当于"protection"。

其二,非物质文化遗产的特殊性。与静态的、有形的文物不同,非物质文化遗产的特点是"世代相传,在各社区和群体适应周围环境以及与自然和历史的互动中,被不断地再创造"。也就是说,非物质文化遗产具有活态性和传承性,并且与"各社区、群体,有时是个人"关于"自然界和宇宙的知识和实践"密切相关。这一特性,使得人们在面对一个具体的非物质文化遗产项目时,会自然而然地联想到蕴藏其后的世界观、人生观等等,从而作出相应的价值评判。这种价值评判,既可能因人而异,也可能因历史阶段而异,千差万别,甚至截然相反。而一般人对于汉语中的"保护"一词,往往做狭义的理解,即潜意识地认为,需要"保护"的对象,必然在价值导向上有正面意义。既然如此,不加分析地在"非物质文化遗产"之下加上"保护"二字,自然不妥。然而,对那些将"保护"一词作广义理解的人来说,这种担心却是多余的。因为,根据不同的价值判断,既可以采取保存、研究的措施,也可以采取传承、弘扬的措施,都属于"保护"的范畴。

(三) 个人观点

综上,两种法律名称均有一定的道理,并没有原则性的分歧。比较而言,笔者倾向于加上"保护"二字,并对其作广义的解释。这样做有以下好处:

(1) 保持立法的统一性。在国内来说可与文物保护法相统一,在国际上可与保护非物质文化遗产公约接轨,旗帜鲜明地表达出我们珍视中华民族文化遗产的态度。

(2) 使《草案》表述更严谨。目前的《草案》区分了保存与保护,将保护作狭义的理解。《草案》第3条规定:国家对非物质文化遗产采取认定、记录、建档等措施予以保存,对具有历史、文学、艺术、科学价值的非物质文化遗产采取传承、传播等措施予以保护。这里至少有两个地方不够严谨:一方面,很难找出一项在"历史、文学、艺术、科学"任何一方面都没有价值的非物质文化遗产;另一方面,如果从狭义上理解,"保护"一词与"传承、传播"联系起来也比较勉强。如果将"保存"理解为保护手段的一种,则可以避免这些问题。

(3) 升华以往的非物质文化遗产政策。《国务院办公厅关于加强我国非物质文化遗产保护工作的意见》(国办发[2005]18号)确定的工作指导方针是"保护为主,抢救第一,合理利用,传承发展"。《草案》之所以没有将这一方针原封不动地写进去,可能与对"保护"一词的理解有关,即仔细推敲起来,抢救、利用、传承、发展等实际上都是保护措施,抽去这些措施,"保护"会显得有些空洞。这也说明,文件语言在转化成法律语言之前还要下一番功夫。

(4) 使立法目的性更加明确。关于《草案》的说明详细阐述了立法的必要性,即"非物质文化遗产日益受到现代生活方式的冲击,一些依靠口传身授予以传承的文化遗产不断消失,许多传统技艺面临人亡艺绝的危险,大量具有历史、文学、艺术、科学价值的珍贵实物遭到毁弃"。这些阐述,给人的强烈感觉,就是"保护"非物质文化遗产具有急迫性,而这种"保护"应当是全方位的。另外,在征求意见过程中,一些同志对《草案》第 40 条关于国家鼓励"合理利用非物质文化遗产代表性项目发展文化产业"的规定表示了担忧。他们认为,市场的力量足够强大,自然会对具有市场潜力的非物质文化遗产进行开发,目前的当务之亟是防止这种开发造成的负面作用,而不是鼓励开发文化产业。这种争论的出现,恐怕与法律名称中没有"保护"一词,至使立法目的不够突出有关。

二、关于非物质文化遗产的定义

(一) 立法中面临的困难

如何对非物质文化遗产进行界定是本法的一大难点。表现在以下几个方面:

(1) 语境转换的困难。在加入《保护非物质文化遗产公约》之前,国内有一个沿用多年的名称,叫"民族民间文化"。加入公约之后,为了与国际话语体系接轨,相应的政策文件都进行了修改。"the Intangible Cultural Heritage"直译应为"无法触摸的文化遗产",学界有译为"无形文化遗产"的,也有译为"非物质文化遗产"的。无论如何,这种以否定词作为名词的用法并不符合中国的语境,难免造成理解上的困难。例如,一般人看来,与无形对应的是有形,与物质对应的是精神。难道我们的民族民间传统文化都是看不见、摸不着的?或者是纯粹精神层面的东西?虽然经过多年的宣传,"非物质文化遗产"这一概念已被广泛接受,但由于理解上的差异,在立法过程中的争论非常之多。

(2) 对公约定义的不同看法。《保护非物质文化遗产公约》对非物质文化遗产的定义是:"被各社区、群体,有时是个人,视为其文化遗产组成部分的各种社会实践、观念表述、表现形式、知识、技能以及相关的工具、实物、手工艺品和文化场所。这种非物质文化遗产世代相传，在各社区和群体适应周围环境以及与自然和历史的互动中，被不断地再创造，为这些社区和群体提供持续的认同感，从而增强对文化多样性和人类创造力的尊重。"公约还列举了五种形式：口头传统和表现形式，包括作为非物质文化遗产媒介的语言；表演艺术；社会实践、仪式、节庆活动；有关自然界和宇宙的知识和实践；传统手工艺。

有人认为，既然我国已经加入了公约，直接引用其中关于非物质文化遗产的定义就可以了，没必要为此另起炉灶。更多的人认为，我们对非物质文化遗产的界定，不能机械地照搬公约的表述，而应当结合中国的国情，用中国人熟悉的语言进行表述。更何况，国际公约的制定过程，同样是一个争论和妥协的过程。公约关于非物质文化遗产的定义，也不见得每个国家、每个人都心服口服。

（3）操作层面的困难。如何恰当地对非物质文化遗产下定义，是列举还是解释，或者是列举与解释并用？解释时如何把握非物质文化遗产的主要特征？列举时如何考虑分类的逻辑关系？由于非物质文化遗产具有很强的学术性，专家学者们给出的答案可谓千差万别、丰富多彩。立法者往往无所适从，难以决断。

（二）个人观点

目前，草案关于非物质文化遗产的定义是"指各族人民世代相传并视为其文化遗产组成部分的各种传统文化表现形式，以及与传统文化表现形式相关的实物和场所"，并列举了6种具体形式。这一定义，主要是采纳了国办发［2005］18号文件中的提法，并进行了适当的改造，是否可行，还有待于更广泛的讨论。笔者不是非物质文化遗产方面的专家，仅仅从立法的角度谈一点看法：

（1）法律中的定义，要尽量避免卷入学术之争。对于学术争论较大的概念，宁可避免下定义，也不能通过立法的方式定于一尊。否则，不利于事物本身的发展。

（2）定义要有一定的弹性，或者说留有余地。比如，有人问，到底什么才算世代相传？这个问题就不好在法律上规定一个具体的年限，而要通过实践来具体解决。

（3）要客观看待定义的作用。定义很重要，但也不能强调到不适当的地步。在定义比较困难的情况下，可以靠制度设计来确定法律的调整对象。如《文物保护法》并没有对什么是文物进行解释，只是说"在中华人民共和国境内，下列文物受国家保护"，然后列举了五大类文物。《文物保护法》还规定，"文物认定的标准和办法由国务院文物行政部门制定，并报国务院批准。"这样的立法技术，值得我们在非物质文化遗产立法过程中借鉴参考。

（4）不能无限扩大法律调整对象。仅从定义来看，非物质文化遗产涵盖的面非常广泛，处理不好会使法律无的放矢。我认为，在实际操作中至少应从六个方面进行限制：一是要把握住非物质文化遗产是一种"表现形式"，以避免与这种"表现形式"背后的思想内涵混为一谈；二是要排除那些偶发的文化表现形式，即非物质文化遗产必须是经过相当长时间考验的文化表现形式；三是注意其传承、流变性，排除那些早已定型的古典作品，不管这些作品的作者是否明确；四是排除那些不符合现有的国际人权文件的非物质文化遗产；五是要排除那些不能给社会提供"持续的认同感"的非物质文化遗产；六是要首先关注那些存在状态濒危的非物质文化遗产。

三、关于法律性质

（一）关于本法的行政法定位

非物质文化遗产的立法到底是一部行政法还是民商法，或者说是兼顾二者的综合性法律？这一问题缠绕着整个立法过程。从目前的草案看，行政法定位比较清楚。笔者认为，将本法定位为行政法有以下几个方面的原因：

（1）传统知识、民间文艺的民事权利（特别是知识产权）如何确立，在国际上仍然存在很大的争论。这也是《保护非物质文化遗产公约》未能在世界知识产权组织框架内通过，而是在联合国教科文组织框架下通过的重要原因。

（2）确认权利主体的困难。我国是一个民族众多的国家，各族人民都有丰富多彩的非物质文化遗产。不少民族居住分散，甚至跨境居住。这种情况下，即使能够提炼出非物质文化遗产中的民事权利（如知情同意权，惠益分享权等），确定权利主体也是一件极为困难的事。处理不好的话，甚至会引起族群间的纠纷。立法过程中，曾经提出过一个"持有人"的概念，结果引起极大争议，可以看出，这一问题非常具有敏感性。

（3）立法首先要解决最急迫的问题。我们不能指望一部法解决非物质文化遗产的所有问题，而是要解决最急迫的问题。如前所述，非物质文化遗产面临的首要问题是"日益受到现代生活方式的冲击，一些依靠口传身授予以传承的文化遗产不断消失，许多传统技艺面临人亡艺绝的危险，大量具有历史、文学、艺术、科学价值的珍贵实物遭到毁弃"。以戏曲为例，历史上中国曾有394种，1949年统计时为360种，1982年统计时为317种，2004年再次统计时发现大陆现存戏曲品种260种，短短的60年中，损失了134种，占35%；再比如传统舞蹈，20年前进行舞蹈普查时列入山西、云南等19个省市《舞蹈集成》卷中的2 211个舞蹈类遗产，目前仅保留下来1 389个，已经消失或已无传承活动者高达853项，20年间，消失了37%，其中河北、山西两省已有近三分之二的传统舞蹈失传。因此，我们首先要做的是，不能让那些生存环境恶化的非物质遗产无声无息地消亡，然后在现代社会的条件下，恢复其生命力，增强整个中华民族的认同感。相反，如果此时我们纠缠在如何对非物质文化遗产产生的利益进行分割的问题上，终有一天，我们会发现"皮之不存，毛将焉附？"

（二）行政法视角下的几个问题

本法定位为行政法，是否就意味着保护非物质文化遗产要由政府唱"独角戏"，甚至形成所谓的"部门利益"？这是很多人都担心的问题。我认为，如果仔细分析《草案》，大部分的担心是可以化

解的。这里举几个例子:

(1)《草案》对民事权利部分的处理。本法虽然是一部行政法,但并非完全不涉及民事问题。首先,草案明确规定"使用非物质文化遗产,应当尊重其形式和内涵。禁止以歪曲、贬损等方式使用非物质文化遗产。"其次,《草案》并未对基于非物质文化遗产产生的民事权利的行使设置任何障碍,为以后的研究和立法留下了广阔的空间。

(2)《草案》对政府责任的界定。毫无疑问,人民群众是创造、发展和保护非物质文化遗产的主体。但政府是不是就应当无所作为呢?当然不是。历时20多年的10部文艺集成志书的编纂、自2005年至2009年的第一次全国非物质文化遗产普查等工作,离开政府的组织是不可想象的。正因如此,《保护非物质文化遗产公约》才要求各缔约国"采取适当的法律、技术、行政和财政措施",在国家层面上保护非物质文化遗产。应当说目前的《草案》基本上贯彻了公约的思路和要求。当然,对政府责任的规定,根本目的是创造有利于保护非物质文化遗产的社会环境,以充分调动企业事业组织、社会团体以及其他组织和个人参与非物质文化遗产保护工作的积极性,这一点在《草案》中有多处体现。有些意见认为,《草案》关于政府事务写得过多,对社会组织和个人着墨太少。笔者认为,可以从另一角度思考这一问题:按照法治国家的原则,法无明文许可,政府不能随意作为;法无明文禁止,公民可任意为之。如果不厌其烦地对社会组织和个人的权利、义务作出规定,貌似重视,实则可能是一种限制。

(3)《草案》对部门责任的界定。在政府内部,如何处理好文化主管部门与其他主管部门的关系,是一个非常重要的问题。《草案》第7条对此作了原则性规定:"国务院文化主管部门负责全国的非物质文化遗产的保护、保存工作;县级以上地方人民政府文化主管部门负责本行政区域内的非物质文化遗产的保护、保存工作。县级以上人民政府其他有关部门在各自的职责范围内,负责有关非物质文化遗产的保护、保存工作。"笔者认为，这样的表述基本上是恰当的。正如政府不可能包办保护非物质文化遗产的全部事务一样，文化主管部门也不可能包办政府关于保护非物质文化遗产的所有工作。实际上，非物质文化遗产是如此广泛地存在，以至于没有一个部门能完全置身事外。但是，是不是因此就要根据各部门的"三定"职能，将涉及非物质文化遗产部分的都写入法律？既无必要，也无可能。不仅是因为各部门的"三定"职能经常调整，更重要的是我们不能将法律制度问题与工作方式方法问题混为一谈。例如，非物质文化遗产的部际联席会议在实践中行之有效，但毕竟属于是工作方法的层面，没必要写入法律。《保护非物质文化遗产公约》之所以要求各缔约国"指定或建立一个或数个主管保护其领土上的非物质文化遗产的机构"，无非是为了防止缔约国出现各部门之间互相扯皮、无人负责的局面。

综之，笔者的总体感觉是，《草案》基本上是成熟的，具备了提交全国人大常委会进行审议的基础。当然，《草案》也有一些有待改进的地方。以"非物质文化遗产的调查"一章为例，没有区分全面普查和日常调查，而这两类调查在组织上、技术上的要求有很大区别；在对境外机构和个人调查活动的管理上，本意是为了防止珍贵实物资料的流失，但目前的规定可操作性不强，如能依托非物质文化遗产名录建立珍贵实物资料清单，将之纳入文物保护法的管理体系可能更为可行。再比如，非物质文化遗产名录到底是两级好还是四级好，也可以进一步讨论。厘清这些问题，提高立法的科学性，正是全国人大此次将《草案》广泛征求意见的目的所在。我们热切期待着社会各界献计献策，积极参与到立法进程中来，共同把我国的非物质文化遗产保护事业提升到一个全新的高度。

论非物质文化遗产的公权保护[1]

——兼评《中华人民共和国非物质文化遗产法（草案）》

黄玉烨*

摘要： 非物质文化遗产应以公权保护为主，这样有利于保持文化的多样性，有利于保护非物质文化遗产中体现的公共利益，有助于非物质文化遗产保护宗旨的实现。在具体保护措施上，包括组织非物质文化遗产普查活动，建立非物质文化遗产数据库；建立非物质文化代表作名录，认定非物质文化遗产传承人；建立文化生态保护区，促进区域文化保护与经济发展；健全制度，防止非物质文化遗产实物、资料的流失；扩大宣传，提高公众非物质文化遗产保护意识。《中华人民共和国非物质文化遗产法（草案）》明确规定了较为详尽的公权保护措施，但在某些方面还需完善。

关键词： 非物质文化遗产　非物质文化遗产法　公权保护

2010年8月23日，十一届全国人大常委会第十六次会议初次审议了《中华人民共和国非物质文化遗产法（草案）》（以下简称《草案》），并将《草案》及草案说明在中国人大网公布，向社会公开征集意见。《草案》界定了非物质文化遗产的范围，明确了政府在非物质文化遗产保护中的责任，提出了具体有效的保护措施，体

---

[1] 本文系国家知识产权局软科学研究项目"传统文化产业发展中的知识产权保护研究"（SS10—A—10）和武汉市知识产权局软科学研究项目"土家文化法律保护与产业发展研究"阶段性研究成果。

* 中南财经政法大学知识产权研究中心教授。

系完整，条理清晰。可以预见到，该法的出台将极大地促进我国非物质文化遗产的保存、保护与发展。但是，有些问题还需进一步完善，如非物质文化遗产的定义与范围、保护措施、传承人的认定、法律责任等。从非物质文化遗产的保护模式来看，应以公权保护为主、私权保护为辅，公权保护与私权保护相互补充、相互协调。❶本文拟对非物质文化遗产公权保护的正当性与保护措施作一探讨，并对《草案》提出完善建议，以期有益于我国非物质文化遗产的保护。

一、非物质文化遗产公权保护的正当性

（一）公权保护有利于保持文化多样性

非物质文化遗产往往是由民族集体创作并世代相传、反映该民族特性的文化，处于不同地域、不同地理环境以及有着不同历史经历的民族的非物质文化遗产具有不同的文化特性，其表现形式缤纷纷呈。各种各样的民间文化汇萃起来，就是整个人类伟大的文化宝库的一个重要部分，成为文化多样性的重要组成部分。对文化多样性的保护，往往不是私的主体能够自发做到的，而必须引入公权保护机制，以一种超越个体的视角来促进文化多样性、可持续发展和人类创造力。公权保护的价值侧重于社会秩序与社会公平的维护，实现的是分配正义，其调整能量是自上而下的，主要关系到社会资源的再分配。政府保护的目的在于维护公共利益，其权利主体是国家，主管部门行使的是"权力"。公权保护可以加强对非物质文化遗产的管理、防止外来文化的入侵：对内，可以集中更多资源投入到非物质文化遗产的保存活动，促进文化产品的传播，开展非物质遗产文化教育，弘扬优秀的民族文化；对外，可以在文化交流与文化产权贸易中采取必要的措施防止外来文化的泛滥与侵蚀，阻止非

---

❶ 黄玉烨，戈光应. 论非物质文化遗产的法律保护模式［J］. 重庆工学院学报，2009,（5）.

物质文化遗产向海外流失，并保持文化产权贸易的平衡。

　　从有关国际公约来看，文化权利、公民的文化自由和民主权利、民族或地区的文化发展权是《世界人权宣言》、《公民权利和政治权利》及《经济、社会与文化权利》中规定的基本人权，保护非物质文化遗产是为了更好地实现这一人权。《保护世界文化和自然遗产公约》首先提出文化遗产和自然遗产需要同样的保护，非物质文化遗产和世界遗产名录上的遗址、古迹一样是全人类的特殊的文化财富。《文化多样性宣言》指出文化多样性是人类的共同遗产，应尊重、承认并发展文化的多样性，保护非物质文化遗产有利于保持文化多样性。从已有的有形文化遗产如文物、自然遗产的保护来看，在世界范围内通过政府采取保护措施取得了较好的效果。非物质文化遗产的政府保护措施主要包括三个方面：一是对人们普遍关注的非物质文化遗产通过行政手段予以确认和保护，使他们能够保持成为人类文化遗产中的一部分；二是在国内和国际层面上制定保护他们所需要的法律；三是募集保护基金。如菲律宾颁布了土著人权利法案及其细则来保护土著人的非物质文化遗产、遗传资源和科学技术等，为实现土著人权利法案确认、保护、促进当地文化社区或土著人权利的目的，建立了土著人国家委员会，并设立了一个执行机制恰当的基金。秘鲁于 2000 年公布的土著人集体知识保护制度设立了土著人发展基金，该基金对基于传统知识形成的商品收取其市场销售额的 0.5% 作为佣金。在国内法中，有的国家把有形文化财产与无形文化财产的保护放在一部法律之中，由国家指定机构资助对无形文化财产的保护，比较典型的是日本和韩国。2000 年联合国教科文组织（UNESCO）对成员国进行了一次全球性的调查，有 103 个国家做了回答，主要的结果为：57 个国家将无形文化遗产作为国家文化政策的一部分；31 个国家具有保护无形遗产的基础设施；49 个国家有能力培养收藏家、档案管理员和纪录片制作人员；54 个国家在校内外讲授关于无形文化的课程；47 个国家有全国性的民俗协会或相似的社团；80 个国家对致力于保护无形遗产的个人和机构提供道义上或经济上的支持;在63个为艺术家和从业者提供支持的国家中,28个给予国家支持,14个给予荣誉或地位,还有5个给予国家职位;52个国家的立法中包含了无形遗产的"知识产权"方面的条款。❶ 我国除了《文物保护法》外,由国务院颁布的《传统工艺美术保护条例》以及《云南省民族民间传统文化保护条例》、《贵州省民族民间文化保护条例》、《福建省民族民间文化保护条例》,从性质上来说,这些法律、法规多属于公法,其作用方式主要是通过国家支配公共资源,维护、促进非物质文化遗产的存续与发展。

(二) 公权保护有利于保护非物质文化遗产所体现的公共利益

公权力是一种作用于公共领域的权力。现代法学一般认为,公权以保护公共权力、公共关系、公共利益和上下服从关系、管理关系、强制关系为目的。❷ 而非物质文化遗产主要体现的是一种公共利益、公共关系。非物质文化遗产具有集体性特征,往往体现的是一个民族、地区甚至国家的文化传统,反映的是一个民族、地区甚至国家的文化内涵、知识价值、审美价值、道德价值及生态价值等,对非物质文化遗产的不当使用将损害到整个民族、地区乃至国家的利益。非物质文化遗产是传统人文精神的载体,其价值核心就在于其中的文化内涵,这种精神使人们产生一种延续下来的、绵延不绝的民族认同感与历史感。公权以公共利益为价值趋向正好契合了保护非物质文化遗产公共利益的渴求。美国在许多场合也提到,许多土著和本土社区之所以要"保护"其传统知识、药物、民间文化等是源于他们对自身的自决权、健康、正义、文化遗产和土地问

---

❶ 兰德尔·梅森,玛尔塔·德·拉·托尔. 在全球化社会中遗产的保存和价值[C]//胡奇玮. 世界文化报告——文化的多样性、冲突与多元共存. 北京:北京大学出版社,2002:163.

❷ 张文显. 法理学 [M]. 北京:法律出版社,1997:89.

题的关注，所有这些重大利益问题完全应当在合适的国家背景下进行审视。❶ 也有观点认为私权也可以通过私人利益的保护对公共利益起到间接的促进作用。但是，这种私权对公共利益的保护毕竟是间接性的，而且私权保护强调个人自由，私益至上，私权中的人所关注的往往是非物质文化遗产资源价值，对非物质文化遗产公共利益的保护缺少动力机制。相对于私权的间接保护，公权保护具有直接性，保护更有力度。公权保护首先能够对非物质文化遗产进行有效的保存，并在此基础上保持非物质文化遗产中的文化内涵，保证人们可以从中获得民族的认同感与历史感。在非物质文化遗产的开发利用过程中，通过公权保护可以对非物质文化遗产的利用行为做出规范，防止过度商业化，并对非物质文化遗产的保护确立正确的价值目标，以非物质文化遗产的原生性、真实性、确实性、可靠性为目标，保持非物质文化遗产的"生活相"、"生活场""生活流"。总之，公权保护可以超越狭隘的个人利益观，以整个国家、地区、民族的公共利益为追求，促进民族认同感与历史感，最终提供丰富的非物质文化遗产以满足人们的文化利益需求。

（三）公权保护有利于实现非物质文化遗产保护的宗旨

UNESCO 于 2003 年通过的《保护非物质文化遗产公约》确定的非物质文化遗产"保护"的内涵是"safegarding"，而非"protection"。由此可知，对非物质文化遗产，不仅仅是我们通常理解的保护，更多的是抢救，这一内涵与非物质文化遗产保护的缘起是契合的，非物质文化遗产保护的缘起主要是由于非物质文化遗产正面临消失、濒危、衰退、变异等危机。在经济全球化背景下，非物质文化遗产日益被现代文化所蚕食，同时因其存在方式与现代生产方式的不相容，其生存空间正不断受到挤压，不受约束的商业化利用更是使许多传统文化项目遭受毁灭性的破坏。

---

❶ 美国在 WIPO 委员会第一次会议上的声明，2001 年 4 月 30 日～5 月 3 日，http://www.wipo.int。

因此，非物质文化遗产的保护应从三个方面来理解：一是保存。非物质文化遗产是人类文明的重要组成部分，是民族文化特性的反映以及维系民族存在的动力和源泉，也是保持文化多样性必不可少的部分。从非物质文化遗产保护问题的提出来看，是源于许多珍贵的非物质文化遗产在经济全球化与现代化进程中被非法使用甚至被破坏，还有的濒临灭绝。在我国，"人亡艺绝"的现象大量存在。因此，对非物质文化遗产的保护首先是保存。二是保护。对人们普遍关注的非物质文化遗产予以确认和保护，使他们能够保持成为人类文化遗产中的一部分；确定非物质文化遗产的权利主体和保护对象，保护相关权利人的合法权益，防止对非物质文化遗产的不正当使用。三是发展。从文化事业的可持续发展角度，对非物质文化遗产的保护不仅仅是为了使其不致消灭，还要使其中优秀的文化为世人所认识和利用，弘扬民族文化，使其在传承中得到进一步发展。

综上，唯有着手公权保护，通过颁布《非物质文化遗产法》等相关法律，制定财政、税收方面的支持等政策，采取调查、普查、设立代表作目录、确认和资助传承人等措施才能实现上述宗旨。

二、非物质文化遗产的公权保护措施

《保护非物质文化遗产公约》明确了非物质文化遗产"保护"的内涵，即"采取措施，确保非物质文化遗产的生命力，包括对该种遗产各个方面的认定、建档、研究、保存、保护、宣传、弘扬、传承（主要通过正规和非正规教育）和振兴"。[1] 该规定的措施具体、全面，从非物质文化遗产的认定，到建档、研究、保存、保护，再到宣传、弘扬、传承和振兴。相应地，在非物质文化遗产的公权保护方面，政府作为公权的权利主体及实施者，宜采取以下保

---

[1] 《保护非物质文化遗产公约》第3条。

护措施。

（一）组织非物质文化遗产普查活动，建立非物质文化遗产数据库

组织力量对非物质文化遗产进行深入的调查，全面开展普查、搜集、记录、整理工作，摸清家底，是非物质文化遗产保护的基本前提。我国非物质文化遗产形态多样，存留状况复杂，只有在全面了解情况的基础上才能很好地开展保护工作并取得成效。对不同形态的非物质文化遗产，要根据具体情况采取相应措施。如对濒危遗产，应及时采取抢救性保护措施；对具备"人类口头和非物质遗产代表作"申请条件的，应组织材料进行申请。

对调查、普查获得的非物质文化遗产结果，应分类整理，应用电子技术进行管理，建立并更新非物质文化遗产档案及相关数据信息库，记录非物质文化遗产的流传、遗存等情况。除了特殊情况，非物质文化遗产数据库应当公开，便于公众查阅，也利于非物质文化遗产的保护、传播与发展。

《草案》根据非物质文化遗产保护、保存工作的实际要求，对非物质文化遗产的调查作了较为详尽的规定：县级政府应当定期组织非物质文化遗产调查；境外组织可经批准后与境内非物质文化遗产学术研究机构合作进行非物质文化遗产调查；在调查中应当注意收集属于非物质文化遗产组成部分的代表性实物，整理调查工作中形成的资料，并予以妥善保存，防止损毁、流失；实施非物质文化遗产调查，应当征得被调查对象的同意，尊重其风俗习惯，不得损害其合法权益；对通过调查或者其他途径发现的濒临消失的非物质文化遗产项目，应当立即予以记录并收集有关实物，或者采取其他抢救性保存措施；对需要传承的，应当立即采取有效措施支持传承；文化主管部门在对非物质文化遗产实施调查后，还应当建立并

公开非物质文化遗产档案及相关数据库。❶

(二)建立非物质文化遗产代表作名录,认定非物质文化遗产传承人

日本于20世纪50年代开始保护无形文化财产,认定"重要的无形文化财",建立"人间国宝"制度。对有很高艺术性的、历史性的无形文化财产,即使没有衰亡危险的也采取积极的保护措施。在指定项目的同时,必须认定该项目艺术或技术的代表性人物,即"人间国宝"。实践证明,日本的"人间国宝"认定制度对日本非物质文化遗产的传承和保存十分有效,维护了传承人之间的利益平衡,促进了无形文化财的保存和弘扬。韩国随后也向日本学习,将这些民间文化遗产的传承人命名为"人间国宝"。我国民间传统工艺技术资源丰富,舞台表演艺术品种繁多,各种行当中有不少"身怀绝技者",在我国的非物质文化遗产保护中,日本政府对"人间国宝"的认定制度值得借鉴。

首先,由国务院和县级以上地方人民政府分别建立国家和地方非物质文化遗产代表作名录,对全国范围内和地方行政区域内具有重大历史、文学、艺术和科学价值的非物质文化遗产予以保护。对申请列入代表作名录的非物质文化遗产项目,由政府文化主管部门组织评审专家小组本着科学、民主、公正、尊重公正意愿和维护公共利益的原则进行审议。对列入代表作名录的非物质文化遗产,由政府文化主管部门制定保护规划和具体保护措施并组织实施,制定科学的保护计划,明确有关保护的责任主体,进行有效保护。其次,对列入非物质文化遗产代表作名录的项目认定代表性传承人。对代表性传承人,一方面,政府应由财政给予一定数额的传承补贴,并采取资助传承、提供必要的传承活动场所、为传承人提供技艺创造条件等各项措施支持代表性传承人开展传承活动;另一方

---

❶ 详见《草案》第二章。

面，要求代表性传承人履行传承义务，培养后继人才。如果不收弟子，艺不外传，将取消其荣誉称号和资助。

在建立非物质文化遗产代表性项目名录方面，《草案》主要作了以下规定：一是建立名录的政府层级，即国务院和省、自治区、直辖市政府分别建立国家和地方非物质文化遗产代表性项目名录，对具有历史、文学、艺术、科学价值的非物质文化遗产项目予以保护。二是建立名录的程序规范，要求国务院文化主管部门组织专家评审小组和专家评审委员会，对有关项目进行评审；省、自治区、直辖市政府建立名录的程序则由省、自治区、直辖市人大或者其常委会，或者省、自治区、直辖市政府规定。三是对列入名录项目的保护制度。《草案》规定了制定保护规划、对特定区域实行区域性整体保护、对保护规划实施情况进行监督检查等多项具体制度。❶

与此同时，《草案》规定了代表性传承人的认定与支持制度，规定国务院和省、自治区、直辖市政府的文化主管部门对本级政府批准公布的非物质文化遗产代表性项目，可以认定代表性传承人；同时规定了代表性传承人的认定条件、主要义务以及支持其开展传承活动的具体措施。

（三）建立文化生态保护区，促进区域文化保护与经济发展

对非物质文化遗产的保护，还要对其得以存在的空间即文化表现形式或文化空间进行保护，以维护其原生态环境。对非物质文化遗产积淀深厚、特色鲜明、有广泛群众基础，自然环境、社会结构、生产生活等文化生态保存比较完整，有特殊保护价值的村落或者特定区域，可划为文化生态保护区。为了加强对非物质文化遗产集成文化空间的整体保护，国家决定设立国家级民族民间文化生态保护区，并在全国范围内确定了十个试点区，目前已建成八个试验

---

❶ 详见《草案》第三章。

区，分布情况如下：闽南文化生态保护实验区（福建省，2007年6月）、徽州文化生态保护实验区（安徽省、江西省，2008年1月）、热贡文化生态保护实验区（青海省，2008年8月）、羌族文化生态保护实验区（四川省、陕西省，2008年11月）、客家文化（梅州）生态保护实验区（广东省，2010年5月）、武陵山区（湘西）土家族苗族文化生态保护实验区（湖南省，2010年5月）、海洋渔文化（象山）生态保护实验区（浙江省，2010年6月）和晋中文化生态保护实验区（山西省，2010年6月）。《草案》第27条规定："对非物质文化遗产代表性项目集中、特色鲜明、形式和内涵保持完整的特定区域，当地文化主管部门可以制定专项保护规划，报经本级人民政府批准后，实行区域性整体保护。"将一些具有代表性的少数民族村寨作为文化生态村进行生态意义上的保护，既有助于非物质文化遗产的保护，还可促进当地经济的发展、提高居民的生活质量。

（四）健全制度，防止非物质文化遗产实物、资料的流失

在非物质文化遗产普查工作中收集的实物、资料，应要求各级文化主管部门妥善保管；国家所有、集体所有和个人所有的非物质文化遗产实物、资料，依法受到保护；境外组织和个人在境内开展非物质文化遗产调查，应当与国内有关学术研究机构合作进行；严格审核非物质文化遗产实物、资料出境，防止珍贵的非物质文化遗产实物、资料流失海外；违反规定导致非物质文化遗产实物、资料出境或者使珍贵的非物质文化遗产实物、资料流失海外的，相关责任人应承担相应的法律责任。

（五）扩大宣传，提高公众非物质文化遗产保护意识

目前普遍存在对非物质文化遗产认识严重不足的问题，很多民众不知道本族群拥有哪些文化遗产资源，并且对文化遗产的保护也

并不热衷。近期，中国青年报社会调查中心通过清研咨询对全国30个省（区、市）的3363人进行的一项调查显示，85.5%的人认为"公众保护意识不强"是导致非物质文化遗产流失的主要原因。❶ 而非物质文化遗产的相关保护工作离不开民众的配合和支持，民众对非遗保护意识的强弱关系到非物质文化遗产保护的实际效果。因此，提高文化自觉性是保护非物质文化遗产的关键，需要政府加大宣传来深化和加强民众对非物质文化遗产的认识和保护意识，通过举办展示、论坛、讲座等活动，使公众更多地了解文化遗产的丰富内涵；教育部门可将优秀文化遗产内容和文化遗产保护知识纳入教学计划，编入教材，组织参观学习活动，激发青少年热爱祖国优秀传统文化的热情。

《草案》规定了促进非物质文化遗产传播的各项措施，要求地方各级政府应当采取有效措施宣传非物质文化遗产代表性项目，县级以上政府文化主管部门应当组织开展非物质文化遗产代表性项目展示活动；国家鼓励开展相关科研活动，鼓励设立专题博物馆、传承场所；国家支持合理利用非物质文化遗产代表性项目开发文化产品和文化服务，发展文化产业等；规定学校应当将非物质文化遗产教育纳入相关课程，因地制宜开展教育活动；报刊等新闻媒体应当结合自身特点开展有关宣传、普及活动；公共文化机构等应当根据各自业务范围，开展整理、研究、宣传、展示等有关活动。❷

三、《草案》公权保护之不足

（一）具体措施不全面，表述不准确

《草案》第3条规定的是非物质文化遗产的保护措施，即"国家对非物质文化遗产采取认定、记录、建档等措施予以保存，对具

---

❶ 非物质文化遗产流失 85.5%的人认为首因是公众保护意识不强[EB/OL]. http://news.qq.com/a/20100831/000304.htm.

❷ 详见《草案》第四章。

有历史、文学、艺术、科学价值的非物质文化遗产采取传承、传播等措施予以保护。"该条规定存在以下缺陷：第一，表述不准确，容易引发歧义。或许立法者的意图是本着"去其糟粕、取其精华"的原则来继承非物质文化遗产。但是，从该规定来看，把非物质文化遗产分为两类：一是不具有历史、文学、艺术、科学价值的；二是具有历史、文学、艺术、科学价值的。第一类仅需保存，第二类除了保存之外还要弘扬和发展。这一规定人为地割裂了非物质文化遗产的特性，因为非物质文化遗产的基本特征之一便是具有历史、文学、艺术、科学价值。我们应当保存所有的非物质文化遗产，对于优秀的非物质文化遗产，则促进其传承与发展。第二，规定采取的措施不全面，不足以有效地保护非物质文化遗产。《草案》第3条仅提到了认定、记录、建档、传承、传播等措施，这是不够的，也不符合《公约》的要求。无论是从《公约》对其中"保护"措施的要求，还是非物质文化遗产保护的需要来看，仅仅"对具有历史、文学、艺术、科学价值的非物质文化遗产采取传承、传播等措施予以保护"是不够的，还应该通过对非物质文化遗产权利主体的确认并授予其专有性权利。

（二）非物质文化遗产的保护与可持续发展关系问题

《草案》未提及可持续发展这一目的。科学发展观的核心内容，是强调社会的全面协调和可持续发展。非物质文化遗产往往是民族文化特性的反映，处于不同地域、不同地理环境以及有着不同历史经历的民族的非物质文化遗产具有不同的文化特性，其表现形式缤彩纷呈。各种各样的民间文化汇萃起来，就是整个人类伟大的文化宝库的一个重要部分，成为文化多样性的重要组成部分。保护非物质文化遗产就是保护文化的多样性，同时促进人类的可持续发展。所以，建议《草案》第4条修改为"保护非物质文化遗产，应当注重其真实性和整体性，有利于增强中华民族的文化认同，有利于维护国家统一和民族团结，有利于促进社会和谐和可持续发展。"

(三) 非物质文化遗产的普查与调查问题

对非物质文化遗产进行保护,首先要全面了解和掌握非物质文化遗产资源的种类、数量、分布状况、生存环境、保护现状及存在的问题。因此普查与调查工作就很重要。而《草案》第二章仅规定了调查,未对普查作出规定。我们知道,调查和普查是有区别的,调查不能代替普查。所谓普查,是指对统计对象的全部进行的一次性调查,普查的结果比较全面、准确,但所需的人力、物力较大,耗用时间也较多。调查是指人们在实践中对客观实际情况的调查了解,通过调查获得丰富的第一手材料。在非物质文化遗产的保护过程中,应当首先由国务院文化主管部门组织在全国范围内进行一次普查工作,这样才能全面、准确地记录非物质文化遗产的情况。普查之后,再由县级文化主管部门进行定期的调查工作。

此外,《草案》第10条第3款规定"县级以上人民政府其他部门报经本级人民政府批准,可以对工作领域内的非物质文化遗产进行调查"不妥,限制了其他部门参与非物质文化遗产的保护工作。在非物质文化遗产的保护过程中,应充分发挥社会团体、人民群众的力量,包括调查工作的开展。关于非物质文化遗产的调查,需要限制的是境外机构,而非国内的有关部门或团体。相反地,还应调动国内团体、群众的积极性。

所以,建议将《草案》第二章的标题改为"非物质文化遗产的普查、调查",第10条改为"国务院文化主管部门组织进行非物质文化遗产的普查。省、自治区、直辖市人民政府以及设区的市级人民政府可以组织非物质文化遗产调查。县级人民政府应当定期组织非物质文化遗产调查。非物质文化遗产调查由文化主管部门负责实施。县级以上人民政府其他部门、社会团体和个人可以开展非物质文化遗产调查"。

(四) 传承人的认定与保护问题

《草案》第31条规定:"国务院文化主管部门和省、自治区、直辖市人民政府文化主管部门对本级人民政府批准公布的非物质文化遗产代表性项目，可以认定代表性传承人"，并规定了传承人的认定条件。但该规定过于笼统，传承人认定方式单一，没有根据各项非物质文化遗产不同的性质和特点来确定不同的认定方式，有可能在实践操作中造成传承人之间的利益失衡，从而引发冲突和矛盾，使得借由认定传承人促进传承的目的难以实现。如将木偶剧团中的一人认定为该剧种的代表性传承人，使与之同台演出、同为传承人的演员颇感不公。❶ 日本、韩国对人间国宝的认定制度值得借鉴，即根据无形文化财的实际存在和传承状况，采取个人认定、综合认定和团体认定等多元的认定方式。建立"个人认定"、"综合认定"和"团体认定"的多元的认定体系：个人的传承作用比较突出的，进行个人认定；由两人以上共同对非物质文化遗产的传承作出贡献的，对其进行综合认定；主要是多方配合，缺少个人特征的，对传承人团体进行认定。

---

❶ 郭晓宇．部分常委委员提出应强化代表性传承人的保护［EB/OL］．http：//www.dayoo.com/roll/201009/04/10000307_103446522.htm.

非物质文化遗产的法律保护问题

——兼评《非物质文化遗产法（草案）》

管育鹰[*]

摘要：非物质文化遗产面临着流失和被滥用的双重危机。我国的非物质文化遗产法律保护框架应得包含解决这两个问题的行政性和民事性保护条款。行政性保护旨在采取认定、调查、立档、传承、教育等方式保存非物质文化遗产，民事性保护旨在建立一种特殊权利保护机制，保护非物质文化遗产受益人的精神和经济权利。民事性法律条款应明确规定赋予受益人享有的权利，同时，具体的内容可以通过制定和完善现有知识产权法律法规的来建立。我国目前关于非物质文化遗产保护的立法在行政性保护方面相对完备，在民事性保护方面则有局限性，缺少明确的特殊权利保护条款。这需要现有知识产权法做出调节。

关键词：非物质文化遗产　行政性保护　民事性保护　特殊权利　知识产权

目前，我国的《非物质文化遗产法（草案）》正在十一届全国人大常委会审议。笔者首先注意到了这部草案在名称上的变化，即从原先的《非物质文化遗产保护法（草案送审稿）》（简称"送审稿"）变成了《非物质文化遗产法（草案）》（以下称《草案》）。然后，通读全篇内容，笔者发现这部《草案》不仅在名称上、而且在内容上也与之前讨论的各版《非物质文化遗产保护法（草案）》（以下称"旧草案"）不同。

---

[*] 中国社会科学院知识产权中心，社科院法学研究所副研究员。

那么，在国内外对非物质文化遗产法律保护的讨论已渐行深入的情况下，我国这部呼之欲出的《草案》为何放弃了2003年以来非物质文化遗产保护法律制度相关讨论中最引人注目的"保护"二字而采用另外的名称呢？新旧草案为何有本质区别？

要由表及里地了解这部《草案》，还得从国内外有关非物质文化遗产及其法律保护制度的讨论说起。

一、非物质文化遗产及相关概念

"非物质文化遗产"的概念由联合国教科文组织（UNESCO）在其2003年通过的《保护非物质文化遗产公约》中提出，系指"被各社区、群体，有时是个人，视为其文化遗产组成部分的各种社会实践、观念表述、表现形式、知识、技能以及相关的工具、实物、手工艺品和文化场所。"按照此公约，"非物质文化遗产"包括口头传说和表述，包括作为非物质文化遗产媒介的语言；表演艺术；社会风俗、礼仪、节庆；有关自然界和宇宙的知识和实践；传统的手工艺技能。[1] 从 UNESCO 的以上定义和阐释来看，非物质文化遗产所涵盖的内容十分宽泛，它不仅包括几乎所有的文学艺术表现形式，如语言及表演艺术、传统手工艺品等，还包括社会实践、仪式、节庆活动、习俗等行为方式，以及有关自然界、宇宙的知识与生产、生活实践的认识经验等等。

这一概念的内涵与我国长期以来用于行政性、地方性规范性文件、立法草案和学界探讨中的"民族民间（传统）文化"几乎一致。所谓"民族民间（传统）文化"，是指"在中华人民共和国境内、由特定民族或特定区域的群体世代相传，反映该民族或该区域群体历史渊源、生产方式、生活习俗、宗教信仰及其所赖以生存的自然环境和社会环境特征的文化表现形式的总称。"[2] 具体包括：

---

[1] 此定义和阐释参见《保护非物质文化遗产公约》第2条。
[2] 文化部. 民族民间文化保护法（建议稿），2002.

语言文字、传统工艺、民间文艺各种表现形式、礼仪节庆游艺活动、服饰工艺品文献资料、民居场所设施标识等等。当然，需要指出的是，自我国加入《保护非物质文化遗产公约》后，无论在官方活动和文件中、还是在学界、实务界的讨论和实践中都逐渐倾向于采用"非物质文化遗产"一词来代替"民族民间（传统）文化"。据此，在本文中，凡关于民族民间（传统）文化的讨论和法案，都指向非物质文化遗产。

同时，"非物质文化遗产"的概念也极易与世界知识产权组织（WIPO）文件中先后采用的"民间文学艺术"（简称民间文艺，Folklore）、"传统知识"（TK）和"传统文化表达"（TCEs）的内容相交叉或混淆。1982年，WIPO和UNESCO曾联合通过了《保护民间文学艺术表现形式、防止不正当利用及其他侵害行为的国内法示范法条》（以下称《82年示范法》），对通过赋予非物质文化遗产的重要组成部分——民间文艺排他性权利的方式进行保护提出了动议。《82年示范法》将"民间文艺"定义为："指由具有传统文化艺术特征的要素构成，并由（某一国家的）一个群体或者某些个人创作并维系，反映该群体传统文化艺术期望的全部文艺产品"。❶后来，WIPO于2000年成立了"知识产权与遗传资源、传统知识和民间文艺政府间委员会"（以下简IGC），以讨论产生于遗传资源的获取和惠益分享、传统知识（不论是否与遗传资源有关）、民间文艺保护中的知识产权问题。我们看到，在WIPO框架内，传统知识（TK）被定义为"基于传统之上的文学、艺术或者科学作品、表演、发明、科学发现、设计、商标、名称和符号、未被透露的信息以及所有其他在工业、科学、文学或艺术领域，由智力活动基于

---

❶ 《82年示范法》第2条列举的"民间文学艺术表达形式"包括：（1）口头表达形式，如民间故事、民间诗歌、民间谜语等；（2）音乐表达形式，如民歌及器乐；（3）活动表达形式，如民间舞蹈、民间游戏、民间宗教仪式；（4）有形表达形式，如民间艺术品、民间乐器、民间建筑；等等。

传统而产生的创作和创新";其中,"基于传统"是指代代相传的知识体系、创作、创新及文化表达被认为是属于特定的人群或地区、自发地演化而来、并不断根据环境的变化而变化。[1] 而同时,民间文艺的英文表述换为了"传统文化表达"(TCEs),但定义并未变化,即:"由具有传统文化艺术特征的要素构成,并由(某一国家的)一个群体或者某些个人创作并维系,反映该群体传统文化艺术期望的全部文艺产品"。[2]

从以上列举的各相关概念的定义及其内容看,在我国,"民族民间(传统)文化"已经被视为与"非物质文化遗产"同义;而无论是民间文艺和传统知识定义所包括的内涵也在很大程度上与非物质文化遗产定义的内涵相重合。因此,讨论非物质文化遗产的法律保护问题,必然也会涉及以 UNESCO 倡导的行政性保护模式和以 WIPO 探讨的民事性保护模式,以及这两种模式在我国经历的立法尝试和初步结果。

二、非物质文化遗产的法律保护方式探讨

(一) 两种保护方式的选择

21世纪以来,基于人类对文化多样性认识的提高,非物质文化遗产的保护问题引起了相关国际、区域性组织的高度关注。政府将非物质文化遗产的保护纳入日常工作、建立适当可行的法律保护制度,成为各国一致同意履行的义务。同时,由于全球化进程的推进,在文化产品的开发利用中出现越来越多"不当利用"非物质文化遗产的行为。比如,在商业化利用过程中非物质文化遗产本身及

---

[1] "World Intellectual Property Organization (WIPO) Draft Report on Fact—finding Missions on Intellectual Property and Traditional Knowledge (1998—1999)", Chapter 5 "Terminology", July 3, 2000。

[2] Model Provisions for National Laws on the Protection of Expressions of Folklore Against Illicit Exploitation and Other Prejudicial Actions, Section 2; UNESCO & WIPO, 1982。

其与创造和传承者的关系可能被曲解、忽视、甚至是损害，而免费利用者与非物质文化遗产创造和传承者之间也很可能产生物质经济利益的失衡。

　　非物质文化遗产的保护对拥有此类丰厚资源的我国具有更重要意义。近十年来，国内关于非物质文化遗产保护的必要性、紧迫性的讨论已经很多，本文不再详述。在法律对策的建议方面，我国对非物质文化遗产保护法律机制的探讨一直围绕着"抢救"和"利用"这两方面的问题，相应地学术界存在着关于非物质文化遗产行政性保护和民事性保护方式的讨论。行政性保护措施在我国在较长时期内积累了相对丰富研究成果、相对一致的观点和规则相对统一的地方立法尝试，尤其在加入《保护非物质文化遗产公约》后，这方面的实践经验更多。另一方面，民事性保护制度应如何建立、尤其是非物质文化遗产保护与现有知识产权法的关系（比如非物质文化遗产、民间文艺作品的关系）应如何处理，则一直难以得出一致的结论。笔者认为：非物质文化遗产面临着日渐流失和遭到不当利用的双重危机，我国的非物质文化遗产法律保护框架应同时对这两个方面的问题施以关注和解决；前一问题可以行政性规范加强保护，着重于非物质文化遗产确认、立档、研究、保存等方面的内容，后一问题会涉及民事性法律规范的设立，其关键是在非物质文化遗产之上设立一种特殊权利，以保护其权利人的精神和经济利益，防止他人的不正当利用。❶

　　然而，关于第二个问题，即因非物质文化遗产"利用"而形成的各种法律关系应如何处理的问题至今还在讨论（即使在国际层面上，WIPO框架下的示范法之实质性条款也很难在各成员国取得一致）中；因此，力图一次性解决"抢救"与"利用"问题的我国关于非物质文化遗产保护的立法进程实际上是相当缓慢（从1998年

---

　　❶ 管育鹰．非物质文化遗产的法律保护探讨［EB/OL］．（2008－12－18）［2011－02－01］．http：//www.iolaw.org.cn/showNews.asp? id=17767.

算起）的。从最近提交审议的新草案看，立法者似乎已经放弃了在一部法律中解决以上两个非物质文化遗产保护主要问题的尝试，而转为选择其中已经基本无异议的行政性保护方式，以解决第一个、也是非物质文化遗产保护首要的问题："抢救"。

(二) 行政性保护

本文所指的非物质文化遗产的行政性保护主要是指法律对政府在非物质文化遗产保护中的职责、权利、义务等问题的规定。从国内外所讨论的解决方案看，这些措施的制定即是为了回应非物质文化遗产保护的"抢救"之目标。

1. 国际上相关制度的情况

UNESCO 主要是从文化多样性、文化遗产、人权等比较宽广的范围和角度出发来考虑和解决非物质文化遗产的保护问题。根据《保护非物质文化遗产公约》的要求，"保护（safeguarding）"是指确保非物质文化遗产生命力的各种措施，包括确认、立档、研究、保存、保护、宣传、弘扬、传承和振兴。在其长期努力的影响下，世界各国已经充分意识到保护人类的非物质文化遗产是普遍的意愿和共同关心的事项，必须采取有效的措施保护非物质文化遗产。为了达到保护非物质文化遗产的目标，履行国家在非物质文化遗产保护方面的义务，许多国家先后建立起与非物质文化遗产保护有关的、以对相关政府部门职责为主要内容的制度。欧洲各国和日、韩等国的主要保护措施是将非物质文化遗产视为国家文化遗产的一部分，将非物质文化遗产进行注册、登记，以确定它们的历史文化价值；同时用一定的法律规范推动非物质文化遗产的保护。在这方面，1950 年日本的文化财保护法和 1962 年韩国的文化财保护法，都是明确规定保护"无形文化财"，即无形文化遗产的典型代表。

2. 我国相关讨论及立法的情况

我国政府一直将非物质文化遗产的保护工作作为文化事业的有机组成部分。建国初期兴起的民歌整理高潮，抢救了一大批我国各民族的传统民歌。20 世纪 50 年代，国家组织对各少数民族的民间文化进行记录调查,并出版了《国家民委民族问题五种丛书》和《中国少数民族社会历史调查资料丛刊》等。改革开放以来,文化部、国家民委、中国文联共同发起了"十部中国民族民间文艺集成志书"❶("文化长城")的编纂工作,对民族民间文化艺术的抢救、发掘、整理和研究,保存了大量珍贵的文化资源。2000 年起,我国每年组织申报 UNESCO 的"人类口头和非物质遗产代表作"项目。同时,我国也产生了一批关于非物质文化遗产法律保护的研究成果,❷这些成果达成一致的方面主要集中在保护的必要性和行政性管理措施方面,比如有的学者提出的保护机制应包括建立和健全民族民间文化的普查机制、民族民间文化的重点保护和传承机制、民族民间文化的使用与开发机制、文化生态保护机制、民族民间文化的保障措施等。❸

在法律法规建设方面,非物质文化遗产法律保护制度的渊源可追溯到《宪法》确定的发展文化事业、保护历史文化遗产的基本原则。具体到行政性保护的法律规定,最早的包括 1997 年国务院颁布的《传统工艺美术保护条例》;它通过建立国家评定机构,鼓励各地对优秀的传统工艺进行整理、研究和开发保护了一大批传统工艺美术品种,增强了全社会对传统文化遗产的保护意识。从 1998 年起,文化部与全国人大教科文卫委员会在国内外立法调研的基础上,组织起草了《中华人民共和国民族民间传统文化保护法(草案)》。后来,云南省、江苏省、贵州省、福建省、广西壮族自治区

---

❶ 十部《中华民族民间文艺集成志书》的现况见:民族民间文艺集成志书编纂完成 [N]. 人民日报,2004—12—11:(2).

❷ 早期的研究成果主要刊载于郑成思. 知识产权文丛第 8 卷 [M]. 北京:中国方正出版社,2002;其他文章如贾明如. 保护民族民间文化的法制建设与立法构想 [J]. 中国版权. 2002,(1);赵蓉,刘晓霞. 民间文学艺术作品的法律保护 [J]. 法学,2003(10)等等。

❸ 王鹤云. 保护民族民间文化(folklore)的立法模式思索 [C]//郑成思. 知识产权文丛. 第 8 卷. 北京:中国方正出版社,2002.

等相继颁布了民族民间（传统）文化保护的地方性行政法规，为全国性的行政性保护立法提供了有益经验。可见，相对而言，我国关于非物质文化遗产的行政性保护的立法研究和经验都比较成熟。

需要指出的是，借鉴《保护非物质文化遗产公约》的基本精神，前述《中华人民共和国民族民间传统文化保护法（草案）》，曾改名为《中华人民共和国非物质文化遗产保护法（草案）》，即旧草案。旧草案的核心内容是对非物质文化遗产的行政性保护措施，比如明确了采取认定、立档、保存、研究、宣传、弘扬、传承和振兴等措施保护非物质文化遗产，将非物质文化遗产保护纳入政府与工作规划，等等，值得注意的是，旧草案留了一些呼应非物质文化遗产综合性保护的原则性或衔接性规定，不过，目前《草案》已删除了这些条款，更改名称并提交全国人大审议。具体内容将在本文第三部分评析。

（三）民事性保护

本文所指的非物质文化遗产民事性保护制度主要解决的是非物质文化遗产的利用（包括商业化利用和其他利用）中相关民事主体之间的权利义务关系问题。迄今为止，WIPO下设的IGC的讨论之核心内容就是为传统知识（TK）和民间文艺（TCEs）（这二者显然是指非物质文化遗产中那些可以界定的具体内容）建立类似知识产权的特殊权利的保护模式。关于非物质文化遗产民事性保护的讨论在我国也有一些研究成果，但是，由于非物质文化遗产本身内容庞杂、在其保护中涉及的各种利益关系更是难以厘清，关于非物质文化遗产保护的民事性保护法律规则应如何制定并未取得一致结论。

1. 国际上相关讨论的进展

非物质文化遗产蕴含着丰富的信息，在市场经济条件下被发掘利用的可能性日益增加，显然，单靠政府的"抢救"性保护措施并不足以防止"不当利用"非物质文化遗产的行为、解决免费利用者与非物质文化遗产创造和传承者之间可能产生的物质利益失衡。由于非物质文化遗产是"无形"、"可复制"及"有保护价值"的信息,而这些信息正日益成为创新之源,保护创新信息的知识产权法法律制度及其规则必然与非物质文化遗产的保护紧密相关,这也是 WIPO 不断深度介入非物质文化遗产保护的国际讨论的原因。

进入 21 世纪以来,WIPO 框架内的 IGC 一直在探讨创设特殊权利保护制度的设想:即为传统知识、民间文艺推出一个有效、恰当的民事性保护制度。具体来说,该制度的目标包括认可传统知识、民间文艺的内在价值;尊重传统社区及个人的合法权利并向其提供法律和实际途径,以使其能够阻止他人不正当地利用其传统知识和民间文艺;阻止未获授权的他人就传统知识、民间文艺获得知识产权并加以行使和实施;以及促进公平和合理地分享因利用传统知识、民间文艺而产生的惠益,等等。

除 WIPO 外,一些发展中国家和地区性组织关于非物质文化遗产民事性保护的立法尝试也值得我们关注。巴拿马于 2000 年推出了为保护和维护原住民文化特性和传统知识而管理原住民集体权利的特别知识产权制度,这种特别知识产权是指建立在登记基础上的原住民集体权利。巴西于 2001 年通过了第 2.186-16 号临时措施,认可土著和当地社区对传统知识的利用享有决定权,保护在管理委员会控制或具体立法规定的簿册中记录的与遗传遗产有关的传统知识,使其免于非法使用和利用以及其它有害行为。秘鲁于 2002 年颁布了原住民集体知识保护法,建立了关于传统知识的特殊权利保护制度,其规则包括"公有领域付费"、知情同意和惠益分享。2002 年的传统知识和文化表达的太平洋地区框架倾向于采取 WIPO 和 UNESCO 倡导的特殊权利保护制度,要求传统文化表达的利用需要获得传统知识所有人的事先知情同意。

2. 我国讨论的进展

我国是历史悠久、文化多样性极为丰富的大国,在非物质文遗产保护方面存在着巨大的利益。我国与世界上任何发展中国家一样,不但面临原生态的非物质文化遗产急剧消逝引起的普遍忧虑,也面临着在信息时代大量非物质文化遗产被有技术和资金保障的域外人任意复制、利用甚至被歪曲，而创造和传承该非物质文化遗产的传统族群却得不到任何回报的问题。依照现有的知识产权法，非物质文化遗产因其年代的久远被划入了不受保护的"公有领域"里，而他人利用非物质文化遗产的行为则可能获得知识产权。在文化成为商品的今天，不制定非物质文化遗产的使用及产生的利益分配规则以解决其创造者或保有者与利用者和获利者之间的关系问题，必然引起非物质文化遗产创造者或保有者的不满和异议，不利于非物质文化遗产保护事业的发展，也不符合法律的公平原则。

在我国，与非物质文化遗产民事性保护有关的现有法律条款仅有一条原则性的规定，即《著作权法》第6条："民间文学艺术作品的著作权保护办法由国务院另行规定。"值得肯定的是，尽管这一规定是原则性的、具体的保护办法至今没有出台，但在我国民间文艺创作向来十分活跃、创作作品涉及各方利益关系比较复杂的背景下，这一条款使得现实生活中许多民间文艺的再创作者（相当一部分是传承人）的权利得到了保障。❶ 不过笔者认为，这一条款仅仅是与本文所讨论的属于非物质文化遗产的、即WIPO所称的TCEs有关，是针对基于TCEs产生的新作品——民间文艺作品、而不是针对TCEs本身的。依据这一条做出的我国唯一关于民间文艺的案件——乌苏里船歌案，❷ 至今无法获得统一的各界共识，其根本原因还是我国民间文艺的民事性保护法律条款的缺失。在国际上均明确TCEs这一概念的今天，我国如果依然将"民间文艺"与"民间文艺作品"等同显然是容易引人误解的。因此，即使我们推

---

❶ 如郭宪剪纸案：北京市第一中级人民法院民事判决书（2000）一中知初字第48号；赵梦林京剧脸谱案：北京市第二中级人民法院（2002）二中民初字第4095号民事判决书；白秀娥剪纸案：北京市高级人民法院（2002）高民终字第252号民事判决书；等等。

❷ 见"饶河县四排赫哲族乡政府诉郭颂等侵犯民间文学艺术作品著作权纠纷案"，北京市高级人民法院（2003）高民终字第246号民事判决书。

定当时《著作权法》第 6 条的立法原意是要为民间文艺——即 TCEs 提供民事性保护依据,目前其具体到"民间文学艺术作品"的措辞并不足以使其成为为整个 TCEs 设立著作权的依据。

我国台湾地区于 2007 年 12 月 7 日通过了"原住民族传统智慧创作保护条例",其主要内容是通过建立一种登记公告制度,对原住民族的传统文化表达进行类似版权的"智慧创作专用权"保护。其权利内容除了署名、发表、禁止歪曲等精神权利外,还有授权他人使用的经济权利,使用智慧创作获得的收入纳入"原住民发展综合基金",用于促进原住民文化发展之目的。值得注意的是,尽管内容基本上是一种建立在登记公告基础上的类版权制度,台湾这一法律的制定依据却是其"原住民族基本法",而不是任何已有的知识产权法律。当然,该条例的通过也引起诸多质疑,比如将登记作为保护前提条件、主客体认定的困难、商业化对传统文化的负面作用,等等。❶

3. 民事性保护法律制度的核心内容

因非物质文化遗产的庞杂性,法律难以为其设定统一的保护范围;为增强法律的可操作性,可以通过某种合理的技术将非物质文化遗产的范围作一划分,在保护方式上应有所区别。具体来说,非物质文化遗产保护的法律框架应建立一种注册登记制度,一方面可以保障有法律意识的传统创造者或保有者对其具有特殊价值或重要性的非物质文化遗产进行登记公告、以能够主张标明出处、禁止歪曲篡改等精神权利,并就他人的复制、出版、广播、公开表演、向公众传播、发行、拍摄和录制等行为请求经济利益补偿;另一方面,可以提供明确的佐证材料以防止他人就相关的传统知识、传统文化符号和称谓等申请获得和使用专利、商标等知识产权。

根据非物质文化遗产流传地域的不同,申报人可以是传统族群依习惯法选举或认可的代表机构(适用于归属比较单一的无争议的

---

❶ 林开世. 一个法案保护了什么?[J]. 人类学视界. 2008 (1).

非物质文化遗产)、官方发起并由相关族群协商达成一致选举或认可的代表机构(适用于归属比较复杂的流传区域跨行政区划的非物质文化遗产)、以及依法成立的"国家非物质文化遗产保护委员会"(适用于归属难以认定的、或在全国流传而可视为国家所有的非物质文化遗产)或其他类似名称的国家专门机构。为维系登记之效力、减少可能存在的纷争,应当设立公告程序:即主管机关经过初步审查认为符合条件的,即可进行公告;在公告期间如果有异议,则由国家主管机关成立的"非物质文化遗产认定委员会"按需要组建由相关传统族群代表、专家学者和政府主管部门人员按比例构成的认定小组,对申报的非物质文化遗产进行具体内容与主体的认定;凡是来源复杂、无法判断主体的,可以决定该非物质文化遗产由相关主体共有或国家所有。

需要明确的是,登记公告仅是保护的有利条件和证据而不应是保护的必要条件;如果有充分的证据表明某种有特定归属的非物质文化遗产被他人不当利用,其传统创造者或保有者之中的任何成员均可以依法请求保护,因此而可能获得的经济补偿可以留存于前述的国家专门机构。就处于保密状态的非物质文化遗产而言,应确保其传统创造者或保有者能够阻止未经授权披露和利用该非物质文化遗产、以及就该遗产获得和行使知识产权的行为。国家专门机构依法收取的非物质文化遗产使用费,应当用于相应的非物质文化遗产保护事业。

就以上所设想的特殊权利内容来看,笔者认为"准确署名、禁止歪曲损毁"等精神性方面的权利是首位的、也是国际上无争议的;但与前面提到的相关国家或地区的尝试不同,在财产性权利方面我国对TCEs类的非物质文化遗产的民事性保护措施不必着重于强调事先知情同意,而是要求事后经济利益的反馈或补偿,这一选择是与我国长期以来非物质文化领域的传承或创作习惯相适应的。换句话说,在不违背权利人精神权利的前提下,法律不应硬性禁止任何人对非物质文化遗产进行开发利用,而只是明确使用人的付费义务,这一措施类似于版权法上的法定许可制度(而不是有的国家和地区使用的版权保护之例外情形的"付费公有领域"概念❶)。明确非物质文化遗产之上的特殊权利,不仅能够通过类版权的法定许可制度收取使用费,还可以利用现有知识产权制度已经确立的"不得侵害在先权利"的原则,防止他人擅自将 TCEs 和 TK 获取专利权或商标专用权的情形,并阻止任何在商业活动中错误、混淆和误导的指示或陈述(这些指示或陈述与参考、利用或引用了某个社区的非物质文化遗产的商品或服务有关,其暗示得到了该社区的认可或与该社区有关联)的不正当竞争行为。为达到实际的执法效果,法律还应当规定对上述侵害非物质文化遗产权利人的行为进行民事或刑事处罚的条款。非物质文化遗产之特殊权利原则上是永久的,除非其创造或保有族群消失;同时,这种权利不能转让;还有,国家专门机构应当制定应变措施(如提出最低使用费标准等)以便在使用者与权利人不能够就报酬或惠益分享磋商达成一致的情况下适用。

三、《非物质文化遗产法(草案)》评述

(一)《草案》是单纯的行政性法律

基于以上分析,笔者认为,我国的非物质文化遗产保护法律框架应当以《宪法》为依据,同时包含行政性保护和民事性保护条款,以达到保存、挽救非物质文化遗产和保障权利人在非物质文化遗产利用中合法利益的目的。在同一部法律中融入行政、民事性保护措施条款的综合性法律,可以全面体现我国建立非物质文化遗产保护制度的需求,是一种最理想的模式,其宗旨不仅是旧草案提出的"加强对非物质文化遗产的保护,继承中华民族优秀文化传统,

---

❶ 最早出现在《意大利著作权法》第四编,第 175—179 条,(1941 年 4 月 22 日,Law No. 633);后 1976 年 3 月 WIPO 与 UNESCO 在《突尼斯著作权样板法》第 17 条、1999 年 2 月《非洲知识产权组织(AIPO)班吉协定》修改版的第 59 条。

弘扬中华民族精神，促进社会主义精神文明建设"，还应包括"防止对非物质文化遗产的不当利用、保护非物质文化遗产保有人的合法利益"，这样就最大限度地满足了非物质文化遗产保护的实际需要。综合性立法的内容既包括各种具体行政性保护措施，也包括非物质文化遗产利用中对保有人的精神、经济权利保护的具体规定。

然而，这种理想立法模式的设立在我国持续多年的实践中遭遇了诸多延缓因素，尤其是关于具体民事性保护措施应当如何设置的讨论难以取得进展，致使初具非物质文化遗产保护综合性法律框架的旧草案（尽管只含有民事性保护衔接性条款而无具体内容）一直难以出台。事实上，将具体的非物质文化遗产民事性保护条款另行单独立法或分散放在相关知识产权法律法规中是另一种可行的选择。笔者在之前的研究中也提出过这种方案：这也是旧草案采取的方式，即非物质文化遗产保护法以行政性保护措施为主要内容、同时包含民事上的原则性及衔接性规定。即使如此，旧草案依然迟迟没有通过。

《新草案》仅涉及行政性内容的这一选择显然是为了解决我国非物质文化遗产立法久拖不决的弊病。从本质上说，《草案》是一部与《文物保护法》并行的行政性法律规范，着重描述政府在非物质文化遗产保护方面的作为，不提及非物质文化遗产利用中可能产生的各种利益关系及其解决方案。笔者认为，旧草案总体上优于《草案》。一方面，旧草案包含非物质文化遗产民事性保护的原则性规定和衔接条款，比《草案》全面、科学；另一方面，《草案》在旧草案的基础上增加了大量的具体行政性保护措施，其必要性值得考虑；毕竟这是一部法律、而不是规定具体实施细则的行政法规。

（二）《草案》的立法宗旨及其名称

《草案》在立法宗旨中删去了"加强对非物质文化遗产的保护"、并将草案名称也相应删去了"保护"二字。这一选择可能是基于这样的理解：全面的非物质文化遗产保护法应当包含民事性条款，既然要删除关于民事性的任何规定以便尽快通过立法，则应当连易于使人联想到民事性权利的"保护"二字都删去。笔者对《草案》定位于纯粹的行政性法律、更改名称、并提出"为了继承和弘扬中华民族优秀传统文化，促进社会主义精神文明建设"的立法宗旨没有异议，但对其删去"加强对非物质文化遗产的保护"这一宗旨则认为没必要。即使《草案》的定位是一部行政法，行政立法的也是非物质文化遗产保护的需求之一，其立法宗旨也可以包括旧草案提出的"加强对非物质文化遗产的保护"。

（三）关于民事性保护的衔接性规定条款

《草案》删除旧草案中关于民事性保护衔接性条款的原因是什么？

笔者原先一直赞同、也看到旧草案一直有一条原则性的关于非物质文化遗产民事性保护的衔接性条款，即第30条："国家保护非物质文化遗产的知识产权以及该遗产基于传统知识、民间文艺所产生的其他权利，具体办法另行制定。"基于用词上可能产生的误解，笔者认为旧草案第30条可改为"国家保护非物质文化遗产保有人的合法利益，防止对非物质文化遗产的不当利用，具体办法另行制定。"笔者之所以同意旧草案的这种方案，原因是期望法律兼顾本文前面分析的非物质文化遗产保护中的两种需求、尤其是民事性保护的需求；如果放弃这次立法机会、不提民事性保护的话题，则可能会将其进入立法议程的可能性又往后拖很久。为非物质文化遗产设立民事性保护的议题虽然在国际上尚有争议、但对我国来说却有重要意义。但是，《草案》删除了这一条款；同时，为避免与民事性条款相交接，《草案》连名称都删去了易使人联系到关于民事权利的"保护"二字。当然，旧草案也并没有提供如何解决非物质文化遗产利用中各种利益关系的方案，但至少使人们通过对其第30条的解读看到了这种可能性。在这个意义上，《草案》没有旧草案全面。

值得注意的是，旧草案中的另一条可以理解为涉及民事性保护内容的条款，即第29条："利用非物质文化遗产进行创作、改编、表演、展示、产品开发、旅游等活动，应当尊重其形式和内涵，不得歪曲滥用"也被简化了。❶ 显然，旧草案这一条的措辞所用的"创作、改编、表演、展示"等非物质文化遗产的使用方式，而且结合第30条，极容易使人联想到非物质文化遗产保有人的精神权利及其经济性的使用权。《草案》既要完全抛开民事性法律规则，又要兼顾避免非物质文化遗产遭遇不当利用的紧迫需求，因此以一种不以权利人精神权利为基础、而由主管机构主动干预的方式将"禁止歪曲、贬损"的基本要求放进法律中。显然，在面对歪曲、贬损时，由于没有民事性权利，非物质文化遗产的保有人不可能直接诉诸法律、而最多只能请求主管机构出面制止。

尽管笔者认为旧草案更加全面和科学，但现实是该草案的通过遭遇困难。既然立法机关选择了《草案》、且《草案》反映的非物质文化遗产法律保护模式已经基本成形，也就是民事性保护条款不可能加进去，那我们再纠缠于法案的名称、衔接性条款是否应该恢复就没多少意义了，我们应当开始思考的是非物质文化遗产民事性保护法律条款的尽快落地问题。

（四）《草案》与《民间文艺作品著作权保护条例》的关系

正如前面提到的，《新草案》已经放弃了包含民事性保护衔接条款的"非物质文化遗产保护法"模式，而仅仅关注认定、立档、保存、研究、宣传、弘扬、传承和振兴等行政性保护措施。这一选择多少与正在起草的《民间文艺作品著作权保护条例》（以下简称《条例》）的起草有关。

1.《条例》是分散性立法保护模式的选择结果

由于种种原因，在我国要建立一部综合性的非物质文化遗产保护法困难重重，因此根据建立非物质文化遗产民事性保护法律制度

---

❶ 旧草案第29条被简化为"使用非物质文化遗产，应当尊重其形式和内涵。禁止以歪曲、贬损等方式使用非物质文化遗产"，成为《草案》第5条。

的迫切需要、利用目前知识产权各主要分支的修订和完善契机，将相关条款加入这些知识产权法律本身或其下的法规、规章之中，也不失为一种便捷的方式。不过这种分散立法的模式是建立在知识产权制度之"保护在先权利"的基本原则之上的，要达到防止他人不正当利用非物质文化遗产获取知识产权、保护非物质文化遗产保有人的利益，从理论上说仍然需要通过法律明确规定（某些特定的）非物质文化遗产之上的"特殊权利"，而这一立法任务至少应该由"法律"层次（比如旧草案的名称《非物质文化遗产保护法》）而不是"条例"层次的规范性文件来完成，即在法律中明确规定"非物质文化遗产属于其创造者或保有者；其他利用者必须标明来源，并向其创造者或保有者反馈其利用所获得的利益。具体参照相关知识产权法律法规的规定。"或者像前面提到的那样将旧草案第 30 条改述为"国家保护非物质文化遗产保有人的合法利益，防止对非物质文化遗产的不当利用，具体办法另行制定。"由于没有这样一部基本法的支撑，知识产权法相关条款的制定、完善都显得有些勉强，比如，《民间文学艺术保护条例》就不能作为《非物质文化遗产保护法》的下位法规、而只能依据《著作权法》制定《民间文学艺术作品著作权保护条例》来迂回对民间文学艺术的保护作出规定。

2. 以《条例》承担非遗民事性保护任务的局限

当年《著作权法》订立关于"民间文学艺术作品"之条款的立法原意究竟是指有明确作者的、根据民间文学艺术创作的具体作品，还是指民间文学艺术本身，现在去考证并没有多大意义。前面已经论述过，目前无论从国际发展趋势还是我国实践上的需要，TCEs 的保护主要是一种特殊权利保护制度；尽管这种制度的内容设计主要参照版权制度，但仅仅根据现有的《著作权法》显然是难以完成特殊权利制度框架的建立的。从理论上说，非物质文化遗产意义上的民间文学艺术与《著作权法》所说的"民间文学艺术作品"、"特殊权利保护"与"著作权保护"并不是一回事。这种立法依据上的困惑，可能会使《条例》讨论的过程受到质疑从而难以顺利达成共识而得以通过。如果不顾这些疑问而通过《条例》，则其后在实施的过程中也必将产生种种问题。这里，台湾地区相似法律规范的实施经验和出现的问题也值得研究。

3.《条例》是弥补我国非遗民事性保护法律规则缺失的权宜之计

鉴于目前我国的非物质文化遗产法律保护框架迟迟难以确定是否增加民事性保护条款，本着迅速地、最大限度地有效解决民间文艺保护问题的出发点，利用《著作权法》第6条的规定可以作为一种权宜之计，因为在当代现实生活中用得最多的，或者说商业化可能性最大的，正是那些根据民间文学艺术演绎而来的作品。应当明确的是，制定《民间文学艺术作品著作权保护条例》的主旨不是简单地重复《著作权法》的内容，相反更多的应该是对此类作品的商业化使用进行规范，由此致力于解决《著作权法》中不甚明确的问题，如："根据民间文学艺术改编的作品，作者依法享有著作权，但应当注明出处、不得对其进行歪曲和损害"；"对民间文学艺术作品进行商业化使用，如复制、出版、广播、公开表演、向公众传播、发行、拍摄和录制等，使用者除了与著作权人达成一致外，还应该向主管民间文学艺术作品使用的国家机关交纳一定的民间文学艺术使用费，作为国家民间文学艺术发展基金"；"违反以上规定而改编或使用民间文学艺术作品的应承担相应的民事责任。"

从国家版权局2009年提供的《条例（草案）》看来，以上内容基本得以体现。因此，该草案实际上是通过规范民间文艺作品的使用来达到事实上对民间文艺本身提供保护的作用。从具体内容来看，其本质是对民间文艺作品权利人及使用人的义务作出明确规定，以确保民间文学艺术"受益人"的利益。应该说，单就民间文学艺术而言，已经提交全国人大审议的《非物质文化遗产法（草案）》可以提供UNESCO模式的行政性保护，而这一《条例（草案）》则提供了一种WIPO模式的民事性特殊权利保护。虽然《条例》在实际上可能起到的作用与笔者所期望的基本一致，但是，基于全面论述的理论上固有的缺憾,《条例》欲在《著作权法》立法框架下实现民间文学艺术的特殊权利保护是勉强的。因此,尽管《条例》详细地对民间文艺、受益人、商业利用人和作品著作权人、受益人的权利义务关系以及惠益分享的具体规则作了规定,却仍然没法像台湾地区"原住民智慧创作保护条例"那样明确类似"智慧创作专用权"的特殊权利,从而在社会效果上不能凸显非遗民事性权利保护的重要性。

四、其他知识产权法对非物质文化遗产保护的作用

(一)《专利法》

非物质文化遗产所具有的特点(已被公开、创作者难以特定化等)决定了其在绝大多数情形下无法满足授予专利权的条件,即使就非物质文化遗产申请获得专利,也将面临诸多的实际和技术障碍,例如专利申请文件的撰写、申请费用的支出等。不但如此,由于"生物盗窃"❶ 事件的出现,这使得专利在非物质文化遗产的利用中扮演了一个不太光彩的角色,很多传统社区以及社区的居民对专利法持一种排斥和反对的态度,更不用说主动利用专利法保护自身的非物质文化遗产。非物质文化遗产的创作者或传承者基本上无法通过寻求获得专利权的方式保护自身的非物质文化遗产。然而,作出上述论断并不意味着专利法在非物质文化遗产的保护中毫无作为,事实上,专利法可以经由另外一种方式达到保护非物质文化遗产的目的。由于非物质文化遗产正在面临"不当利用"的问题,因此有必要建立非物质文化遗产民事法律保护制度;而阻止对于非物质文化遗产"不当利用"的主要措施是创设一种特殊的民事权利,从而使相关的创作者和传承者可以控制利用非物质文化遗产的行为。除此之外,还可以在《专利法》的框架中确立两项辅助性的措

---

❶ 参见英国知识产权委员会(CIPR)《整合知识产权与发展政策》中的专栏 4.2,2002 年 12 月。

施，从而达到阻止"不当利用"非物质文化遗产的目标。其中一项措施为在专利申请中要求专利申请人披露传统知识（即 TK，除了 TCEs 之外的另一类主要的非物质文化遗产）的来源，另一项措施是将已记录或登记的传统知识（TK）作为现有技术（prior art）而在专利审查中予以考虑。在专利申请中要求披露 TK 的来源针对的是与 TK 有关的或利用了 TK 的发明专利申请，披露可以使专利审查员对专利申请人请求保护的发明进行更为充分和全面的审查，从而提高专利审查的质量，避免授予缺乏新颖性和创造性的"发明"以专利权。如果专利申请人未披露传统知识的来源，其将无法维持其请求保护的与 TK 有关或利用了 TK 的专利权，因此避免了 TK 成为私人独占的对象。将已记录或登记的 TK 作为现有技术而在专利审查中加以考虑能够使专利审查员鉴别潜在的破坏新颖性的现有技术，从而排除他人直接或间接就 TK 获得专利权的可能性。以上这两项措施都可以看成是 TK 的防御性保护措施，确立这两项措施的目的在于阻止其他人就传统族群的 TK 获得知识产权。

事实上，我国 2008 年底修改的《专利法》中关于"保护遗传资源"和"披露获得遗传资源的来源"之规定正是上述措施考虑的结果。但遗憾的是，这里必须注意到"遗传资源（GR）"与"传统知识（TK）"的不尽相同：在发明专利领域绝大多数的遗传资源的利用并不是单独、而是结合着传统知识的，最典型的比如根据某个传统社区或族群对某一植物的药性作用认识而开发出的新药。仅仅考虑遗传资源的缺陷是：遗传资源获取涉及国家主权，但在很多情况下无法阻止他人合法获取或在别的国家或地区中找到相同的遗传资源、利用我国的传统知识、并由此获得专利权的行为。因此，关于 TK 可以破坏可专利性的规定才是实现我国《专利法》对非物质文化遗产保护的关键。《专利法》应明确利用 TK 的专利申请必须"披露获得传统知识的来源"，并结合上述措施，即将已记录或登记的传统知识（TK）作为现有技术（prior art）而在专利审查中予以考虑。关于记录或登记的传统知识（TK）的任务，可以由主管非物质文化遗产记录或登记的国家机构或其委托的专门机构,或者国家成立的类似印度政府成立的专门机构来完成。

(二)《商标法》和《反不正当竞争法》

由于非物质文化遗产往往为偏远落后地区的传统族群所保有,实践中常被商业意识强的外人利用市场优势将其包装成具有知识产权的产品据为己有,这类事例在全球范围内已再三出现;而且除了非物质文化遗产的内容本身外,侵害已延及非物质文化遗产的各个要素,如体现非物质文化遗产的名称、符号、简称、代表作、发源地、保有该遗产的群体名称、所代表的文化称谓等等。在非物质文化遗产及其要素资源的商业化过程中,为迎合在精神享受上追求文化多样性、在价值取向上青睐"原生态"文化特色的消费者的需求,不当利用非物质文化遗产作为商业标识的行为日渐增多。如果说非物质文化遗产作为一种特殊的无形财产在今天可以成为商品或服务的内容,那么其产生的利益理应有其创造者及保有人的一份、而不仅仅属于那些投资利用者。商标和反不正当竞争法律制度虽不能制止非物质文化遗产的具体内容被任意复制和滥用,但至少可以阻止他人冒名和进行不正当竞争,这在市场竞争环境下维护非物质文化遗产保有人的利益具有重要意义。

将非物质文化遗产及其要素作为商标使用或注册,在很大程度上是利用该文化遗产的典型特色吸引消费者的注意力,这种商业化使用多发生在与文化有关的产业中。以澳大利亚为例,随着市场经济的发展,越来越多的土著民族的语言词汇、图案、标志及符号等被运用到商业活动中。[1] 加拿大、新西兰、美国等有原住民保留地或原住民代表组织比较完善的国家,都有相关传统族群依据商标法获得与非物质文化遗产有关的商业标识的专有权的例子。

比较而言,具有丰富非物质文化遗产及其指示性要素资源的我

---

[1] Ms. Terri Janke, "Minding Culture: Case Studies on Intellectual Property and Traditional Cultural Expressions", 2003, Geneva, WIPO Publication No. 781E.

国,在保护诚实经营者的商誉、维护正常市场竞争秩序的《商标法》及其配套法规规章上却没有相关规定。造成这一缺漏的主要原因,首先是缺少明文规定非物质文化遗产之上"特殊权利"的法律规范,因此难以适用《商标法》上的"保护在先权利"原则[1]以向非物质文化遗产的权利人提供保护;其次还有一个原因是《商标法》及其相关规定本身没有充分考虑到非物质文化遗产保护的需求。事实上,在专门的非物质文化遗产特殊权利保护机制建立起来之前,应尽量对有关商标的注册申请或使用予以驳回或制止,以此避免非物质文化遗产受到不正当利用。具体来说,即在《商标法》第11条"不得作为商标注册"的原则之下,将"非物质文化遗产及其相关要素"的情形包括进去。此外值得注意的是,目前《商标法》中关于地理标志的规定原则上也可以适用于对体现非物质文化遗产的地方特色产品;但由于地理标志保护制度本身还不甚明晰,其对非物质文化遗产的保护作用是十分有限的。

从市场竞争的角度,如果传统族群经营的承载非物质文化遗产的产品及其标识达到我国《反不正当竞争法》第5条所说的"知名商品的特有标识",应当获得法律的保护,制止其他人的搭便车行为;而且,如果假冒非物质文化遗产产品,也可构成第5条所说的"对商品质量作引人误解的虚假表示",将承担相应的法律责任。此外,根据我国《反不正当竞争法》,不能从公开渠道直接获取,能为权利人带来经济利益,具有实用性,并经权利人采取保密措施的信息可以受到法律保护。非物质文化遗产中的一部分,完全有可能是以一种保密的状态在进行传承与利用,例如某些社区、群体或个人持有的传统手工艺。这些传统知识一般是由极少数的传统社区的居民所知悉和掌握。因此,只要此类的传统知识符合商业秘密的构成要件,它们就可以获得《反不正当竞争法》的保护。这里关键的

---

[1] 参见《商标法》第9条:申请注册的商标,应当有显著特征,便于识别,并不得与他人在先取得的合法权利相冲突。

一点是：不能按现在"经营者"的观念去阐释掌握这类商业秘密的传统族群，只要其掌握的传统知识或技艺符合商业秘密的构成要件，则说明其有市场经济价值，应当受到法律的保护。不过，与《商标法》一样，《反不正当竞争法》的作用仅限于禁止与非物质文化遗产相关的不正当竞争行为，由国家机关出面否认此类行为的违法性并予以禁止，而不能赋予拥有非物质文化遗产的传统族群自己使用相关标识、或就他人不当使用行为获得补偿的权利。

结论

非物质文化遗产的抢救和利用都十分必要。非物质文化遗产于有形的文化遗产最不同的特点，在于其实质是一种知识性的信息，是人类智力活动的成果；因此其保护涉及更为复杂的法律关系，其中最主要问题是日益增多的"不当利用（misappropriation）"行为，即非物质文化遗产的利用者未经非物质文化遗产创作者或传承者授权或许可而对非物质文化遗产进行商业化或其他方面的利用、而且在从事商业化或其他方面的利用活动时漠视甚至损害非物质文化遗产创造者或传承者的精神利益和经济利益的行为。鉴于此，我们在考虑非物质文化遗产的法律保护框架时应当兼顾行政性和民事性保护的措施。

我国目前的《非物质文化遗产法（草案）》仅涉及非物质文化遗产保护中的一方面，这种立法模式的选择主要是回避民事性保护的复杂性。另一方面，作为《著作权法》下位法规的《民间文学艺术作品著作权保护条例》却要承担这一沉重而复杂的任务。不过，鉴于非物质文化遗产保护的困难和复杂性，笔者认为，尽管在立法模式上不够理想，以上这两个方面的立法尝试表明我国已经关注到了非物质文化遗产保护中的两个重要需求，特别是《条例》所体现的特别权利保护模式，是非物质文化遗产保护中不可或缺的内容。当然，由于非物质文化遗产与知识新产品之间的源流关系，除了《条例》的制定外，修正现有知识产权法中的相关条款也对我国的非物质文化遗产保护具有重要作用。

台湾地区鼓励民间参与保存非物质文化遗产之作为

范建得[*] 罗雅之[**]

一、前言

当今全球化下的快速社会变迁与科技发展,虽然为各群体之间进行新的对话创造条件,却同时造成使无形文化遗产面临损坏、消失和破坏的严重威胁,考虑到非物质文化遗产不仅是文化多样性的表征、社会持续发展的保证,更是使人与人之间的关系更加亲密且得以进行交流和了解的要素,并存在着与有形文化遗产和自然遗产之间相互依存的关系,联合国教育、科学及文化组织(以下简称"教科文组织")于2003年在巴黎举行的第三十二届会议,为因应尚未有具约束力的多边文书可以保护无形文化遗产,决议将国际上现有关于文化遗产和自然遗产的协定,[❶] 与无形文化遗产有关的新规定来有效地予以充实和补充,于该年通过了《保护无形文化遗产公约》,并于2006年生效[❷]。

根据联合国《保护非物质文化遗产公约》中的定义,非物质文

---

[*] 台湾清华大学科技法律研究所教授兼生物伦理与法律中心主任。
[**] 台湾清华大学清华学苑三年级学生。
[❶] 相关文件主要涵盖:1948年的《世界人权宣言》以及1966年的《经济、社会、文化权利国际盟约》和《公民及政治权利国际盟约》,与1989年的《保护民间创作建议书》、2001年的《教科文组织世界文化多样性宣言》和2002年第三次文化部长圆桌会议通过的《伊斯坦布尔宣言》。
[❷] 参阅"文建会"文化资产总管理处筹备处网站,http://twh.hach.gov.tw/WorldHeritage.action。

化遗产,它在纵的时间轴上需横跨古今,它于横的物质文化层面上需兼容并蓄,且它必须是建立在一定群体或社区之共同认可、参与及传承之上,亦它是依托于"人"而存在的,另外它的主要形式有:口头传说和表述(包括作为非物质文化遗产媒介的语言)、表演艺术、社会习俗、仪式和节庆活动、有关自然界和宇宙的知识和实践与传统手工艺等。而对非物质文化遗产之保存,通常意指使用各种方式并结合教育,使该非物质文化遗产能获得振兴以达到永续传承与维护文化多样性之目的。❶

台湾做为一个海岛,位于海洋文化与大陆文化的交界,历经多次的政权更替,从古至今便因移民众多而蕴含了多元文化,然而移民社会所具有的特质:复杂的族群组成与迅速的社会变迁,虽然让台湾的文化包罗万象,却也导致文化保存不易的问题,以至于寻找自己的图像与文化,保存既有的多元文化,成为当代台湾社会最深层的渴望。而台湾知名舞蹈家林怀民先生认为,贴近台湾社会的脉动,与台湾的历史对话是传承与塑造台湾文化的根本,亦将之作为云门舞集之创作精神,这不仅印证了保存非物质文化遗产的重要性,更呼应了教科文组织将在地群体,有时是个人,视为在无形文化遗产的创作、保护、保持和创新之重要角色的精神,因此,探究台湾地区如何透过政策与法规配合,鼓励民间参与保存非物质文化遗产,推动古迹与在地文化之结合再利用,自然成为一个重要的课题。

二、台湾法制相关沿革

台湾文化资产保存法制化始于日治时期史迹名胜天然纪念物保存法,在台湾光复后改由 1930 年国民政府颁布的古物保存法取代,直到 1981 年"文建会"成立,并于 1982 年公布"文化资产保存

---

❶ The Convention for the Safeguarding of Intangible Cultural Heritage Art. 2 - Definitions。

法"(以下简称"文资法"),古物保存法同时公告废止。从1982年至今,因时代与社会变迁并配合执行之需要,"文资法"陆续经过五次修法,致使台湾对于文化资产的保存渐趋完备。

1982年最初版的"文资法",虽然打破了以往只将文化资产保存限于实物与自然景观的局限,但对于有效保存文化遗产,特别是非物质文化遗产部分,依旧充满了许多缺陷,而其中最重要的三项缺失如下:

(1)该法旨在发扬中华文化,并不重视共存于台湾岛上的其他文化,例如南岛原住民与日治时前的相关文化与古迹,从根本上就违背了保存文化遗产之维护人类文化多样性的精神。

(2)该法将文化资产订为:古物、古迹、民族艺术、民俗及有关文物、自然文化景观等五项,并未涵盖社群、聚落、传说与表演艺术等重要的非物质文化遗产,排除了许多非物质文化遗产的保存机会。

(3)该法将文化资产之保存与管理,由"行政院文化建设委员会"会同内政部、教育部、经济部、交通部及其他有关机关共同管理,且未提供于鼓励民间保存文化遗产之足够诱因,更未包含开放民间直间参与管理的法条,不仅造成行政上叠床架屋的困境,更阻断了民间参与保存文化遗产的机会。

所幸,历经观念的革新与不断地修法后,台湾的"文资法"已有显著的进步,上述的几项弊病也获得改善,以下是该法的沿革与历次修法后所达到的助益:

(1)1997年1月的第一次修法,增订公布第31-1.36-1条条文。增设对出资赞助或修复古迹者的租税奖励,[1] 并增设私有古迹土地容积率移转的补偿,[2] 为鼓励民间保存文化遗产提供了更多诱因

---

[1] "文化资产保存法"第31-1条。
[2] "文化资产保存法"第36-1条。

(2) 1997年5月的第二次修法，修正公布第27、30、35、36条条文。将有关古迹指定之权力下放于地方，❶ 将依古迹的历史文化价值分类为一至三级的规定，改依古迹内涵分为国定、省（市）定，县（市）定，❷ 并明定古迹维护与管理之原则，❸ 局部改善了文化资产保存之行政效率不彰与权责划分不清的问题。

(3) 2000年2月的第三次修法，修正公布第3、5、27、28、30、31—1条条文及第三章章名；并增订第27—1、29—1、30—1、30—2、31—2条条文。增订有关历史建筑的保存规定，❹ 将历史建筑之主管机关明订为"文建会"，❺ 增订个人与团体的古迹指定申请程序，❻ 开放政府委托民间管理维护公有古迹，❼ 规范古迹修复工程工法与现代科技之使用，❽ 重大灾害时古迹紧急修复以及排除政府采购法的适用，❾ 此次修法是台湾开放民间直接参与保存文化遗产的重要转折点，并对古迹之不当维护做出规范。

(4) 2002年6月第四次修法，修正公布第16、31、32条条文。为因应行政程序法的公布施行，明文授权给相关主管机关具规定公有古物复制及在复制管理办法，❿ 并修定私有古迹捐献政府和无主古迹发现人等的奖励办法，⓫ 为鼓励民间保存文化遗产提供了更多诱因。

(5) 2005年1月第五次修法，修正公布全文104条。此次修

---

❶ "文化资产保存法"第27条。
❷ 同本页注①。
❸ "文化资产保存法"第30条。
❹ "文化资产保存法"第3条。
❺ "文化资产保存法"第5条。
❻ "文化资产保存法"第27条。
❼ "文化资产保存法"第28条。
❽ "文化资产保存法"第30条。
❾ "文化资产保存法"第30—1条、第30—2条。
❿ "文化资产保存法"第16条。
⓫ "文化资产保存法"第31条、第32条。

法是攸关台湾文化资产保存的大事,几乎等同于全面翻新"文资法",相对于之前的修法都在古迹、历史建筑与聚落方面进行修正,本次修法广泛包括了以下五大项:

第一,"文资法"立法宗旨之修正:从专注中华文化到强调多元文化,[1] 于立法宗旨上表彰维护人类文化多样性的精神,使得该法更加符合教科文组织对非物质文化遗产应具兼容并蓄之特质的要求。

第二,文化资产类别之修正:配合各类文化资产之特质,将建造物、空间等类型包括古迹、历史建筑、历史建筑、聚落、遗址、文化景观移列为第1款至第3款;无形且可移动之文化资产如传统艺术、民俗及有关文物、古物等列为第4款及第6款;自然地景改列为第7款,[2] 致使台湾的文化资产分类与保存更加符合非物质文化遗产应具备横跨古今与立足于社群之上的特质,并与教科文组织列举之非物质文化遗产主要形式呼应。

第三,中央主管机关事权统一:该法规定除"农委会"主管"自然地景"外,其余文化资产全归"文建会"主管,[3] 彻底解决权责划分不清的问题。

第四,多项法规皆增订保护非物质文化遗产之文字,例如开放聚落申请登录为文化资产,[4] 解决之前"文资法"排除许多非物质文化遗产之保存机会的问题,并呼应保护无形文化遗产公约对非物质文化遗产需建立在一定群体或社区之共同认可、参与及传承之上的要求。

第五,强调文化资产普查、列册追踪,加强对无形文化资产及保存技术的重视,并强化民间参与,例如明定开放民间机构与个人

---

[1] "文化资产保存法"第1条。
[2] "文化资产保存法"第3条。
[3] "文化资产保存法"第4条。
[4] "文化资产保存法"第16条。

参与文化资产调查与保存工作,❶ 使该法关于文化资产的保存方式更加符合教科文组织,将在地群体或个人,视为在无形文化遗产的创作、保护、保持和创新之重要角色的精神。

借由上述台湾推动文化资产保存之母法的沿革介绍与分析,可以发现现今台湾"文资法"已大致符合教科文组织对文化遗产保存之定义与精神,以保存多元文化为主,重视非物质文化遗产与社区之共同认可,并鼓励民间参与的特质,然而法规订定后,还需要政府的政策配合与民间的实质合作,方能达成促进台湾保存非物质文化遗产的目的,因此下文将近一部讨论台湾地区鼓励民间参与保存非物质文化遗产之具体政策。

三、台湾地区的具体政策

在 2000 年,第三次修法后,依"文资法"第 28 条;现依 2005 年第五次修法后,文资法第 18 条之规定:"公有古迹必要时得委任、委办其所属机关(构)或委托其他机关(构)、登记有案之团体或个人管理维护。"台湾地区开始执行委任民间经营古迹的政策,并于 2002 年启动旨在鼓励地方永续经营非物质文化,并配合闲置空间再利用的地方文化馆计画,冀望结合政府与民间之力,共同替台湾的文化传承努力。

(一)委任民间经营古迹

非物质文化遗产与有形文化遗产和自然遗产之间存在着相互依存的关系,因此古迹之维护管理如能配合非物质文化遗产的保存,势必能达到相辅相成的效果,而非物质文化遗产的重要元素之一既然是人,并强调须建立在一定群体之共同认可、参与及传承之上的特质,政府借由委托民间管理古迹并协助其发扬非物质文化,著实为保存非物质文化遗产的适当决策,但毕竟古迹属公共财,民间也只能代管不能持有,政府与民间的权利义务关系势必得充分厘清,

---

❶ "文化资产保存法"第 7 条。

方能使同时保存物质与非物质文化遗产之目的有效达成。

基本上政府委托民间经营古迹在法律上包含"租赁"及"信托"关系,但不一定有租金的给付,首先于房舍也就是古迹使用的权利与义务上,应回归到单纯"房东与房客"的租赁关系,由此去解释各项修缮维护与管理的责任区分。❶ 此外台湾最初在推行委任民间管理古迹时,原有古迹委外经营期限不得超过四年,期满前得经由经营者提出申请再续约一年的限制,但考量到该规定对经营者造成的障碍,自 2005 年后,该限制已经取消,由此可见台湾地区鼓励民间管理古迹之决心。❷

另一方面,毕竟经营的房舍既是公有古迹,属公共财产,所以负有公共任务,因此民间经营者对政府委托的经营方向与计画所承诺的责任、受到的监督、某些回馈政府的义务,皆属于信托关系,❸ 而该关系于实际执行层面上,目前台湾是先由政府或受委托之民间机构完成古迹研究调查及古迹修复后,再依古迹特质与相关需求决定经营方向,才公开征询经营者,并由文资法规定政府对于

---

❶ 陈国慈. 故事里的故事——再生古迹台北故事馆 [M]. 台北:天下文化,2005:38—39.

❷ 最初依 2000 年修法后,"文资法"第 28 条、29-1 条与 2001 年公布的"古迹委托管理维护办法"、"古迹修复工程采购办法"规定。2005 年后,依第五次修法后"文资法"第 20 条、第 25 条,及 2005 年公布的"古迹管理维护办法"和"古迹历史建筑及聚落修复或再利用采购办法"规定。

❸ 陈国慈. 故事里的故事——再生古迹台北故事馆 [M]. 台北:天下文化,2005:40—50.

每项文化资产都有协助保存之责任❶与监督经营者之义务。❷

(二) 地方文化馆计划

目前台湾地区的政策中，配合新故乡社区营造计划的执行而研提的"地方文化馆计划"，不仅提供居民文化公民权之所需，凝聚居民认同，更有助于地方非物质文化资源的保存，并带动社区发展。该计划主要利用地方既有的闲置空间，辅道成为地方文化的展示场所，其主要机制，一为审查管考，二为扶植辅道，目前的重点工作项目有：依文化馆功能性质做分类辅道、主题文化馆网络建置、协助文化传承与发扬的专业引介和鼓励乡镇（市）公所成立文化相关课室等。

另外，该计划所营运活化的案例多具有以下特质：（1）多为古迹、历史建筑活化再利用；（2）多以教育下一代关怀大自然为宗旨；（3）充分结合社区人力资源；（4）彰显地方人物史迹；（5）延续保存地方文史及传统技艺；（6）充实地方产业结合文化教育，❸这些特质不仅与联合国保护非物质文化遗产公约对非物质文化遗产时间上需横跨古今、文化层面上需兼容并蓄的定义，且必须建立在一定群体之共同认可及传承之上的要求吻合，对于非物质文化遗产的保存方式也涵盖到教育与传承的目的，由此可见台湾地区对促进

---

❶ 依"文资法"第20条、第89条、第90条、第93条及文化资产奖励补助办法之规定，各文化资产之主管机关，应协助经指定之保存技术及其保存者进行技术保存及传习，并活用该项技术于保存修复工作，亦须对保存文化资产有所贡献者给予奖励，并得依"所得税法"第17条第1项第2款第2目及第36条第1款规定，列举扣除或列为当年度费用，不受金额之限制。

❷ 依"文资法"第20条及第24条，公有古迹经营契约的监督内容包含：经营企划的执行状况与经营者的财务状况，而在监督的方式与执行上应回归契约约定，另外政府将定期检讨经营企划之执行，经营者也有拟定管理维护计划，并报主管机关备查之义务。

❸ 实际案例包含台北市西门红楼、台北市关渡自然公园、桃园县眷村故事馆、高雄县钟理和纪念馆、云林布袋戏馆与新竹玻璃工艺博物馆等，详情可至"文建会"地方文化馆网站查询，网址 http://superspace.cca.gov.tw/mp.asp? mp=1。

民间参与保存非物质文化遗产之具体政策。

四、台湾政策推行的实际案例与成果

非物质文化遗产是活的文化体,它的保存着重于经验知识与传统技能的传承,且必须结合社会群体的共同参与及认同,方能与有形文化遗产相互烘托,延续并彰显人类社会的内涵,因此为保存非物质文化遗产,民间的参与并结合周边社区的发展是不可或缺的要素,而台湾地区透过委任民间经营古迹及地方文化馆计划,推行非物质文化遗产保存至今,已获得许多民间团体或个人的响应达到不少成果,以下几个代表性案例,将具体呈现当今台湾地区如何协同民间之力保存非物质与相关之有形文化遗产。

(一) 台北故事馆

台北故事馆原为 1914 年台北大稻埕茶商陈朝骏为招待贵客,在圆山基隆河畔所建造的一栋英国都铎式建筑,内含有多件 19 世纪末 20 世纪初之骨董文物,于 1998 年由台北市政府文化局指定为市定古迹"圆山别庄"。尔后,陈国慈律师于 2003 年响应台北市文化局推广古迹再生理念,认养古迹"圆山别庄"进而促成台北故事馆的诞生,成为台湾第一位以"自然人"身分经营古迹的案例,关于认养台北故事馆期间所需的经费,除部分结合企业赞助约 300 万元、政府补助 250 万元外,其余不足部分都由陈国慈个人负担。

目前台北故事馆以介绍台湾生活文化和推广古迹再利用为宗旨,透过多样的活动和展览让社会大众轻松地亲近古迹,至 2009 年止,仅 86 坪大的台北故事馆举办过 21 档展览,1 500 场艺文活动,总计 75 万人参观,让民众与古迹产生感情与连结。此外台北故事馆常与艺文界或有艺文资源的单位合作举办活动,展览主题的设定也都著重于"对过去生活的怀旧",其中"中华絃馆研究团"定期的南管演出、台北市茶公会赞助的"大稻埕、茶买卖"展览、冶堂茶文化研究室合办的"故事茶会"等活动,皆与非物质文化遗产之保存密切相关,如今,经由民间经营的台北故事馆不仅有了新生命，更于2010台北国际花卉博览会中，充分展现古迹的魅力，让民众在典雅又静谧的空间里，一边游赏老台湾的气氛，一边体验百年前时尚生活文化之美。❶

（二）抚台街洋楼

抚台街洋楼为台湾现存最早的洋式街屋，比总督府或博物馆等官方建筑还古老，该洋楼造型优雅，一楼叠石造，有精美石拱圈骑楼，二楼及屋架采木构造，屋顶仿台北宾馆覆铜瓦，开老虎窗通风，呈现典型的欧式建筑风采，在1997年被指定为台北市市定古迹后，于2 000年惨遭祝融而毁损严重，直到2006年台北市政府文化局编列2 000万元经费，费时两年修复与规划后，由陈国慈于2009年以3年新台币700万元再以个人名义继而接手经营，将其转型成一个让游客认识台北旧城历史的迷你型博物馆。

抚台街洋楼自2009年重新开馆后，开始寻找其始终成谜的身世，耗时逾年终在2010年日本福冈柳川寻得古迹原主人高石家族的继承人高石京子女士，并从她家族中补足古迹最重要的史料，同年7月，82岁的高石京子来台，将未曾在台曝光的古迹相关百年史料与文物捐赠予抚台街洋楼永久收藏，丰富了台湾文化遗产的保存。此外该洋楼也不断调整举办的活动内容，从静态的参观变成比较动态的道览或课程，提高与居民及参观民众的互动性。例如2010开始的活动"漫步，我的台北旧城"就邀请不同的专家，从建筑、生活、饮食、历史等面向，带著参观民众到洋楼周围散步，除了能进一步介绍这个老街区，同时也让洋楼与附近的社区做结合，更加促进非物质文化遗产之保存。❷

（三）西门红楼

西门红楼兴建于1908年，是台湾第一座官方兴建的公营市场，

---

❶ 陈国慈. 故事里的故事——再生古迹台北故事馆 [M]. 台北：天下文化，2005：50—60.

❷ 参阅抚台街洋楼网站，网址 http://blog.roodo.com/futai.

亦是今天全台所保存最古老而完整的市定古迹市场建筑物,以"八卦造型"取其八方云集之意作为市场入口、"十字架造型"作为市场主体的特色,是东、西建筑史上的首例。最初,纸风车文教基金会于 2003 年以剧场的专业活化了红楼剧院,至 2007 年 11 月台北市政府文化局改由委任台北市文化基金会营运管理。台北市文化基金会成立于 1985 年,系一以推动台北的城市艺文发展为使命,由政府与民间共同出资设立的非营利性机构,并同时管理"台北当代艺术馆"、"台北偶戏馆"等文化资源与历史古迹。

西门红楼的管理团队自 2007 年以艺术推广与整合相关资源为主轴,将之转型为策办重要艺术节庆与重点文化馆所常设机构,持续办理"台北电影节"、"台北艺术节"等大型文化节庆活动,并举行多种文创的活动,其中包含:八角楼内的二楼剧场、文创发展平台以及月光电影院等多元性区块,成功打造出新颖的创意空间,扩大台北艺文新旧交叠的疆界与版块,变成台北市新生之文化创意产业发展中心,并获得第七届"台北市都市景观大奖"历史空间活化奖,还于 2009 年接管"台北市电影主题公园",规划"Urban Show Case 都市艺术方块"公共艺术装置,创造一个属于城市的记忆空间,同时接手"西门町行人徒步区街头艺人"表演管理,以多点串连的方式整合在地力量,将艺术文化作延伸扩张并传承。❶

(四)牯岭街小剧场

牯岭街小剧场场馆位目前是座历史建筑而非古迹,由台北市文化局委外经营,该建筑建造于 1906 年,当时是日本宪兵分队所,属于"巴洛克风格",于 1958 年改建为"日式砖造建筑",作为台北市政府警察局中正区第二分局。在 1995 年中正二分局迁离之后,于 2002 年经"小剧场联盟"争取该地做为小剧场之用,最初由如果儿童剧团经营,2005 年合约到期后,台北市文化局重新招标,由王墨林的"身体气象馆"接下经营权。王墨林先生为台湾第一出

---

❶ 参阅西门红楼网站,网址 http://www.redhouse.org.tw/.

"行动剧场"《驱逐兰屿的恶灵》的制作人,并在 1991 年成立"身体气象馆",长期关注小剧场、身体文化、表演艺术等,目前该剧场借由成立"小剧场共同营运实行委员会"集结不同专才者共同经营。

牯岭街小剧场是台湾唯一规划定位为前卫剧场的表演公共场所,也是台北市第一个推动闲置空间再利用,转化成为艺文空间,并且委托由民间经营之场地。整个牯岭街小剧场共有三层,一楼有服务台、文宣品区和实验剧场,以及目前做为独立装置艺术空间的二分局时期拘留室。二楼设有可办理讲座与影片欣赏的会议室,及 30 坪空间大的艺文空间,三楼则设有供表演团体作为排练室。成立至今,牯岭街小剧场除了为各种剧场提供展演地之外,已经策划数百场以上的活动,包括戏剧工作坊、文艺座谈,书香创意市集等,亦提供民众租借,参与使用者超过数万人,更结合邻近的杨英风美术馆、邮政博物馆、历史博物馆等,构成一文艺风气鼎盛的社区。❶

（五）钟理和纪念馆

钟理和纪念馆是文学界林海音、钟肇政、叶石涛、郑清文、李乔、张良泽等 6 人,有感于从日据时代以来台湾本土作家已经凋零,但他们的作品、手稿,却未获得妥善保存,随着时间次第湮没,实为台湾文学史上莫大损失,因此于 1979 年 6 月具名发出筹建"钟理和纪念馆"启事,并获社会热烈响应,由钟家无条件提供钟理和晚年生活的土地,动员社会力量,建成台湾民间合力兴建的第一座平民文学家纪念馆。于 1983 年集民间之力开馆后,1989 年钟理和文教基金会成立,2005 获地方文化馆计划补助,强化馆内展示并改善空间功能,正式成为地方文化馆。目前的经营者为财团法人钟理和文教基金会,集文学界、美浓乡亲等公众之力,除经营文化馆外也筹办文学讲座、扎根社区教育,更自 1997 年起,举办

---

❶ 参阅牯岭街小剧场网站,网址 http://www.glt.org.tw/.

"笠山文学营",以"钟理和文学"及"台湾文学"为研习主题,持续将台湾优美的文学作品,介绍给社会大众,充实台湾文学教育,达到对台湾本土文化的宣扬、重视及尊敬。另外该基金会还于2001年,有感于农村教育的贫瘠与重要性,争取办理高雄县社区大学,后获高雄县政府委托,承办全台第一所农村型社区大学,亦即当今的旗山区社区大学。[1]

如今,钟理和纪念馆除收藏钟理和个人手稿及作品外,台湾地区作家的手稿也在收藏之列,另外高雄县政府于1997年在纪念馆两侧建立第一座台湾文学步道园区,除了竖立钟理和纪念雕像,还推选30多位台湾作家作品,将他们的名字和名言以文学碑石铺陈步道同时设立于纪念馆外,让这座充满文学气息与人文历史的纪念馆,配合定期举办的艺文活动、笠山文学营与社区大学的合作,为台湾的非物质文化遗产的保存做出更多贡献,并更加彰显民间参与保存文化遗产的效益与重要性。

结论

当今经剧烈的社会经济变迁与快速的物质文明,让主要依靠人而传承的非物质文化遗产保存不易,既然人的经验知识是非物质文化遗产的主体,相较于有形无化遗产,民间参与对于非物质文化遗产之保存扮演著更为重要的角色,毕竟非物质的文化有赖于社会大众的亲身的参与及记忆方能传承,单靠政府之力而排除民间掌握主道权之机会,让民间成为一个被动的接收者的作法,将无法有效地协众人之力共同传承非物质文化遗产。

认知到民间在保存文化遗产的重要性,台湾地区经由文化资产保存法的不断修订,配合相关政策的推行,正逐步开放并鼓励民间投入非物质遗产的保存工作,让民间在文化资产的保存上扮演更积

---

[1] 参阅"行政院客家委员会"博客——钟理和文教基金会,网址 http://archives.hakka.gov.tw/blog/liho。

极主动的角色,并获得一定成果。从本文所陈述之相关法规沿革、政策说明与实际案列介绍,可以看出台湾地区现借由委任民间经营古迹与地方文化馆计画的推行,结合官方与民间的力量来推动非物质文化遗产之保存,而其内容不仅兼容并蓄,从传统中原文化、日治时期风俗至台湾本土文学皆有,形式上也涵盖甚广,从表演艺术、社会习俗到口头传说和表述皆包,更时常搭配古迹或历史建筑之活化再利用,与邻近社区发展结合,善用非物质文化遗产与有形文化遗产之间存在着相互依存的关系,达到事半功倍的效果,充分体现了非物质文化遗产之保存须立足于一定群体或社区之共同参与之上的原则。

台湾地区对于遗传资源法之立法方向
(2004~2009 年)

陈昭华[*]　彭怡静[**]

一、前言

遗传资源,根据生物多样性公约(The Convention on Biological Diversity,以下简称 CBD)[1]之规定,系指具有实际或潜在价值的遗传材料。而遗传材料是指来自植物、动物、微生物或其他来源的任何含有遗传功能单位的材料。故任何来自植物、动物、微生物或其他来源之含有遗传功能单位的材料,而具有实际或潜在价值者,均属遗传资源。

自古以来,遗传资源即被广泛地运用在人类之食衣住行中,在农业及医药方面利用之机会更多。尤其是近代科学大量使用微生物与植物成分来生产生物制剂,不仅开发出许多新的药品,也为医药工业带来新的纪元。基于此,许多已开发国家仍积极投入大量资金,到遗传资源丰富之国家进行探勘。然而这些探勘者一旦发现了特殊的遗传资源,往往在进一步或多或少的研发后,探勘者即以知识产权来确保对这些遗传物质及其所衍生的商业利益,对于遗传资源提供者却多未有任何之利益分享,形成所谓的"生物窃取"现象。为避免生物窃取现象的持续发生,并促进遗传资源之保育及永续利用,许多国家乃制订有关遗传资源保护之法案。台湾地区遗传

---

[*] 陈昭华,辅仁大学财经法律系教授。
[**] 彭怡静,辅仁大学财经法律研究所硕士班研究生。
[1] Convention on Biological Diversity, http://www.biodiv.org/default.shtml (last visited: 2011/01/27).

资源丰富，但对外国人来进行探勘时，尚无足够规范加以管理，同时为促进遗传资源之保育及永续利用，因此亟需尽速订立有关的规范予以管理。有鉴于此，"农委会"曾委托郭华仁、谢铭洋、倪贵荣、李崇僖及本人等几位学者研拟"遗传资源法"草案（以下称为草案），惟迄未完成立法，在此仅就该草案之主要规范架构加以论述之，尚祈各方不吝指教！

二、制定遗传资源法之必要性

（一）促进遗传资源之保育及永续利用

维持生物之多样性（biological diversity）与人类的生存和发展有极密切之关联，但近年来生物多样性流失之问题日益严重。根据世界资源研究所（World Resources Institute）估计，全球热带雨林自 1960～1990 年间消失了 1/5，若开发速度维持不变，则在未来的 50 年内将有 9～19% 的热带森林物种会消失，平均每年约有 4 000 种至 14 000 种物种灭绝。[1] 另联合国粮农组织（United Nations Food and Agriculture Organization）指出全世界 75% 左右的作物品系已经灭绝，每年大约消失 50 000 个品系。[2] 尤其近年来人类活动不断增强，使小到蜜蜂、蝴蝶，大到珊瑚礁和热带雨林的动植物都在以前所未有的速度消失。

为避免全球之物种持续快速灭绝，除 1992 年签订 CBD 外，联合国亦于 2006 年决定将 2010 年设立为"国际生物多样性年"（International Year of Biodiversity），以"生物多样性就是生命，生物多样性也是我们的生命"为主题，呼吁国际社会重视生物多样性与

---

[1] Dobson, A. P.. 生物多样性 [M]. 陈立人，译. 台北：远哲科学教育基金会，2000：68. 另可参 Global Biodiversity Strategy: Guidelines for action to save, study and use Earth's biotic wealth sustainably and equitably, http://www.wri.org/publication/global-biodiversity-strategy (last visited: 2011/01/27).

[2] http://www.fao.org/DOCREP/x0262e/x0262e02.htm (last visited: 2011/01/27).

多样性消失对所有人类生活的影响。并于 2010 年 10 月 11 日至 29 日在日本爱知县名古屋市举行第 10 届联合国生物多样性公约会议（CBD － COP10），讨论如何维护生物多样性。

　　台湾幅员虽不大，却拥有非常丰富且多样的遗传资源，特有生物种类多且地位重要。台湾特有生物除构成自然景观及生物资源外，其存续及消长与台湾自然生态体系之健全与否息息相关。因为台湾属海岛型地形，物种的族群长期隔离在岛上而演化出适应环境的独特条件，原生特有种的比例相当高。维管束植物约 4 585 种，27％为特有种，18 400 多种野生动物（包括哺乳类、鸟类、两栖类、爬虫类、淡水鱼类、蝴蝶类与其他昆虫等）20％以上为特有种，例如樱花钩吻鲑、台湾猕猴、台湾黑熊、帝雉等。几百万年之生态演替造就这个高度庞杂之生物社会，以单位面积之生物种而言，台湾是全球平均之 60 倍以上，生物相颇为丰富。❶ 然而在遗传资源之取得上，却尚乏统一性之规范，遗传资源可能轻易被携出境外，影响国人对于遗传资源之利用与研发。为促进国内遗传资源之保育及永续利用，有对遗传资源之取得与利用制订规范之必要。

（二）公平合理分享利用遗传资源所得的利益

　　有鉴于遗传资源之重要性，国际间遗传资源之交流日益频繁，许多企业乃投资于遗传资源之探勘。唯在许多生物探勘案例中，来自科技较先进的国家的企业到遗传资源丰富的国家进行探勘后，即将这些遗传资源在完全未加改良或在仅进行少许改良的情况下，以知识产权来确保其对这些遗传物质及其所衍生的商业利益，对遗传资源来源者却未有任何之利益分享。此种不公平的现象引来许多发展中国家、非政府组织（NGO）及学者的议论，称之为"生物窃

---

❶　杨秋霖. 生物多样性——保育篇 [C]. 第三章 台湾币区保护（留）区的发展与规划管理. 教育部 2004 年度"生物多样性教学改进计划"教材编撰计划. 生物多样性人才培育先导型计划计划推动办公室，2006：19.

取"（Biopiracy）。❶ 有学者将生物窃取定义为"来自先进国家跨国公司或研究单位的研究人员，前往南方国家取用遗传资源后，回国取得相关专利或进行其他商业利用，却未对该南方国家及当地住民给予适当的补偿或回馈"。❷ 著名案例如❸：美国专利局于 1986 年通过 Loren S. Miller 对于制造死藤水（ayahuasca）植物品种（*Banisteriopsis caapi* 'Da Vine'）的植物专利❹、美国专利商标局在 1993 通过密西西比大学医学中心所申请，利用姜黄作为药用的专利以及"印度楝树"❺ 等。在台湾者如：青脆枝（*Nothapodytes*

---

❶ 生物窃取案例，详请参遗传资源法规研拟小组. 遗传资源取得与利益分享 [C]. 国立台湾大学农艺系，2005：10 以下. 以及李彦群. 生物剽窃与遗传资源取得法制之研究 [D]. 国立交通大学科技法律研究所硕士论文. 2006：11.

❷ Victoria E. Spier, Note, Finders' Keepers: The Dispute Between Developed and Developing Countries over Ownership of Property Rights in Genetic Material, 7 – SPG WIDENER L. SYMP. J. 203, 204（2001）.

❸ 郭华仁. 生物多样性——社会经济篇 [C]. 第七章 植物资源及其法制保护. 教育部 2004 年度"生物多样性教学改进计划"教材编撰计划. 生物多样性人才培育先导型计划计划推动办公室，2006：138－139. 另请参孙惠君. 从 CBD 之遗传资源取得与利益分享制度探讨我国关于遗传资源之立法规范 [D]. 辅仁大学财经法律研究所硕士论文，2008：14 以下.

❹ *Banisteriopsis caapi*：*Banisteriopsis caapi* 是一种植物，为亚马逊流域原住民常用来制作祭祀或药用的原料。美国专利商标局 1986 通过 Loren S. Miller 对该植物品种的植物专利申请，在 1994 年被 Coordinating Body of Indigenous Organizations of the Amazon Basin 这个组织发现并委托 Center for International Environmental Law 提出异议。专利商标局检讨确认该申请的植物专利，与 Field Museum in Chicago 所保存的标本相同，未经改良，因此撤销该专利。见遗传资源法规研拟小组. 遗传资源的取得与利益分享 [C]. 国立台湾大学农艺学系，2005：8.

❺ 印度人把印度楝树的叶片放在谷仓中用以驱虫之传统知识，受到各界之利用及研发。在 1985～1998 年之间，得到美国专利的案件约 40 件，全世界的专利更高达 134 件，欧洲专利局也有通过相同的专利。由于在印度，用这种树来驱虫之作法，是相当古老的传统，因此以之作为专利的申请，不仅对印度不公平，并且违反专利申请的"新颖性"的要求。印度认为这是对其传统知识的剽窃，因而向欧洲专利局提出异议，而欧洲专利局于 2000 年 5 月撤销该项专利。见遗传资源法规研拟小组. 遗传资源的取得与利益分享 [C]. 国立台湾大学农艺学系，2005：9.

foetida），为原生于兰屿的植物，双子叶多年生灌木或乔木状，因木质纤维细短及含水量高（60%以上），容易折断，故名青脆枝。1995 年成功大学吴天赏等人发表青脆枝所萃取的类喜树碱对癌细胞具毒性的论文后，❶日本养乐多公司开始派人来台大量收购青脆枝。拥有技术专利的日本养乐多公司在台湾与农民契作，大量种植青脆枝，范围普及屏东、台东，以及嘉义以南，每年为该公司赚进 59 亿余元利润，而台湾农民却只能扮演最低阶层的材料提供角色，无法得到公平的利益分享。❷上述案例皆为事先未经同意，未付出对价取得其遗传资源，不论事后利用方式为取得专利或为其他商业上之研发生产，皆易滋生争端。❸为了维护本国遗传资源，并促使遗传资源之权利人可以公平合理地分享他人因利用遗传资源所得之利益，乃有制订遗传资源法之必要。

三、遗传资源法草案之立法精神及主要规范内容

（一）立法精神

（1）参酌国际规范：参酌 CBD、《关于获取遗传资源并公正和公平分享通过其利用所产生惠益的波恩准则》（Access to Genetic Resources and Benefit-sharing Bonn Guidelines，以下简称《波恩准则》）❹与《国际粮农植物遗传资源条约》等国际规范之精神订立之。

---

❶ Wu, Tian—Shung et al, 1995 Constituents and cytotoxic principles of *Nothapodytes foetida*. Phytochemistry 39：383—385.

❷ 兰屿青脆枝抗癌全被日本"包养"［EB/OL］.（2011—01—27）. http：//www.drmeans.tw/news/187.htm.

❸ 李彦群. 生物剽窃与遗传资源取得法制之研究［J］. 台湾国际法季刊，2006：253—254.

❹ http：//www.biodiv.org/programmes/socio—eco/benefit/bonn.asp（last visited：2011/01/27）. 该准则系为落实 CBD 中关于公正及公平地分享利用遗传资源所产生的利益所做的进一步规定，之所以称为《波恩准则》。

（2）立法目的：根据CBD第1条及《波恩准则》第11条、第15条所揭示的基本精神，以及其永续利用与利益分享之原则，而加以制定。亦即"为促进遗传资源之保育、永续利用，并公平合理分享其利用所得之利益"而制订本法。

（3）规范对象包括内、外国人：遗传资源法主要针对遗传资源取得与利益分享而设，涉及外国人之探勘、采集，由于现在国际人士来往，或者含外资的公司都相当普遍，因此本法并非仅规范外国人，包括本国人士之采集行为亦应考虑。

（4）生物探勘因学术或商业目的而有不同规范：所有生物探勘皆需经过申请核准后才得实施，然而不宜对学术研究造成过份的干扰，应降低对学术性探勘活动之管制，以程序便捷，事后追踪之原则来处理。因此立法技术上可将生物探勘活动区分为学术性与商业性两类；对于纯学术研究者，采取宽松流程，具有商业目的则程序从严。而学术研究所得资源，若要进一步作商业用途，应重新依严格程序申请获准后行之，以防止假借学术之名来进行商业探勘。

（5）遗传资源转让之限制：经由合法申请之生物探勘活动取得遗传资源者，对该遗传资源之后续流通负有一定之责任，因此生物探勘者所获取之生物或遗传材料，须于签署相同使用条件之前提下，始可提供第三人利用。

（二）主要规范内容

兹分就下列几项探讨之：（1）定义及适用范围；（2）国家主权原则；（3）遗传资源取得程序；（4）事先告知同意及利益分享；（5）事后监控机制；（6）与其他知识产权之关系等。

1. 遗传资源之定义及适用范围

（1）遗传资源之定义

CBD第2条对遗传材料、遗传资源各有名词定义。"遗传材料"是指来自植物、动物、微生物或其他来源的任何含有遗传功能单位的材料；而"遗传资源"是指具有实际或潜在价值的遗传材料。部分外国立法例中之遗传资源则扩及衍生物。❶ 然而任何有意义之遗传密码,皆可视为具有实际或潜在价值,而生物材料虽然含有遗传材料在内,但一般民生消费生物材料,并不以之作为遗传材料使用,因此本草案定义如下。

"一、遗传材料:生物材料所含的遗传单位,可借以自行或在人为下复制该生物材料或其组成部分者。二、遗传资源:指遗传材料的统称。三、生物材料:生物体或其组成部分,包括遗传材料。"

(2) 适用范围

a. 适用主体

本草案之适用的主体范围包括自然人、法人,亦包括国家在内。另有鉴于现在国际人士来往,或者含外资的公司都相当普遍,因此本法并非仅规范外国人,亦包括本国人士之采集行为。只是在外国人部分,基于互惠原则,外国人所属之国家,与台湾地区未签订相互遗传资源探勘或取得之条约或协议者,或依其本国法令对台湾地区申请遗传资源探勘或取得不予受理者,其在台湾地区遗传资源探勘或取得之申请,得不予受理。此外,为避免遗传资源之外流,外国人在台湾地区进行生物探勘时,亦须有台湾地区人士之参与。

---

❶ 有些外国立法例所叙述的适用范围除了遗传资源本身,还包括其相关衍生物。如,安地斯391号决议第3条:"本决定适用于会员国为其来源之遗传资源、其衍生物、其无形组成份、及基于自然原因于会员国领域内发现之迁移物种之遗传资源";菲律宾生物与遗传资源探勘法的范围则扩大至生物资源。巴西保护生物多样性和遗传资源暂行条例虽然在适用范围内仅为遗传资源,但其遗传资源的定义里则同时包含了遗传资源的衍生物。该"衍生物"意为:源自于活体生物有生命或没有生命的器官、组织或代谢产物、分子化合物。若适用范围包含所有遗传资源及衍生物,则几乎涵盖所有生物资源,范围将太过广泛,此制度实行时也将面临相当大的阻碍。因此安地斯及巴西立法所称"适用范围"定为遗传资源及其"相关的"衍生物。借此一"相关的"用语来限制范围过于广泛。但亦不限于CBD所定义的"遗传资源"。此应是考虑到为了帮助遗传资源丰富的发展中国家来"改善贫穷境况"目的。若限于"遗传资源",可能有许多具有重大商业价值的成分,虽取自于遗传资源,但因本身并不带有遗传功能,将被先进国家开采而无法管制。

b. 适用客体

关于适用客体范围，CBD 第 4 条规定："以不妨碍其他国家权利为限，除非本公约另有明文规定，本公约规定应按下列情形对每一缔约国适用：（a）生物多样性组成部分位于该国营辖范围的地区内；（b）在该国管辖或控制下开展的过程和活动，不论其影响发生在何处，此种过程和活动可位于该国管辖区内也可在国家管辖区外。"第 1 款系就客体之范围加以界定，举凡生物多样性组成部分，即包含了所有生态系统、物种及基因资源，只要在国家领域内该国皆有管辖权；第 2 款则是针对在该国管辖或控制下开展的过程和活动之范围加以规范。

基此，草案规定台湾地区领域、专属经济海域及大陆礁层内之遗传资源，均为保护客体，但排除下列项目：

"以下各款不适用本法之规定：一、人类之遗传资源；二、本国人基于传统之生物材料使用方式；三、国际粮农植物遗传资源条约多边系统内所列之作物。第三款之作物，其遗传资源的国际交换，由农业委员会国家作物种原中心依国际条约另订办法实施之。"

排除理由如下：（1）人类的遗传资源：盖人类的遗传资源涉及人类自身的法益，人类遗传资源的取得行为又往往会牵涉到人权的问题。不仅与目的为保育之遗传资源法较无关连，且目前的遗传资源法也难以建构完善的制度来涵盖此类问题，因此关于人类的遗传资源宜另由其他法律规范，而排除于遗传资源法适用范围外。（2）台湾居民基于传统之生物材料使用方式：原住民或在地社群按照惯俗使用遗传资源及衍生物时，一方面，多半已受到习惯法约束，另一方面，亦符合永续使用的精神，且为了尊重原住民及在地居民，故将遗传资源之传统使用排除于适用范围之外。另原住民基本法第 19 条规定："原住民得在原住民族地区依法从事下列非营利行为：一、猎捕野生动物。二、采集野生植物及菌类。三、采取矿物、土石。四、利用水资源（第 1 项）。前项各款，以传统文化、祭仪或自用为限（第 2 项）。"基此，原住民得在非营利的前提下采集生物等资源。因此，遗传资源法亦将台湾居民基于传统之生物材料使用方式除外。但应注意者，所排除的是使用方式，而非生物材料本身。(3) 国际粮农植物遗传资源条约多边系统内所列之作物：国际粮农植物遗传资源条约订有多边系统，❶各缔约方应方便他国取得该系统内之遗传资源。鉴于多边系统内之作物在我国绝大多数是外来种，因此我国虽非缔约方，也宜比照缔约方之方式处理，以避免将来引进国外多边系统内遗传资源时受到抵制。

2. 国家主权原则

关于遗传资源之归属，于1992年生物多样性公约订定以前，一般普遍认为遗传资源属人类共同的遗产（Common Heritage of Mankind），❷为全人类所共享，因此可以任意取用世界各地的生物及遗传资源来做进一步的研究发展。人类共同遗产意指：(1) 资源不得被排他性地占有或归入私权；(2) 其开发利用应以共同管理（common management）方式为之；(3) 因开发利用所获致之利益应主动并以平等方式与人类全体共享；(4) 对于资源之管理应在保存次世代（future generation）之利益的思维下进行。❸但是人类共享资源的结果，易导致各国为了追求国家的最大利益，对生物及遗传资源作最大甚至超过其限度的使用，忽视对资源的保存及维

---

❶ 国际粮农植物遗传资源条约第10.2条规定："各缔约方在行使其主权时，同意建立一个高效、透明之多边系统，以方便获取粮食和农业植物遗传资源，并在互补和相互加强的基础上公平合理地分享因利用这些资源而产生之利益。"至于多边系统中包括的作物清单，请参 http://seed.agron.ntu.edu.tw/agra/itpgrfa.htm or http://www.sipo.gov.cn/sipo/ztxx/yczyhctzsbh/zlk/gjgy/200512/P020060 403601429846913.pdf (last visited: 2011/01/27)。

❷ 例如1982年联合国害洋法公约第136条："区域"及其资源为人类共同之遗产。http://www.un.org/chinese/law/sea/#partI (last visited: 2011/01/27)。此外，亦见于1979年"关于各国在月球及其他星体活动公约"。

❸ 黄居正. res nullius, common heritage 与 res communes——生物多样性公约中的财产意识 [J]. 国家基因体计划 ELSI 推动中心，台湾原住民传统知识与生医伦理研讨会，2006：47.

护，最终将产生资源消耗殆尽、生物多样性减少的结果发生。此即为遗传资源作为全球共有财产生的问题——共有财的悲剧（The tragedy of the commons），因为资源无主、无人管理而造成过度使用。以人类共同遗产之原则管理自然资源，由于技术与市场的高度差异，没有办法维持人类共同遗产原则设想的平衡状态，因为资源的分配及使用本身并不均等。如果依照人类共同遗产原则管理生物及遗传资源，开发中国家将失去管理其境内资源之法律基础；而已开发国家即使有研究成果亦须分享给全人类，无法运用知识产权保护之，亦即无法提供技术研发之诱因。❶ 而实际上，已开发国家是以人类共同遗产原则开采开发中国家的资源，但是却又基于专利权人或是育种家之身分，将取得之资源予以商业利用或申请知识产权保护以获取利益，未将研发成果之利益分享，等同是拿取人类共同遗产转化为个人私有财产，进而反过来限制开发中国家使用遗传资源，诸多不公平的现象使国际间重新思考遗传资源为人类共同遗产的定位。❷

职是之故，遗传资源为人类共同遗产的概念逐渐不为各国采用。于1992年生物多样性公约订立后，确立"遗传资源为国家主权所及"之原则，❸ 各国政府可立法管制遗传资源之取得，得否取得遗传资源之同意权由国家基于主权之行使而决定。为配合CBD对遗传资源之归属的规范，联合国粮农组织（FAO）亦在"国际农粮用植物遗传资源条约"通过时，将植物遗传资源原归属于人类共同遗产之政策改为"国家主权原则"。

什么是"国家主权原则"？CBD第3条规定："依照联合国宪

---

❶ 黄居正．无主物、共同遗产与公有物——遗传与生物资源公约中的财产意识[J]．政大法学评论，2006：47。

❷ 孙惠君．从CBD之遗传资源取得与利益分享制度探讨我国关于遗传资源之立法规范[D]．辅仁大学财经法律学系研究所硕士论文，2008：35．

❸ 《生物多样性公约》第15条第1项：确认各国对其自然资源拥有的主权权利，因而可否取得遗传资源的决定 权属于国家政府，并依照国家法律行使。

一、非物质文化遗产保护的立法概况 73

章和国际法原则，各国具有按照其环境政策开发其资源的主权权利，同时亦负有责任，确保在其管辖或控制范围内之活动，不致对其他国家的环境国国家管辖范围以外地区的环境造成损害。"且第15.1条规定："确认各国对其自然资源拥有的主权权利，因而可否取得遗传资源的决定权属于国家政府，并依照国家法律行使。"国际农粮用植物遗传资源条约（International Treaty On Plant Genetic Resources For Food And Agriculture）❶ 第10.1条亦规定："各缔约方在与其他国家的关系中，承认各国对本国粮食和农业植物遗传资源之主权，包括承认决定获取这些资源之权力隶属于各国政府，并符合本国法律。"基于以上规定，似承认各主权国之政府得以内国之规范决定资源之分配与利用。惟各缔约国在制订相关规范时仍应符合"保护生物多样性、永续利用其组成部分以及公平合理分享由利用遗传资源而产生之利益"（CBD第1条）之本旨。❷ 换言之，是否赋予他人取得遗传资源之权，遗传资源所属之国家就国家利益为全面性之考虑（例如是否准予作生物探勘应对当地及周边之环境、社会、传统文化及居民生活习惯之影响暨国防、经济及环境保护等国家政策之影响加以考虑），应有相当之决定权与利益分享权。

承上，波恩准则规定各签约国要设置国家联络点（focal point），这个联络点要提供详细的数据，让想取得遗传资源者知道如何进行，包括主管单位以及拥有该资源者在哪里、如何得到同意、以及要协商哪些条件等等信息。而国家主管机关则应提供各种事先告知同意以及共同协议的咨询，并且有责任监测取得和利益分

---

❶ http://seed.agron.ntu.edu.tw/germplasm/International_Treaty_APGR.pdf (last visited: 2011/01/27).

❷ 黄居正. res nullius, common heritage 与 res communes——生物多样性公约中的财产意识 [R]. 国家基因体计划 ELSI 推动中心. 台湾原住民传统知识与生医伦理研讨会, 2005: 89.

享协议是否执行。❶ 有些国家立法例亦明定对于遗传资源之取得须先取得国家之同意。将遗传资源之财产权采取与遗传资源来源之动植物及微生物之所有权分离。❷ 但是在条文上应如何规范？关于遗传资源之归属可能有两种立法方向：（1）遗传资源归为国有，以许可方式允许人民近用遗传资源，由立法者制定许可要件与管理方式作为民法之特别规定；（2）人民对遗传资源有所有权，如法律对人民之财产权加以限制，国家管理须符合公益及比例原则。❸ CBD 虽指出国家拥有遗传资源的主权，唯遗传资源在一国内的权利归属会影响国内管理措施如事前告知同意及利益分享，❹ 若界定遗传资源为私有财产，则遗传资源所有权人得基于财产权人之地位决定同意他人取得遗传资源与否，并与他人协商利益分享之条件，但遗传资源财产权人可能协商能力不足，谈判地位不若可能为跨国企业的潜在使用人，且遗传资源界定为私有财产可能牵涉到复数的财产权人，财产权过于分散将提高协商与交易成本。将财产权划归国家似较能避免这些缺失，亦能兼顾国家整体经济与环境政策。❺ 因此有认为：可采公有财产模式，将所有位于国有土地及位于私人土地是

---

❶ 《波恩准则》第 13 条规定："每一缔约方均应指定一个获取和利益分享方面的国家专责机关，并通过信息交换所机制提供关于专责机关的信息。各专责机关应通过信息公开机制，向申请获取遗传资源者说明获得事先告知同意的方式和共同商定条件，包括关于利益分享的方式和条件，并向其指明国家主管部门、有关的原住民和地方小区和所涉利益相关者。"

❷ 例如哥斯达黎加生物多样性公约第 6 条规定，生物多样性成分之生化与遗传特性属于公共领域，欲取得或利用这些成分，需事先获得国家授权。由此可知，其关于遗传资源之财产权采取与遗传资源来源之动植物及微生物之所有权分离之立场。Santiago Carrizosa et al (eds.), supra note5, at 155.

❸ 刘忆成. 我国生物与遗传资源权利归属及管理思维初探 [J]. 科技法律透析，2007：10—12.

❹ 刘忆成. 我国生物与遗传资源权利归属及管理思维初探 [J]. 科技法律透析，2007：7.

❺ 李彦群. 生物剽窃与遗传资源取得法制之研究 [J]. 台湾国际法季刊，2006：264—266.

之野生物种所含遗传资源划归为国家所有。[1] 此种立法例值得参考！基此，草案规定如下：

台湾地区领域、专属经济海域及大陆礁层内之遗传资源均为国有。

同时在遗传资源取得时亦赋予国家权衡公共利益、生态影响等因素决定是否赋予取得权利之机会。若取得遗传资源的活动将不利于生物多样性，导致基因侵蚀、物种灭绝、生态破坏或是对社会文化、国家安全、人类健康有不良影响，则这些遗传资源或取得之活动将受限制。因此草案就生物探勘之基本前提规定如下：

"生物探勘活动，不得危及生物多样性之保育。"

"探勘之行为如使土地权利人之农畜作物、竹林或其他障碍物遭受损害时，应予以赔偿；其赔偿金额由双方协议；协议不成时，由主管机关核定之。"

唯遗传资源往往无法如此容易划分成公有财产或私有财产，遗传资源所在位置为私人所有之土地或国有地会对财产归属有所影响。如遗传资源所属生物个体位于公有财产上，非属私人所有，依台湾相关法令之规定，[2] 应为国有财产固无疑义。兹有疑问者，私人土地内之遗传资源亦归属于国有？在生物所有权之归属上，早已

---

[1] Correa, M. Carlos, Sovereign and Property Rights Over Plant Genetic Resources, 1994, at. 36, ftp: ext — ftp. fao. org/ag/agrfa/BSP/bsp2E. pdf（last visited 2011/01/27）.

[2] 台湾地区国有财产法第 2 条："国家依据法律规定，或基于权力行使，或由于预算支出，或由于接受捐赠所取得之财产，为国有财产（第 1 项）。凡不属于私有或地方所有之财产，除法律另有规定外，均应视为国有财产（第 2 项）。"

有一定的规范，[1]若天然资源之所有权原归属于国家所有，则将其资源权归属于国有，其探勘、开发、管理应经主管机关之同意，当无疑问，但若依规范归属于私人所有的资源，是否亦得将其生物之遗传资源归属于国有？按纵使归属于私人所有之土地，但所有人对于地上自然资源之权利并非毫无限制。例如经"文化资产保存法"指定或登录的自然保留区，是禁止改变或破坏其原有自然状态；非经主管机关许可，亦不得任意进入其区域范围；属于珍贵稀有植物的自然纪念物禁止采摘、砍伐、挖掘或以其他方式破坏，并应维护其生态环境；但原住民族为传统祭典需要及研究机构为研究、陈列或国际交换等特殊需要，报经主管机关核准者，则不在此限（文化资产保存法第83条）。另外，"野生动物保育法"也规定地方主管机关得就野生动物重要栖息环境有特别保护必要者，划定为野生动物保护区，管制一定之行为（"野生动物保育法"第10条）。经划定为野生动物保护区之土地，必要时得依法征收或拨用，交由主管机关管理；未经征收或拨用之野生动物保护区土地，其所有人、使用人或占有人，也仍应以主管机关公告之方法提供野生动物栖息环境（"野生动物保育法"第11条）。

基于以上理由，在生物之所有权归属上，固有一定之规范，但不论公有或私有领域，均从公共利益或生态保育的观点，对其所有权加以限制之规定，故草案规定将其遗传资源归属于国有。进一步言之，纵然私人土地上之生物材料，乃私人所有，但该生物所具

---

[1] 除有特别规定外，土地所有权人或就该土地有权使用、受益之人（如：地上权人、租赁权人等），对于其土地上的动、植物等自然资源，可自行决定如何处置。盖植物附着于土地，即属土地之一部份；而动物虽然不会固着于土地之上，但仍是在限定的土地区域内活动，由于土地提供动物生存的必要条件，为表彰土地所有权人的贡献，土地所有权人得以处分在其土地上的动物。所谓特别规定，乃指基于特别之考虑因素，而限制权利人处置其土地上之动、植物等自然资源之情形。例如为保护树木，维护绿色资源，台北市树木保护自治条例第5条规定："受保护树木非经主管机关许可，不得砍伐、移植或以其他方式破坏，并应维护其良好生态环境。"类似之规定亦见诸其他县市之树木保护自治条例。

有之遗传材料,是历经千万年演化而来,甚难以归诸于私人所拥有。况随着生物科技的进步,动、植物等自然资源不断地被利用开发,其经济价值有时远远超过土地所有权人的实质贡献;况且在利用开发之时,未经专业审慎评估的结果往往危及整体生态系统的平衡。为顾及国家之生态系统之平衡及遗传资源之保存与维护,本草案乃依 CBD 之精神,将生物内所含之遗传资源之归属于国家所有,否则若任私人可以自由决定其所属范围内之遗传资源是否赋予外人取用,将无法兼顾国家整体生物多样性之保育。

唯为顾及土地所有权人之权益,土地权利人得于申请人申请生物探勘后之共同会商时到场,并得就申请案及利益分享之相关事项提出问题或表示意见。其次,亦得与分享申请人因取得遗传资源衍生之利益。

3. 遗传资源取得程序

(1) CBD 及《波恩准则》之基本原则

在遗传资源之取得,CBD 第 15 条规定国家拥有决定权及事先告知同意及利益分享之原则:"确认各国对其自然资源拥有的主权权利,因而可否取得遗传资源的决定权属于国家政府,并依照国家法律行使"(第 15 条第 1 款)。又"遗传资源的取得须经提供这种资源的缔约国事先告知同意,除非该缔约国另有决定"(第 15 条第 5 款)。每一缔约国应酌情采取立法、行政或政策性措施,以期与提供遗传资源的缔约国公平分享研究和开发此种资源的成果以及商业和其他方面利用此种资源所获得的利益。这种分享应按照共同商定的条件(第 15 条第 7 款)。

《波恩准则》针对如何达到 CBD 中所设定的取得遗传资源和利益分享,有详细的建议。

事先告知同意

事先告知同意(prior informed consent,以下简称"PIC")之基本原则应包括:"(a) 法律上的确定性和清晰性;(b) 应有助于以最低成本获取遗传资源;(c) 对获取遗传资源的限制应是公开透明的，并应有法律依据，以便保存生物多样性而不悖于 CBD 之各项目标；(d) 应得到提供国的国家主管部门的同意。还应酌情根据具体情况和按照国内法律取得所涉利益相关者的同意，例如获得原住民小区和地方小区的同意（准则第 26 条）。拟取得同意时，应提供各项数据，如寻求取得的遗传资源类型和数量、进行采集的地理区域、所涉活动的开始日期和持续时间、活动对于生物多样性影响的评估结果、取得资源后的用途（例如：生物分类、收集、科研、或商业化）、取得资源后的研发地点内容与预期结果、是否有第三者的参与、将来获益的内涵以及利益分享的安排等。❶ 国家宜建立登记制度，以便记录所有准许的案件。❷"

共同商定条件

CBD 第 15 条第 7 项❸、《波恩准则》第 41 条❹均订有关于共同商定条件（mutually agreed terms）之细部规定。申请探勘许可，双方应商定出有共识的书面条件，来分享开发的利益。制订共同商定条件，同样地要考虑法律上的确定和清晰，要尽量减少交易成本以及谈判时间，要列入资源使用者和资源提供者的义务。不同的资源和不同的用途可有不同的合约安排。❺

---

❶ 《波恩准则》第 36 条。

❷ 《波恩准则》第 39 条。

❸ CBD 第 15 条（遗传资源之取得）第 7 项：每一缔约国应按照第 16 和 19 条，并于必要时利用第 20 和 21 条设立的财务机制，酌情采取立法、行政或政策性措施，以期与提供遗传资源的缔约国公平分享研究和开发此种资源的成果以及商业和其他方面利用此种资源所获得的利益。这种分享应按照共同商定的条件。

❹ 《波恩准则》第 41 条：根据 CBD 第 15 条第 7 项，每一缔约方均应"酌情采取立法、行政或政策性措施，以期与提供遗传资源的缔约方公正和公平分享研究和开发此种资源的成果以及商业和其他方面利用此种资源所获的利益。这种分享应按照共同商定的条件进行。"因此，准则应有助于各缔约方和利益相关者制定共同商定条件，以便保证公正和公平地分享利益。

❺ 《波恩准则》第 42—44 条。

利益分享

共同商定条件中的，应包括利益分享（benefit sharing）的条件、义务、程序、型态、时间以及分配办法和机制。利益应考虑近期、中期和长期的利益，例如一次性付款、阶段性付款和使用费。又利益的分享应公平合理地给与资源管理、研发、商业化的机构。这些机构可以包括政府、非政府或研发机构，以及地方小区和原住民小区。利益分享的内容则可以分成货币和非货币两大项。货币利益如资源样本费、首期付费、阶段性付费、薪津、研究费、支付生物多样性信托基金的特别费用、权利金、分享智财权等。非货币利益如研发成果的分享与技术移转、参与产品开发、捐助教育和培训、允许利用使用者的遗传资源设施和数据库、对当地经济的实质贡献等。❶ 各国立法也多作此区分。此外有部分国家如印度、巴西、巴拿马亦规定利益分享之用途为生物多样性保育及促进小区知识。

（2）其他国家之立法例

关于遗传资源之取得程序，除少数国家之立法例外，❷ 大部分国家之立法例均因其是否供营利使用而做不同的规范。

菲律宾

菲律宾生物与遗传遗传资源探勘法是世界第一个基于事前告知同意、共同商定条件及利益分享等 CBD 原则而建立的遗传资源取得法制。取得合约可依其取得目的之不同区分二：学术目的者属于学术研究合约（Academic Research Agreement，ARA）及具有直接或间接商业目的者则为商业研究合约（Commercial Research Agreement，CRA）。二者申请程序基本上无甚差异，包括：计划初步审核、

---

❶ 《波恩准则》第 45—50 条。

❷ 秘鲁遗传资源取得法（Bill to Regulate Access to Genetic Resources，14 — 15 January 1999，with modifications made 10 March 1999）与安地斯组织第 391 号决议并未对取得之种类加以区分，一律适用相同之程序。http：//www.lclark.edu/org/ielp/perubillenglish.html（last visited 2011/01/27）。

要件审核、事先告知同意之审核、初步检阅及评估申请文件、最后评估、认可及发文等阶段。❶ 但 ARA 另有优惠，亦有限制。

唯菲律宾之规定施行后却不甚受青睐。由于规定较为繁琐，"事前告知同意"与整个"申请流程"均旷日废时，成功获得核准的申请案件数甚少，致使生物探勘者望之却步。其结果反造成国际间学术交流、分类学研究与种原保存工作的不便，后续的利益分享也无案例可言，想要借此帮助当地居民的生计反而无从实现。

哥斯达黎加

例如哥斯达黎加生物多样性法行政命令，❷ 依取得目的之不同分为基本研究（basic research）、生物探勘（bioprospection）与商业开采（economic exploitation）三类（第 7 条），其申请程序基本上相同，仅有持续性（5 年内取得次数达 6 次以上）商业开采之情形必须另外取得特许（concession）。在利益分享方面，亦区分目的之不同而为相异之规范（第 69 条以下）。

（3）巴西

巴西则分为"认可"（authorization）与"特别认可"二种，前者指"允许在特定条件下，取得遗传资源成分标本和相关传统知识并将其传播到接收机构的认可文件"；后者则指"允许在特定条件下，取得遗传资源成分标本和相关传统知识并传播到接收机构、为期两年的认可文件"，到期可延展。至于二者之区别则未有明文，似以前者为一次性之取得认可，而后者则为对一定期间内取得行为

---

❶ 菲律宾生物与遗传遗传资源探勘法行政命令 No. 96—40，Sec7 and Sec. 8, http：//www.chmbio.org.ph/dao20—96.html (last visited：2011/01/27)．

❷ Costa Rica — Biodiversity Law, 1998，http：//eelink.net/～asilwildlife/costa.pdf，哥斯达黎加生物多样性法行政命令第 7 条，http：//www.grain.org/brl_files/costa—rica—rules—access—en.pdf (last visited：2011/01/27)．

之概括性之认可。[1]

(3) 草案所建构规范模式

根据草案，所有生物探勘皆需经过申请核准后才得实施，然为避免对学术研究造成过份的干扰，故在取得程序上因生物探勘活动系为学术性与商业性而分为第一类探勘及第二类探勘。所谓第一类探勘，系指纯为学术研究目的而进行之生物探勘，其所取得之遗传材料不拟进行商业开发者。而第二类探勘，则指对该探勘所得遗传材料目前已有商业开发计划，或将来可能进行商业开发者。

在台湾地域范围内进行生物探勘者，均应向主管机关或其委任机关申请许可。在申请及审核程序上，第一类及第二类探勘之基本原则是：学术研究目的探勘（第一类探勘）之申请与审核程序应力求简单，并由主管机关权衡公共利益、生态影响等因素决定之。商业目的探勘（第二类探勘）之申请及审核程序，应符合事前告知同

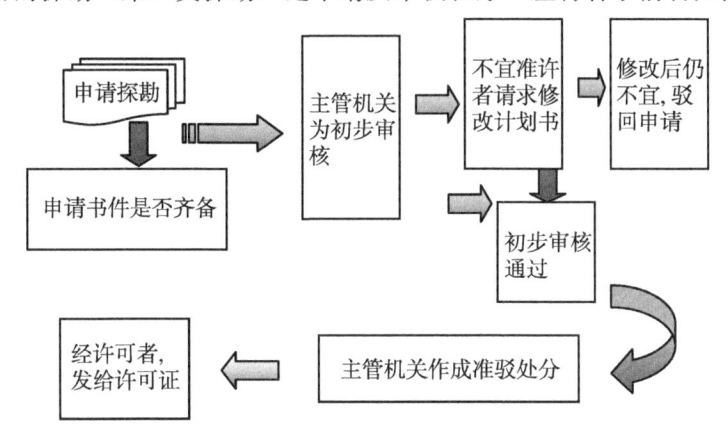

图1：第一类生物探勘许可流程图

---

[1] 巴西遗传资源及传统知识取得暂行条例（Brazil — Provisional Measure on access to genetic resources and traditional knowledge, No. 2.186—16 of August 23, 2001）第5章，http://www.grain.org/brl/? docid=850&lawid=1768 (last visited: 2011/01/27).

意之原则,并确保生物探勘衍生利益之合理分享。若先以第一类探勘申请,就所得资源欲进一步作商业用途时,应重新依严格程序申请,经获准后始得为之,以防止假借学术之名进行商业探勘之实。兹将第一类及第二类探勘流程分别图标如图1、图2。

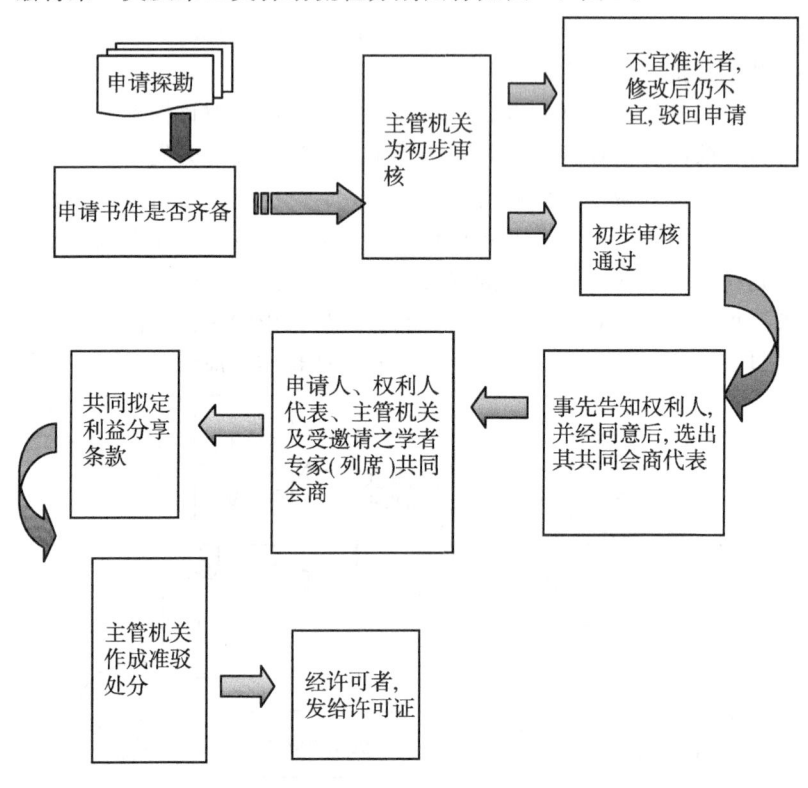

图2：第二类生物探勘许可流程图

4. 事先告知同意与利益分享

（1）事先告知同意

国际规范及相关立法例

事前告知同意及利益分享为CBD所揭示之重要原则。《波恩准则》因具国际性质,原则上系就国与国间之关系加以规范,因此与其他国家之规定较为不同。依其规定，若为"就地保育"（in situ）之情形，则除遗传资源提供国另有规定外，遗传资源取得国应向提供国之国内主管机关取得"事先告知同意"（以下简称"PIC"）；若为"移地保育"（ex situ），则取得国应酌情自提供国之国内主管机关和/或移地保存物管理机构获得 PIC。此外，《波恩准则》规定在必要时，亦必须向原住民小区和地方小区等利害关系人取得 PIC。

若干国家之立法例亦均将 PIC 列为申请取得遗传资源许可或缔约之必要条件之一，只是取得事先告知同意的时点未必一致。例如，哥斯达黎加：PIC 为申请取得许可时必须提出的文件之一，故应于申请前取得，然而未能于申请时一并检附者，应可依照行政命令之规范于 10 日内补正。技术办公室有权审查 PIC 之内容，并具以决定是否核发取得许可。[1] 菲律宾：申请人应于第二步"要件审核"阶段，将研究计划复本送交当地原住民及社群、地方政府首长、保护区管理委员会（Protected Area Management Board, PAMB）及土地所有人以获取 PIC，该行政命令又规定在研究计划复本送达上述对象之日起至少应经过 60 日方能授与 PIC。[2] 由此等规定看来，PIC 之寻求与获得属于整个申请流程之一部分，此与哥斯达黎加之设计有别。巴西：在授予许可之前应得到指定对象之"事先同意"[3]。

---

[1] 哥斯达黎加生物多样性法行政命令第 9 条，http：//www.grain.org/brl_files/costa—rica—rules—access—en.pdf（last visited：2011/01/27）.

[2] 菲律宾生物与遗传遗资源探勘法行政命令（DAO）Sec. 7，http：//www.sipo.gov.cn/sipo/ztxx/yczyhctzsbh/zlk/gglf/200509/P020060403599027505930.pdf（last visited：2011/01/27）.

[3] 巴西保育生物多样性和遗传资源暂行条例第 2.186—16 号（2001 年 8 月 23 日）第 11 条、第 16 条。http：//www.biodiv—ip.gov.cn/xgdzscqzcfg/zcfg/t20031209_22072.htm（last visited：2011/01/27）.

草案规定

关于取得事前告知同意,草案有下列3条规定。

(同意权取得之原则)

生物探勘计划之实施范围及于国有土地者,应申请该国有土地管理机关之许可。

生物探勘计划之实施范围及于原住民族土地之部分,应依"原住民族基本法"及其相关办法取得同意。

第二类探勘计划之实施范围及于私人土地者,主管机关应视其涉及范围之所有权人数目,与行政区划之重迭程度等因素,决定召集所有权人会议、小区会议、村里民会议或村里民联合会议,决定是否同意该计划。

前项各种会议之召开,应以与会者过半数通过为决议。其会议召集办法由主管机关另定之。"

(权利人代表之规定)

前条第三项之各种会议,应推选出共同会商代表,参与该生物探勘计划之申请审查过程,并指定其向相关土地权利人会议报告之期限。

(权利人代表会议之规定)

共同会商代表有权参与该生物探勘计划申请之所有审查程序,并得调阅相关文件数据。

共同会商代表应依指定之期限向相关土地权利人会议报告其意见,以利该会议行使对生物探勘计划之同意权。共同会商代表应报告之事项包括:

一、生物探勘计划之内容;

二、该计划对环境生态之可能影响;

三、该计划实行之利益分享方式;

四、对土地权利人其他权益之可能影响。

土地权利人会议应于共同会商期日后五十日内,开会决定是否同意该探勘计划。未如期召开会议时,视为拒绝同意。"

(2) 利益分享

根据 CBD 第 15 条第 8 款规定，开发所获得的利益，应与提供遗传资源的缔约国公平分享。另《波恩准则》第 48 条亦规定利益的分享应公平合理地给与资源管理、研发、商业化的机构。这些机构可以包括政府、非政府或研发机构，以及地方小区和原住民小区，故利益分享亦为 CBD 所揭示之重要原则。

利益分享系由获取资源者将所得利益与资源提供者分享，分享方式由双方协议之。至于利益之给付方式可要分为以金钱及以非金钱方式给付两种。依照《波恩准则》，金钱方式给付可能方式有：使用费；先期费用；阶段性费用；商业化之权费用；支持遗传资源之保存或可持续利用向托基金支付之专门费用；双方同意之报酬；研经费、交易价额或商业使用所得之毛利分享；研究基金；交易价值；其他以金钱给付方式之。非金钱方式给付可能方式有：分享研究、参与与遗传资源相关之开发活动；技术开发成果之移转；科学研究和项目开发中协作、合作和贡献，特别是生物研究活动在本国进行；人力资源及专门训练之培训；信息交流；信托基金；条件优惠之使用许可；进入移地资源之场所及数据库；相关知识产权之共有或投资；与生物多样性之保存和可持续利用相关的科学信息之取得，包括生物名录和分类学研究；其他以非金钱方式给付之利益。❶

以金钱方式给付利益者，得采一次性给付或阶段性给付之模式。例如：在使用遗传资源获利前，规定得以一定百分比例的研究预算或利益分享契约约定之交易价值，作为利益分享之一部分；在

---

❶ 根据其他国家之立法例，以金钱给付之方式如：支付使用费（巴西）、权利金（菲律宾、哥斯达黎加）、毛利分享（哥斯达黎加、秘鲁）、研究预算之一定比例（哥斯达黎加）或利益分享契约所约定的交易价值（秘鲁）等。以非金钱之方式给付者如：技术科技移转（菲律宾、巴西、《波恩准则》）、人力资源培训（巴西）、合作研究（菲律宾）、产品或服务无限制性的许可（巴西）或由商业产品中产生的惠益，及信托基金、合资企业及条件优惠的使用许可（《波恩准则》）等。

使用遗传资源获利后,规定以一定百分比例的所得利润或商业使用所取得之毛利,作为利益分享之内容。《波恩准则》特别规定资源提供国得考虑初期、中期与长期之利益平衡,以决定利益分配应系一次性给付或阶段性给付。❶

草案就利益分享之规定如下:
(利益分享之原则及利益之范围)
依本法取得之遗传资源经商业开发所得之直接或间接利益,应以合理公平之方式,与国家、土地所有权人依约定之分配比例共同分享之。

前项分配给国家之比例不得低于全部利益之30%。
(利益给付方式)
前条之利益,得以金钱或非金钱之方式给付之。
以金钱方式给付利益者,得采一次性给付或阶段性给付之模式。

(利益之管理与运用)
主管机关所获取之金钱上之利益应纳入生物多样性基金。

5. 事后监控机制

为落实对于遗传资源之管理,《波恩准则》订有事后监控机制之规定。《波恩准则》第55条揭示,国家根据"取得遗传资源和利益分享的条件,"可以进行的监控范围包括:使用遗传资源的方式、科学研究和开发过程、所提供材料的知识产权申请。

草案规定之事后监控机制有四:(1)缴交生物探勘报告;(2)告知营利状况;(3)遗传资源转让之限制;(4)探勘目的之变更程序等。兹分述之。

(1)缴交生物探勘报告

---

❶ 《波恩准则》第47条:应考虑近期、中期和长期的惠益,例如一次性付款、阶段性付款和使用费。分享惠益的时间表,应明确地规定下来。此外,近期、中期和长期的惠益平衡应按照具体情况加以考虑。

(生物探勘报告缴交)

从事生物探勘者,应定期将探勘报告呈交主管机关,并于探勘计划结束后呈交结束报告。

前项报告应包含下列事项:

一、生物探勘之进度;

二、已采集的生物与遗传材料列表,包括采集经纬度及照片等。

(探勘结束后追踪)

主管机关得于探勘计划结束后,要求探勘者定期缴交报告说明后续利用情形。

(2)告知营利状况

商业目的之生物探勘应为符合利益分享原则,须将其商业开发成果告知本国相关权益人,因此草案规定如下:

(营利告知义务)

由探勘活动衍生出商业产品、专利或植物品种权者,生物探勘者应告知主管机关及原同意权人。

欲利用第一类探勘之成果进行商业开发或利用者,须依本法提出第二类探勘之申请并取得许可后,始得为之。

(3)遗传资源转让之限制

为确保取得遗传资源者皆遵守本国规定,必须严格追踪此类资源之流向,因此草案规定如下:

(遗传资源转让限制)

生物探勘者所获取之生物或遗传材料,须于签署相同使用条件之前提下,始可提供第三人利用。

(4)探勘目的之变更程序

生物探勘可能超出原来申请之范围,为使遗传资源能确实获得管理,草案规定如下:

(探勘目地变更程序)

生物探勘所获取之遗传材料若非属原申请书之探勘项目者,在第一类探勘之情形，应依规定载明于结束报告中；在第二类探勘之情形，应补办许可程序。

6. 遗传资源利用与知识产权之关系

遗传资源法制订之重要原因之一在于避免"生物剽窃"，以免遗传资源或使用遗传资源相关的传统知识转而为外国的私人专利或其他知识产权，成为私人的商业利益，但应如何规范？是否可在专利法中规范？在 WTO 及 WIPO 等国际组织引发相当多的讨论，[1] 有认为宜在专利要件中增加揭露来源地及事前告知同意之要件，亦有认为此与专利无关，不宜在专利有关规范中规定。然迄未有统一之见解。

针对以上议题，亦有论者认为除国内规范外，应更进一步在国际规范 WTO 之"与贸易有关之知识产权协议"（Agreement on Trade Related Aspects of Intellectual Property Rights，简称 TRIPS 协议）。[2] 在 TRIPS 协议中，主要涉及是否该修正 TRIPS 协议第 27.3 条之问题。WTO 部长级会议在 2001 年公布了多哈宣言，其第 19 段明确指示并授权 TRIPS 理事会在进行对 TRIPS 协议第 27.3 条（b）款之检讨时，一并讨论 TRIPS 协议与生物多样性公约之关系及传统知识之保护等议题。[3] 关于是否应修改专利要件，加入"揭露遗传资源或传统知识来源"之要件这个议题，主要可分为三种立场：第一，印度、巴西和秘鲁等开发中国家主张应修改 TRIPS 协议的规定，要求必须对于遗传资源或传统知识的专利申请案必须提出揭露：（1）遗传资源及相关传统知识之来源；（2）已获得来源国之事前告知同意；（3）已与该来源国进行公平合理利益分享等证明文件，始准予专利。[4] 第二，以美国为主之已开发国

---

[1] UNEP/CBD/WG-ABS/5/4，para. 64。

[2] See Ganiel Gervais, The TRIPS Agreement: Drafting History and Analysis, Second Edition, London Sweet & Maxwell, 2003, p. 232.

[3] WTO 文件 WT/MIN/DEC/1。

[4] WTO 文件 IP/C/W/403。

家则认为 TRIPS 协议第 27 条已经提供足够的弹性让各国按其需要调整专利保护，因此不需要修改。其中美国采取反对的立场认为，若修改专利制度会造成专利制度不稳定，且会增加审查机关之负担，并认为避免不良专利的最有效方式是制定有效的国内法，并借由具弹性的契约机制达成利益分享。[1] 第三，欧盟采取较折衷的立场认为，遗传资源之揭露虽有必要提升到国际层次，但不应成为可专利性的实质或形式要件，且揭露的信息应有所限制，不揭露的法律效果应在专利体系外解决。[2]

就此问题，中国于 2008 年 12 月甫修正通过的《专利法》第 26 条第 5 项规定："依赖遗传资源完成的发明创造，申请人应当在专利申请文件中说明该遗传资源的直接来源和原始来源；申请人无法说明原始来源的，应当陈述理由。"违反者，依同法第 5 条第 2 项规定："对违反法律、行政法规的规定获取或者利用遗传资源，并依赖该遗传资源完成的发明创造，不授予专利权。"类似规定亦见诸安第斯组织第 486 号决定[3]规定：（1）申请专利之案件系源自其他国家境内之知识或以其知识为基础而发展者，应缴交使用国境内族群同意使用之授权书（第 26 条）。因此，任何人、特别是发明人或是制药跨国公司，其欲取得此些资源以申请专利时，应检具与资源材料提供者签署之契约。（2）工业财产权之主管机关能完全依职权判决或依第三人于任何时期之申请，对于专利申请人未依第 26 条提出证明文件而宣告专利无效（第 75 条）。安第斯组织第 391

---

[1] WTO 文件 IP/C/W/383。
[2] WTO 文件 IP/C/W/434。
[3] WIPO Intellectual Property Needs and Expectations of Traditional Knowledge Holders, p. 76.

号决议补充条款亦明确规定未能揭露来源者，所取得之专利无效。❶

只在生物多样性公约、《波恩准则》、利益分享相关法律规定申请专利权时揭露遗传资源似有不足，在专利法中为相关规定较能防止遗传资源被滥行申请专利权，否则以遗传资源申请专利，即便违反生物多样性公约顶多受到违反该法的处罚，不会影响专利权的申请及效力，但贸然修改专利制度会造成专利制度不稳定，且会增加审查机关之负担，❷审查机关在为形式审查时将会多出验证来源地之义务与责任，此皆为将来专利法修正时所需参考的。

在台湾地区，鉴于是否将来源地之揭露规定为专利要件并未取得共识，且有关遗传资源之法案亦无法就专利要件加以规范，只有在利用我国遗传资源而申请知识产权保护者，知识产权主管机关在审查时宜征询本法主管机关之意见，以了解该项遗传资源利用过程是否符合本法之规范。因此草案规范如下：

（知识产权保障）

依本法所取得之遗传资源，及其组成部份或经改良之产品，在申请专利权或植物品种权时，应于申请书载明所使用遗传资源之来源地，并提出主管机关依本法所发之许可证件。

---

❶ 安第斯组织第391号决议补充条款第2条：对于不遵守本决定之条款而经由取得活动所获得或发展之遗传资源、衍生物或合成产品及相关无形组成份，会员国不应承认其包括知识产权在内之权利。甚者，受影响之会员国得要求其为无效，并于授与该权利之国家依其适当之法律而为请求。第3条：于有某些或合理迹象指出该请求保护之产品或方法含有或基于来自各会员国之遗传资源或其衍生物时，各国知识产权之主管机关应要求申请人提供取得契约之注册号码，并提出取得契约之复印件作为授与各该权利之先决条件。

❷ WTO文件IP/C/W/383.

依此，见解与欧盟❶相近，即申请专利时应揭露来源，但未揭露来源并不构成不给专利之要件。未依规定提出上述数据者，虽不影响专利之取得，但依本法可能受到处罚。

除上规定外，知识产权相关主管机关在制定审查基准时，亦应考虑遗传资源之特性，以符合遗传资源保育与开发利用之需要。因此草案作如下之规定：

（知识产权原则）

"与遗传资源相关之知识产权保护，应符合本法之立法目的。"

四、结语

生物多样性之保存，为当前世界各国之重要课题，为促进遗传资源之保育及永续利用，能有一套对于全国之保育、环境永续发展、农民权及原住民等议题做全面性规范之生物多样性法，自是最完美不过的，惟生物多样性法之制订必须以上多方面之议题做深刻地规划，始得完整规范。在短期内尚无法做极深刻周密地规划下，若能就其核心问题加以规范，待施行之后，逐渐补足其他生物多样性法应具备之规范，亦不失为一可行之道。而以上议题中最为急迫的问题是关于遗传资源之取得与利益分享，有鉴于此，本文乃以此为探讨之重点。

本"遗传资源法"草案主要是参酌国际规范、其他国家立法例及施行状况，并考虑到台湾生物资源状况及岛内相关法规，经多次研究讨论后草拟完成。台湾遗传资源丰富且颇具生物多样性，遗传资源也常被外界引种或使用。为保护岛内遗传资源及维护原住民或资源所有者的权益，一方面要管制生物探勘之行为，一方面也应鼓

---

❶ EC 2005 Disclosure of origin or source of genetic resources and Associated traditional knowledge in patent applications: Document submitted by the European Community and Its Member States. WIPO/GRTKF/IC/8/11. http://www.wipo.int/edocs/mdocs/tk/en/wipo_grtkf_ic_8/wipo_grtkf_ic_8_11.pdf (last visited 2011/01/27).

励生物分类之研究。因此规定所有生物探勘需经过申请核准后才得实施，然而不宜对学术研究造成过份的干扰，所以草案在设计时，乃将生物探勘活动区分为学术性与商业性两类；对于纯学术研究者，采取宽松流程，具有商业目的则程序从严。而学术研究所得资源，若要进一步作商业用途，应重新依严格程序申请获准后行之，以防止假借学术之名来进行商业探勘。

关于申请探勘之程序，菲律宾遗传资源法虽然也分为学术性（ARA）与商业性（CRA）生物探勘合约，施行后却不甚受青睐。由于规定较为繁琐，"事前知情同意"与整个"申请流程"均甚旷日废时，成功获得核准的申请案件数甚少，致使后来的生物探勘者望之却步。鉴于菲律宾的经验，本草案在设计取得遗传资源之程序时，乃尽量避免过于繁复之程序，特别是在学术探勘方面，以免妨碍学术之研究发展。

然而纵使如此，由于之前台湾对遗传资源并无统一性之规范加以管理而散见于各法规，如"环境基本法"[1]、"森林法"[2]、"野生动物保育法"[3]，亦无单一窗口对台湾遗传资源之探勘、利用或输出等进行登录及管考。因此在施行之初对申请探勘者难免造成冲击，特别是进行商业探勘者，必须经过"事前告知同意"及"利益分享"的协议，所受之冲击自然更大。唯为使台湾的遗传资源能有更有效地保育与利用，对于因该冲击造成之困难亦应尽力克服。

本草案虽未巨细靡遗地将所有维护生物多样性工作之相关规定

---

[1] "环境基本法"第18条："各级政府应积极保育野生生物，确保生物多样性；保护森林、泻湖、湿地环境，维护多样化自然环境，并加强水资源保育、水土保持及植被绿化工作。"

[2] "森林法"第17-1条："为维护森林生态环境，保存生物多样性，森林区域内，得设置自然保护区，并依其资源特性，管制人员及交通工具出入；其设置与废止条件、管理经营方式及许可、管制事项之办法，由中央主管机关定之。"

[3] "野生动物保育法"第1条："为保育野生动物，维护物种多样性，与自然生态之平衡，特制定本法；本法未规定者，适用其他有关法律之规定。"

集结于一身，成为岛内保育工作的统一纲领，但已尽量掌握了维护生物多样性工作的精髓，配合岛内现行及草拟中的法规，从生物、环境、文化、社会及经济各层面的管理，以期有效维护台湾之生物多样性。然因该草案系属一个全新的立法，思虑不周之处在所难免，尚祈各方不吝指教！

二、非物质文化遗产保护的理论与实践

非物质文化遗产保护与著作权保护的冲突与协调

——以苏州镇湖刺绣实际遇到的问题为例

董炳和* 于亚萍**

摘要：非物质文化遗产的生命力只有在不断的创新中才能得到延续和发展。受历史和现实诸多因素的影响，苏州镇湖刺绣的画稿大多来自于他人的美术作品，现行《著作权法》有关合理使用的规定基本上不能适用于非物质文化遗产保护过程中对他人作品的使用。从生产性保护的基本理念出发，体现出传统技艺的刺绣产品的生产经营是非物质文化遗产传承和发展的一个重要路径，体现出一定的公益性，在此过程中使用他人美术作品应视为合理使用。除此之外，创设便捷的著作权授权机制也是促进刺绣产业发展进、增加刺绣非物质文化遗产生命力的重要举措。

关键词：非物质文化遗产 刺绣 著作权 合理使用 使用许可

在知识产权语境中讨论非物质文化遗产保护，通常有两个不同方面的含义：一是通过知识产权或类似制度为非物质文化遗产提供法律保护，使非物质文化遗产的所有人、持有人或其他利益方的精神和/或经济权益得以实现；二是通过知识产权的限制或例外，为非物质文化遗产的保护、传承和发展提供必要的制度空间，消除知

---

* 苏州大学王健法学院教授。
** 苏州市知识产权局版权处处长。

识产权保护与非物质文化遗产保护之间的矛盾和冲突。苏州刺绣（简称"苏绣"）于 2006 年被列入首批国家级非物质文化遗产名录，主要集中在苏州市区和高新区东渚镇、镇湖街道一带。❶ 近年来，镇湖刺绣与著作权发生了多起"遭遇战"，一些"绣娘"因未经许可使用他人美术作品被判承担侵权责任，❷ 凸显出非物质文化遗产保护与著作权保护❸之间的冲突。本文拟以镇湖刺绣实际遇到的著作权问题为切入点，对非物质文化遗产保护与著作权保护的冲突问题进行研究，并寻求可能的协调方案。

一、非物质文化遗产的传承与创新

从文化多样性的角度看，保护非物质文化遗产的核心价值在于为当代及后世的创作提供源泉，因为"每项创作都来源于有关的文化传统，但也同其他文化传统的交流中得到充分的发展。"❹ 这些文化传统，只有当它们能够为当代人所用时，才能够成为当代人创作的源泉。而那些已经消失了的文化传统，事实上是无法被利用的。这就决定了非物质文化遗产保护的目的是要让非物质文化遗产具有活力，而不是让其进入博物馆成为"文物"。正如《保护非物质文化遗产公约》（以下称《公约》）对"保护"所下的定义那样，

---

❶ 中国非物质文化遗产网［EB/OL］. http：//www.ihchina.cn/inc/guojiaminglunry.jsp? gjml_id=317。

❷ 苏州刺绣接连成被告 镇湖八千绣娘遇版权瓶颈［EB/OL］. http：//xw.2500sz.com/news/szxw/23907.shtml。

❸ 值得注意的是，此处两个"保护"在含义上是不同的：著作权之"保护"的英文为"protection"，此种保护使权利人免于受到不法侵害；非物质文化遗产之"保护"的英文为"safeguarding"，是要让受保护的对象（即非物质文化遗产）能够保持生命力或持续存在，不至于消亡。

❹ 《世界文化多样性宣言》第 7 条。

要确保非物质文化遗产的生命力。❶

非物质文化遗产的生命力,只有不断的传承才能得到延续和发展。能够流传至今的非物质文化遗产,在其成为"遗产"之前,大都在历史上的某个或某些时期在当时的社会上有较大的影响,具有较强的生命力。它们在当代之所以会成为"遗产",主要是由于它们与当代经济社会的发展脱节,其生命力逐渐衰退。因此,促使非物质文化遗产与当代经济社会的发展保持基本一致,适应时代发展的要求,才是确保非物质文化遗产的生命力并使之起死回生继而发挥光大的根本之道。这就意味着,非物质文化遗产必须在保持传统的基础上进行创新。否则,它们虽然可能被"保存"下来,但已经不再是"活体",就象已经灭绝了生物物种一样,只能作为标本被保存在博物馆了。

当然,不同种类的非物质文化遗产的传承、发展和创新的路径不可能是完全相同的。即便是同一种类的非物质文化遗产,也会在流传地域、表达介质以及文化基础等多个方面存在着差异,每一项特定的非物质文化遗产都应根据自身特点来确定传承、发展和创新的具体方式、方法和路径。镇湖刺绣作为一种以绣针和丝线为创作工具的"传统手工艺"或"传统美术",有特定的物质载体——绣品。刺绣的技艺及其文化蕴含最终都体现在绣品上,而绣品作为一种产品或商品,是其生产者即"绣娘"或"绣女"❷的主要生活来源。因此,刺绣既具有文化属性,同时又具有商品属性。就其商品属性而言,消费者的需求决定了市场的大小,进而决定了商品的生产规模。作为非物质文化遗产的具体承载者,绣品的市场状况与非

---

❶ 《公约》第 2 条对"保护"的定义是:"保护"指确保非物质文化遗产生命力的各种措施,包括这种遗产各个方面的确认、立档、研究、保存、保护、宣传、弘扬、传承(特别是通过正规和非正规教育)和振兴。

❷ 受封建时代"男耕女织"传统的影响,旧时从事刺绣制作的基本上都是女性,故称"绣娘"或"绣女"。现在虽然也有男性从事刺绣制作,但主体仍为女性,故一般均以"绣娘"或"绣女"指称。

物质文化遗产的生命力息息相关。因此，镇湖刺绣非物质文化遗产的保护与传承，既是文化的问题，也是市场的问题。从某种意义上说，市场的作用和影响可能要更大。

根据笔者的了解，并结合其他学者的研究，镇湖刺绣所面临的市场问题可以从外部因素和内部因素两个方面来理解。

就外部因素而言，随着电脑设计技术和机械化生产的推广与应用，刺绣市场准入门槛越来越低，成本和利润（而不是技艺和文化）成为行业从业者关注的中心。正如有学者所指出的那样"镇湖刺绣在更多人眼里，已经从原先的具有真诚品质和工艺感的手工艺品，逐渐沦落为一种犹如机器生产的工业化产品，手工顶多成为假借的制作途径而已。"❶ 大量粗制滥造的或机械化生产的绣品，虽然没有文化传承的价值，但凭借低廉的价格，严重挤压了手工绣品的市场空间。

就内部因素而言，镇湖刺绣虽然在历史也曾经有过一些较大的改进或"创新"，但总体而言创新不足。正如有学者所指出的那样，"在图案、品种、画稿来源上没有多少创新"，"大多采用传统的画稿，以中国画为最，油画比较少，变化不大"，"取材大同小异，缺乏创新"。❷ 同时，"从业人员的素质结构在很大程度上限制了苏绣艺术创作的整体能力"，"绣娘们的受教育背景、人生历练和专业水准，使她们无法拿出更高层次的作品来"。❸

上述内外因素结合在一起，导致手工制作的绣品与市场和消费者渐行渐远。镇湖刺绣要彻底摆脱目前的困境，唯有创新，但创新决非易事。笔者认为，镇湖刺绣的创新，至少需要解决两个方面的问题：一是创新能力问题，二是市场环境问题。

---

❶ 张西昌．苏州镇湖刺绣产业现状调查与反思［J］．苏州工艺美术职业技术学院学报，2010（2）．

❷ 叶继红．苏州镇湖刺绣市场调查与思考［J］．苏州大学学报（哲学社会科学版），2006（4）．

❸ 同本页注①．

镇湖刺绣创新能力不足，主要原因在于"造血功能"的缺失。❶ 刺绣是融绘画、刺绣于一体的手工艺，❷ 但绣娘的整体文化素养使刺绣所使用的画稿不得不依赖于外部，"以他人的艺术作品为画稿进行创作，是苏绣艺术自宋代以来形成的传统"。❸ 因此，"借用美术家的外力来促进苏绣艺术的地域发展和创新，是迫切的需求。"❹ 镇湖的绣娘也不得不将刺绣技艺与当代美术作品结合在一起，借用当代美术家的"外力"来实现创新。❺ 但是，传统刺绣技艺与当代美术作品的结合却不是仅凭绣娘的一厢情愿就可以实现的，因为当代美术作品大都享有著作权保护。

此外，刺绣市场无序竞争尤其是日趋严重仿冒问题也是影响镇湖刺绣创新的一个重要因素。与任何产品市场一样，仿冒的绣品总是如影随形般地出现在那些技艺精良、品质优异的新绣品周围，不但抢占了新绣品的市场空间，而且损害其声誉。但往往由于新绣品创作者是借鉴了他人美术作品甚至在未经许可情况下擅自使用了他人美术作品，新绣品的"产权"关系并不很清晰，其对仿冒行为也难以有所作为。

综上所述，作为一项非物质文化遗产，镇湖刺绣只有通过不断创新才能得到传承和发展，才能有持续的、旺盛的生命力。而这种创新又与现代知识产权制度尤其是著作权制度，有着千丝万缕的联系，因而必须妥善地处理好两者之间的关系。

---

❶ 同上页注①。
❷ 同上页注②。
❸ 同上页注①。
❹ 同上页注①。
❺ 在理论上，提高绣娘的文化艺术素养和美术创作能力才是解决问题的根本之道。但在实践中，由绣娘自行创作画稿在通常情况下是行不通的，"绣"与"画"毕竟是两门不同的技艺，而且以手工方式进行生产的刺绣行业并不是一个对年轻劳动者具有多大吸引力的行业。尤其在经济发达地区，情况更是如此。据介绍，镇湖一些较有实力的"工艺大师"级绣娘也曾经将其手下的年轻绣娘或学徒送到专业院校学习美术，但效果并不理想。

二、刺绣创作中的著作权"问题"

在刺绣创作中,绣品所使用的画稿,主要有两个来源:要么是绣娘自己创作的美术作品,要么是他人创作的美术作品。如果画稿是绣娘自己创作的,无论是作为美术作品,还是以其为画稿的绣品,绣娘都对其享有完全的权利,故不再需要讨论其著作权问题。因此,本文所讨论的著作权问题,是指以他人美术作品为画稿情况下的著作权问题。

使用他人美术作品为画稿进行刺绣创作,在《著作权法》上涉及的问题可以从两个不同的方面来理解:一是此种使用是否需要获得著作权人的许可;二是此种使用是否使使用者获得了著作权法意义上的权利或利益。兹分述如下:

(一)使用的许可与合理使用

毫无疑问,将他人美术作品作为刺绣的画稿,属于《著作权法》意义上的使用。❶《著作权法》第24条第1款规定:"使用他人作品应当同著作权人订立许可使用合同,本法规定可以不经许可的除外。"据此规定,凡使用他人享有著作权的作品的,除了《著作权法》规定可以不经著作权人许可的以外,都应当经过著作权人的许可。

一般认为,"本法规定可以不经著作权人许可"主要有两种情

---

❶ 尽管《著作权法》并未明确规定"使用"的含义,但在2001年修改之前的《著作权法》即1990年《著作权法》第10条将著作财产权(经济权利)称为"使用权和获得报酬权",并将使用权定义为"以复制、表演、播放、展览、发行、摄制电影、电视、录像或者改编、翻译、注释、编辑等方式使用作品的权利。"2001年修改的《著作权法》第10条弃用"使用权"的概念,代之以十二项具体权利。因此,《著作权法》第10条(无论修改前还是修改后)规定的"财产权"所包含的行为均应理解为对作品的使用。

形,即法定许可和合理使用。❶ 不论法定许可还是合理使用,都是在不经著作权人许可的情况下使用其作品,对其著作权构成了限制,因而需要有法律的明确规定。凡法律未明确规定为法定许可或合理使用,均不得主张法定许可或合理使用。

现行《著作权法》关于法定许可的规定,主要体现在第23条(为实施九年制义务教育和国家教育规划而编写出版教科书)、第33条第2款(报社、期刊投稿刊登后的转载、摘编)、第40条第3款(录音制作者使用他人已经合法录制为录音制品的音乐作品录制录音制品)、第43条第2款(广播电台、电视台播放他人已发表的作品)和第44条(广播电台、电视台播放已经出版的录音制品)当中。很显然,将他人美术作品作为画稿进行刺绣创作,无论是否出于非物质文化遗产传承的目的,在现行《著作权法》中都不属于法定许可的情形。

《著作权法》关于合理使用的规定,主要体现在第22条中。该条列举了12种可以"不经著作权人许可,不向其支付报酬"的使用,其中与刺绣画稿可能有关联的也只有三种:第1项所规定的"为个人学习、研究或者欣赏,使用他人已经发表的作品",第6项所规定的"为学校课堂教学或者科学研究,翻译或者少量复制已经发表的作品,供教学或者科研人员使用",以及第10项所规定的"对设置或者陈列在室外公共场所的艺术作品进行临摹、绘画、摄影、录像。"

为了学习或研究刺绣技艺,使用他人已出版的美术作品,似乎可以从第1项中找到依据。但是,由于个人使用而获得或形成的复制品"不得用于出售、出版",❷ 因而该项规定对于本文所要讨论

---

❶ 强制许可(非自愿许可)可以理解为不经权利人许可,但我国《著作权法》并未规定强制许可。

❷ 吴汉东. 著作权合理使用制度研究[M]. 北京:中国政法大学出版社,1996:170.

的问题几乎没有实际意义。

在传授刺绣技艺或讲授刺绣知识的课堂教学中使用他人美术作品作为刺绣画稿,似乎可以从第 6 项中找到依据。但该项规定对于本文所要讨论的主题来说几乎没有可适用性:其一,该项限定的使用方式仅为"翻译或者少量复制",将他人美术作品作为画稿是否属于"复制",尚有很大争论;其二,该项明确规定翻译或复制以后的作品只能供教学或者科研人员使用,"不得出版发行"。

根据《最高人民法院关于审理著作权民事纠纷案件适用法律若干问题的解释》(法释 [2002] 31 号)第 18 条的规定,对设置或者陈列在室外社会公众活动处所的雕塑、绘画、书法等艺术作品的临摹、绘画、摄影、录像人,可以对其成果以合理的方式和范围再行使用,不构成侵权。如果刺绣作为画稿所使用的他人美术作品设置或者陈列在室外公共场所,当然可以适用前述第 10 项的规定,可以不经许可,不支付报酬,而且以合理的方式和范围再行使用前述使用的"成果",也不构成侵权。但是,这一规定对刺绣的意义也不大,因为实践中刺绣所使用的美术作品主要来源于已出版的画册、影集或其他出版物。

综上所述,在现行《著作权法》框架内,将他人美术作品作为画稿进行刺绣创作,即便是出于非物质文化遗产传承的目的,在通常情况下也难以找到"可以不经著作权人许可"的明确依据。这意味着,未经著作权人许可的使用,难逃著作权侵权的法律后果。近年来镇湖刺绣所遭遇到的著作权侵权诉讼也可以印证这一结论。因此,要避免著作权侵权,似乎只有"同著作权人订立使用许可合同"这一条路。但这条路走起来并不轻松。

(二)使用的性质

将他人美术作品作为刺绣画稿使用,究竟是《著作权法》意义上的复制还是改编,目前仍有一些争论。就著作权侵权而言,讨论复制还是改编并无实质意义,即便属于人们经常所说的"二次创作",也不能成为阻却著作权侵权的法定事由。但从著作权的产生或享有来看，则有实质意义。正如郑成思教授所指出的那样，复制不产生新作品，而改编则形成了新作品。❶ 随之而来的问题是，改编者对新作品是否可以主张权益？

具体到刺绣，对他人美术作品的使用大致上有两个阶段：先是将他人美术作品按原样或经过必要改动后印制或绘制在底料上，然后经过"刺绣"最终在绣品中再现出原作品来。尽管在第一个阶段可能存在着直接的复制，但最终完成的绣品是以绣针为"画笔"、以丝线为"颜料"创作出来的，并通过线条、色彩以及光线的折射（反射）再现出原作（画稿）。在某种意义上，美术作品只不过是绣娘展示其高超技艺所使用的物质手段或载体而已。

因此，笔者认为，在他人美术作品基础上进行"刺绣"，应看作是一种创作活动，属于《著作权法》意义上的改编。如果属于非侵权的改编，则产生新的著作权。❷ 即使是侵权改编，按照郑成思教授的观点，也并非在一切情况下均不产生新著作权。❸ 笔者认为，虽然《著作权法》第24条规定使用他人作品应当与著作权人订立使用许可合同，但关于改编作品著作权归属的第12条并未明确否定侵权改编而形成的作品的著作权能力，而且《伯尔尼公约》第2条第3款也未明确加以限制。同时，就著作权的来源而言，改编所形成的作品的著作权来源于改编者所付出的智力劳动，既不依赖于被改编作品的著作权状态（即使被改编作品不享有著作权，改编者也可以取得著作权），也不依赖于被改编作品的著作权人的授权。因此，侵权改编的情况下改编者对新形成的作品是否享有著作权，不能一概否定。笔者认为，应区别两种不同情况来讨论侵权改编的著作权问题。在改编者与原作者之间，改编者的著作权不具有

---

❶ 郑成思. 版权公约、版权保护与版权贸易 [M]. 北京：中国人民大学出版社，1992：110—111.
❷ 同本页注①。
❸ 同本页注①。

任何对抗原作者的效力；在改编者与新作品的使用者之间，改编者无权授权他人使用新作品，但有权禁止他人未经其许可的使用。

三、生产性保护与合理使用

作为公共政策工具之一，现代知识产权制度要维持各种利益关系之间的协调与平衡。就本文所要讨论的主题而言，美术作品的著作权需要得到保护，非物质文化遗产也需要得到"保护"。但非物质文化遗产因为涉及社会公共利益，需要更多的保护。因此，在必要时可以对著作权人的权益进行适当限制，以服务于非物质文化遗产保护的公共利益。在著作权法上，基于社会公共利益而限制著作权人权益的最主要的形式就是合理使用。但是，如前所述，在我国现行《著作权法》之下，即使基于非物质文化遗产保护目的而将他人美术作品作为画稿用于刺绣创作，也不属于合理使用的范围。考虑到非物质文化遗产对于文化多元性和创新所具有的重要意义，将基于非物质文化遗产保护目的而使用他人美术作品的行为规定为合理使用，在很大程度上是必要的。但是，由于绣品本身具有商品的属性，因而刺绣在通常情况下便具有了生产性或商业性。这也正是人们通常将刺绣作为一个产业来看待的原因。根据一种普遍的观点，出于商业目的的使用不属于合理使用。❶ 商业目的或营利性便成为镇湖刺绣作为非物质文化遗产享受合理使用所带来的利益的一个难以逾越的法律障碍。

如前所述，刺绣作为一种传统手工艺，其生命力与绣品的市场活力密切相关，失去了市场活力的刺绣最终就会成为只记载在文献中的真正"遗产"，彻底丧失了生命力。因此，促进和提高刺绣的市场活力也是保护刺绣非物质文化遗产的重要组成部分。"生产性

---

❶ 吴汉东．著作权合理使用制度研究［M］．北京：中国政法大学出版社，1996：202．尽管在个别案件中有法院认为我国法律并不明确排除商业目的或营利性使用，但学术界很少接受这种观点。

保护"的概念为刺绣这类传统工艺美术在著作权合理使用制度中的适当地位提供了理论支撑。

"生产性保护"是近年刚刚提出的一个非物质文化遗产保护方式的"新概念",目前在我国已受到国家和地方有关主管部门、非物质文化遗产申报保护单位以及传承人、相关产业、学者等各方面的普遍关注,被视为非物质文化遗产保护的"新途径"。[1] 所谓生产性保护,是指通过生产、流通、销售等方式,将非物质文化遗产及其资源转化为生产力和产品,产生经济效益,并促进相关产业发展,使非物质文化遗产在生产实践中得到积极保护,实现非物质文化遗产保护与经济社会协调发展的良性互动。[2] 作为一种积极保护的方式,生产性保护所强调的是"在传承中延续,在发展中保护"[3],通过将非物质文化遗产保护与相关产品的生产或服务的提供结合在一起的方法,以保护促进生产,以生产带动保护,最终目的是"推动和促进非物质文化遗产的生存基础"。[4]

如前所述,刺绣作为一种传统手工艺,其文化价值是通过绣品体现出来的,而绣品又同时具有商品属性。因此,生产性保护对于刺绣非物质文化遗产的意义,自不待言。一方面,根据生产性保护的有关理论,非物质文化遗产的保护不仅要做好认定、记录、建档等保存工作,更要促进能够体现出非物质文化遗产的文化价值的产品的生产和经营,从而使非物质文化遗产在生产过程中得到传承和发展,加快生产条件和环境的改善、加大生产资源的投入以及完善市场制度等便成为非物质文化遗产保护的应有之义。另一方面,在生产性保护的理念之下,能够体现出传统技艺的刺绣生产不再是纯粹的经济活动,而是非物质文化遗产传承和发展活动的有机组成部

---

[1] 汪欣. 对非物质文化遗产生产性保护理念的认识 [J]. 艺苑, 2011 (2).
[2] 陈华文. 论非物质文化遗产生产性保护的几个问题 [J]. 广西民族大学学报(哲学社会科学版), 2010 (5).
[3] 王文章. 简谈传统手工技艺的生产性保护 [J]. 中华文化画报, 2010 (9).
[4] 同本页注③。

分，因而在很大程度上具有公益性质，法律应为这种具有公益性质的生产活动提供更多的便利和更大的空间。在此意义上，将刺绣创作中使用他人美术作品的行为规定为合理使用，便具有了某种程度的正当性。

实际上，《著作权法》已经将某些具有公益性质的经营性使用作为合理使用，最典型的莫过于《著作权法》第 22 条第 1 款第 11 项。依该项规定，将中国公民、法人或者其他组织已经发表的以汉语言文字创作的作品翻译成少数民族语言文字作品在国内出版发行，属于合理使用。如果说"翻译"本身不宜界定为经营性使用，那么"出版发行"则毫无疑问属于经营性使用。❶

综上所述，笔者认为，鉴于生产性保护对于非物质文化遗产尤其是传统手艺的传承和发展具有的意义和作用，考虑到合理使用制度的目的，参照《著作权法》已有的规定，应将刺绣创作中使用他人美术作品的行为规定为合理使用。

但是，由于生产性保护之"生产"在法律上毕竟属于"生产经营"的范畴，所谓公益性只是从其行为的最终后果（而且是作为行业整体的后果）来说的，因此，在将使用他人美术作品规定为合理使用时，应对此种合理使用的适用条件和范围作出明确的限定。在主体方面，可以参照非物质文化传承人制度，只有那些直接从事非物质文化遗产的保护、传承或传播的人才有资格享受合理使用的利益。在对象方面，只有那些能够体现出非物质文化遗产的文化价值的物品或产品，在其生产过程中的使用才属于合理使用。在行为方面，对相关美术作品的使用（包括复制、改编以及必要的修改）属于合理使用，此种使用的产物或结果（即绣品）的直接使用，包括公开销售、拍卖、出租或其他方式的转让，以及公开展示、展览，

---

❶ 《著作权法》第 22 条第 1 款第 6 项提供了一个有趣的对比。该项规定，为学校课堂教学或者科学研究，翻译或者少量复制已经发表的作品，供教学或者科研人员使用，属于合理使用，但不得"出版发行"。

应视为合理使用,但再次使用(包括复制、改编等)在通常情况下不应视为合理使用。

四、适合刺绣产业发展的著作权授权机制

如前所述,在刺绣中使用他人美术作品,只有在某些特殊情况下才构成合理使用。对于那些正在不断学习、提高刺绣技艺但尚未被认定为传承人的普通绣娘来说,她们难以获得合理使用的利益。但是,无论是从刺绣技艺传承和发展的规律来看,还是从生产性保护的理念来看,这些普通绣娘对于非物质文化遗产的传承和发展也起到一定的作用。一方面,这些绣娘是刺绣产业的主力军,尽管她们还不是领军人物,而刺绣产业的发展对于刺绣非物质文化遗产保护又具有重要影响。另一方面,这些绣娘为刺绣可以视为非物质文化遗产的传承人的"后备军",现在的传承人也都是从普通绣娘一步一步成长起来的,而参加刺绣生产则是她们提高刺绣技艺的基本途径。因此,对于普通绣娘在刺绣生产中使用他人美术作品,应建立一种更加快捷、便利的授权机制。在此问题上,笔者认为,应着重发挥政府或刺绣行业协会和著作权集体管理组织的两个方面的作用。

一方面,受刺绣的生产经营模式以及从业人员文化素质、艺术修养以及经济能力的制约,由绣娘自行与美术作品著作权人进行直接谈判或协商以获得使用许可,在实践中基本上是不可行的。为使绣娘能够以更低廉的价格和更快捷的方式获得使用许可,地方政府或行业协会应该发挥更大的作用。除在政策层面完善产业结构和发展模式以提高刺绣产业及其从业人员在美术作品著作权许可交易中的能力和地位以外,政府和行业协会的主要作用在于促进刺绣产业与美术作品著作权人的交流与合作,诸如建设用于刺绣的当代美术

作品交易平台、❶组织刺绣行业"团购"美术作品、创设美术作品著作权人直接参与刺绣产业的模式和机制等等。

另一方面，由于将美术作品作为刺绣画稿并不是美术作品的主要利用方式，而且使用比较分散，数量也不大，美术作品的著作权人对此种使用的授权和管理也面临许多困难，如果能够将这些使用纳入著作权集体管理的范围，既方便美术作品的著作权人行使和维护其权利，也使刺绣行业的使用者能以比较低廉的价格、简便的方式获得使用授权。因此，建立美术作品著作权集体管理组织，通过该集体管理组织与刺绣行业协会的协商与合作，可以有效地解决刺绣产业发展中的相关著作权问题。

简要结论

著作权问题是目前困扰镇湖刺绣非物质文化遗产保护和刺绣产业发展的主要法律问题，需要采用不同的机制加以解决。除现行《著作权法》第22条中有些可以直接适用于非物质文化遗产保护、传承和传播的有关规定外，应将根据有关规定确定的传承人在传承包括以生产方式进行传承的活动中的使用规定为合理使用。同时，对于那些不属于合理使用的，应通过建立著作权许可交易机制或美术作品著作权集体管理制度，解决著作权授权问题。

为避免合理使用成为盗版的"护身符"，防止非物质文化遗产的保护措施被滥用，政府在完善非物质文化遗产保护制度的同时，应加强对非物质文化遗产的认定和管理。就镇湖刺绣而言，一个可行的办法是将镇湖刺绣地理标志保护❷与非物质文化遗产保护结合起来，只有那些由被认定为非物质文化遗产传承人的绣娘制作或创

---

❶ 由苏州市知识产权局和苏州高新区镇湖刺绣协会共同创办的"苏州市刺绣作品版权许可交易平台"（http：//www.suxiuip.com）已经开通，并且已经发挥了一定的作用。

❷ 2010年3月，国家质检总局批准对"镇湖刺绣"实行地理标志产品保护。

作的，并且达到了地理标志保护所要求的技术和质量标准的刺绣才能够享有非物质文化遗产保护所给予的各种优惠安排，包括合理使用。

论非物质文化遗产衍生"作品"的著作权

孙元清* 余 晖**

摘要：非物质文化遗产的保护是一个热门话题。非物质文化遗产的保护事实上强调的是这种文化的生存权和发展权。而著作权强调的是权利人的排他性保护。当在非物质文化遗产的整理、发掘过程中起到一定的作用的一些个人，要求对其研究成果给以著作权保护时，便出现了著作权的排他权与非物质文化遗产的发展权和共有性之间的冲突。从司法实践来看，各地法院的认识也不尽一致。本文作者认为，我们在处理类似案件时，价值取向应倾向于对非物质文化遗产的共有性的保护，为避免变形将文化遗产归于个人名下，导致非物质文化的名存实亡。在上述前提下，也注意鼓励对于传统文化的传承和发展作为贡献的人的积极性。

关键词：非物质文化遗产 弘扬与发展 著作权 衍生作品

作为一个具有悠久文化传统的多民族文明古国，我国的传统文化具有多样性和复杂性的特点。而传统文化的流传往往依托于各代的文学、艺术家的收集、整理或口授身传，因此，当其中一部分人权利觉醒时，传统文化的保护与发展的矛盾就显得非常突出了。2003年，北京第二中级人民法院审理了《乌苏里船歌》一案。该案中，黑龙江省饶河县四排赫哲族乡人民政府诉郭颂、中央电视台、南宁市人民政府侵犯了其民间艺术作品著作权。这个诉讼引发了司法界对于非物质文化遗产司法保护问题的关注。这个案件涉及

---

* 孙元清，湖南省高级人民法院。
** 余晖，湖南省长沙市中级人民法院。

赫哲族作为权利主体的整体觉醒，并且维权取得一定成效，起码人们在传唱这首歌的时候，知道了这首歌传承的是赫哲族文化，赫哲族也因此广为人知。2005年，福建省高级人民法院在林青松与莆田市凤凰山公园有限公司著作权纠纷案中，认为对于处于公有领域的资料进行一般性描述，不享有著作权。❶ 这个案件，事实上排除了历史资料收集整理人对于历史资料的垄断性使用，确认了历史资料的公有性。在其他涉及非物质文化遗产的著作权案件❷中，也有不少法院凭原告在出版物上的署名而判决原告对该出版物中包含的传统文化内容享有排他的著作权保护。各地法院的不同认识，反映了一种立法的需求，司法实践中需要一个统一的执法标准，且我国目前已加入联合国教科文组织《保护非物质文化遗产公约》，将《著作权法》第6条规定"民间文学艺术作品的著作权保护办法由国务院另行规定"这一立法要求落至实处已势在必行。国务院关于公布第一批国家级非物质文化遗产名录的通知中明确："我国是历史悠久的文明古国，拥有丰富多彩的文化遗产。非物质文化遗产是文化遗产的重要组成部分，是我国历史的见证和中华文化的重要载体，蕴含着中华民族特有的精神价值、思维方式、想象力和文化意识，体现着中华民族的生命力和创造力。保护和利用好非物质文化遗产，对于继承和发扬民族优秀文化传统、增进民族团结和维护国家统一、增强民族自信心和凝聚力、促进社会主义精神文明建设都具有重要而深远的意义。"根据目前的情况来看，由特定权利人群来主张非物质文化遗产的保护的并不多见，倒是在非物质文化遗产整理、研究等特定环节作出一定贡献的人，以著作权人的身份要求

---

❶ 见（2005）闽民终字第444号民事判决书，原文为"《被历代皇帝御赐的莆田人》一文，记载了莆田籍被皇帝御赐过的十三个历史人物，但该文对上述历史人物的表述基本都是按照姓名、字号、籍贯、曾任官衔、皇帝御赐内容等顺序排列，由于这些内容均来自公有资料，且对这些内容的表达是唯一的或者是有限的，故应当认定该文不具有独创性，不应受著作权法保护。"

❷ 如赵梦林的京剧脸谱系列案。

对其研究、整理产生的衍生"作品"享有著作权保护的情况比较多见。我们认为，处理这类案件，应当从《保护非物质文化遗产公约》及国务院的相关精神从发，兼顾、平衡各方利益，切忌简单化处理。

一、《保护非物质文化遗产公约》的主旨

该公约开宗明义——保护非物质文化遗产。并在第2条明确非物质文化遗产指被各群体、团体、有时为个人视为其文化遗产的各种实践、表演、表现形式、知识和技能及其有关的工具、实物、工艺品和文化场所。各个群体和团体随着其所处环境、与自然界的相互关系和历史条件的变化不断使这种代代相传的非物质文化遗产得到创新，同时使他们自己具有一种认同感和历史感，从而促进了文化多样性和人类的创造力。同时，该条款还明确了非物质文化遗产的范围和保护方法。非物质文化遗产包括以下方面："（a）口头传说和表述，包括作为非物质文化遗产媒介的语言；（b）表演艺术；（c）社会风俗、礼仪、节庆；（d）有关自然界和宇宙的知识和实践；（e）传统的手工艺技能。"公约明确，"保护"指采取措施，确保非物质文化遗产的生命力，包括这种遗产各个方面的确认、立档、研究、保存、保护、宣传、弘扬、承传（主要通过正规和非正规教育）和振兴。

同时，公约还要求各缔约国采取行政、司法和教育手段，实现上述"保护"目的，"使非物质文化遗产在社会中得到确认、尊重和弘扬"。

由此可见，根据该公约的精神，非物质文化遗产及其保护有以下特点：

（1）享有非物质文化遗产的主体主要是各相关群体、团体或特定的个人。确定非物质文化遗产的主体范围，对于其司法保护具有特别重要的意义，解决的是诉讼的起点即谁有权利来主张保护的问题。这个范围的确定，应当紧紧扣住非物质文化的特征，即这种文

化是因自然和历史的原因代代相传的，与著作权的即时创作和有期限保护迥然不同。因此，只有具备这种"传统"的人群才能享有这种权利。当然，也有部分通过特定血统传承的技艺也可以通过特定的个人代代相传，此时，享有这种权利的个人，事实代表的也是一种传统，因此不属于著作权保护的作者范畴。

（2）非物质文化遗产是使上述主体具有一种认同感和历史感，从而促进了文化多样性和人类的创造力的文化传统。也就是说，在这部分人群中，对这种文化有一种共同的归属感，在特定的范围内，这种文化已属于公有范畴。包括主体人群在内的任何个人，不能对此享有垄断的权利。从这个角度上来说，要在非物质文化遗产的范畴内产生新的著作权，就要求比一般作品的产生有更高的要求。

（3）对于非物质文化遗产保护的立足点不是排除他人使用，而是为确保非物质文化遗产的生命力而对其进行确认、立档、研究、保存、保护、宣传、弘扬、承传和振兴。也就是说，只要是出于正当目的，特定权利人群中人人有权使用。

由此可知，文化遗产的非物质性源自代代传承性，使大部分的非物质文化遗产都并非附着于固定的表现形式之上，这种非物质性使这种文化遗产更具生命力，但这同时也带来了一个非常具体的司法难题，即如何保护那些为文化遗产的传承和传播作出了直接、具体贡献的人的权利？在非物质文化遗产的收集、整理过程中，往往来产生一些"作品"。在这些使非物质文化能得以传承、光大的衍生"作品"上凝聚了劳动的制作者，能据此享有何种权利？这种权利是著作权吗？这就是本文所关注的问题。

二、非物质文化遗产衍生"作品"的著作权问题

著作权意义上的作品是否有创造性的门槛？这个问题是个常争常新的问题。

《著作权法》第2条规定："中国公民、法人或者其他组织的作

品,不论是否发表,依照本法享有著作权。"该条规定的是著作权的自动保护原则。也就是说,作品一经创作完成,无论其是否发表,都自然享有著作权。这种规定难免使人产生误解,也就是说某人只要写出来,或画出来一件"作品",就自然对其享有了著作权。事实上,我国《著作权法》虽然没有如同《专利法》那样规定新颖性、创造性、实用性等硬性标准,但也不是说任何"作品"都能受到著作法的保护,成为《著作权法》意义上的作品。

《著作权法实施条例》第2条规定:"著作权法所称作品,是指文学、艺术和科学领域内具有独创性并能以某种有形形式复制的智力成果。"我们对上述规定作出归纳:(1)作品首先是智力成果,是通过创作这种智力活动而产生的成果;(2)这种智力成果能以有形形式存在并复制。根据通说,著作权法保护的是作品的"expression",而不仅仅是"idea",两者的差别在于 idea 只是一种思想,是无形的;而 expression 则是与表达形式相结合的有形思想;(3)作品有独创性;为了与"独自一个人创作"区别开来,这里的独创性也往往称之为原创性,强调的是作者通过自己的智力活动完成创作,而不是剽窃、抄袭。

再从著作权法产生的渊源上看,我们可以从中提取精神满足和传播这两个关键词。(1)精神满足,这是著作权的原始权能。著作权的产生与作品本身的属性相关。随着人类社会的发展,人类从蒙昧中苏醒,对于生活的追求已从单纯的物质方面的享受进而追求精神满足。人们在通过文学、艺术作品抒发自己情感的同时,也满足他人的精神追求,文学、艺术作品虽然都是通过一定的符号、线条或材料来传达一定的思想,但单纯符号、线条或材料本身并不能使人得到精神享受，❶所以能实现满足精神享受功能的，是作品中孕含的思想。(2) 传播。传播与有形是紧密联系的。从物质的社会关系来看，著作权保护可以是说印刷术发达的产物，印刷术推动了作品的传播，使作品中的思想能以有形的方式为更多的人接受，这种传播直接催生了著作权保护制度。因此，从上述几个方面的分析，我们可以得出结论，《著作权法》的保护对象是：作品中包含的，以有形形式表现出来的独创性（精神）。

需要进一步明确的是，这里指的有形形式与专利法意义上的形式是不同的。专利权往往是与特定产品联系在一起的，如实用新型专利权和外观设计专利权，其禁用权往往限于指定的产品。著作权所指之有形形式并不指作品的载体，而是指体现独创性的形式。以文字作品为例，文字作品是通过文字的组合将作者的思想表现出来，其形式指的就是文字表达这种形式，而不是指写着这些文字的纸、显示文字的墨。正因为如此，著作权的禁用权才能及于以不同载体表现出来的相同表达形式。如将某小说转换为电子文本的形式，其载体已变成了存储体中的电磁信号，但仍然构成侵权。笔者还认为，著作权的有形形式还强调了一种可能性，即他人能够通过"接触"这种有形形式，而感知作品的独创性。这种"接触"的可能性对侵权判定非常重要。

因此，笔者认为，expression 是形式和实质的统一，指的应当是以有形载体形式表达或表现出来的某种独创性。从形式意义上说，作品应当能以有形载体的形式体现，从实质意义而言，作品应当具有独创性。作品中的以有形形式表现出来的独创性是著作权法的要保护的对象。

---

❶ 笔者注：虽然书法作品的外在表现就是字符，但这种字符显然与通常定义的"字"相同。人们在欣赏书法的时候，享受的是书法家的勾、划和结构或整体的气韵，而不是这个字本身的意义。作为通常意义的"字"，仅代表其字义，而书法家的字，则主要是字本身的形、神，二者不是同一意义。

对于独创性的把握是确定作品保护对象和范围的前提条件。笔者认为，对独创性的理解应当是：（1）独立完成；（2）具有创造性；笔者认为，著作权意义上的创造性不同于专利权所要求的"新颖性"。著作权的创造性和专利权的新颖性差别在于对创造的度要求不同。《著作权法实施条例》第3条给出了创作的定义："著作权法所称创作，是指直接产生文学、艺术和科学作品的智力活动。"创作是智力创造性的最低要求，因此著作权要求的创造性标准低于专利权要求之"新颖性"；（3）不排斥重复。笔者认为，这是著作权的独创性中，一个非常重要的特点。《著作权法》要求独立创作，但在反对抄袭的前提下，并不绝对排斥重复。这也是《著作权法》的保护机制决定的。著作权的保护采用自动保护主义，因此作者在完成作品后，就自然享有了著作权，而不需要经过公示程序，因而不具备如专利权一样的排他效力。以美术作品而论，同一流派的画家，使用相同的工具，对相同的对象进行创作，完全有可能得出表现形式非常相近的作品，但却不影响他们各自享有著作权。更明确地说，著作权认同的这种"重复"是指没有对他人的"idea"进行抄袭的情况下的偶同。明确这一点，对考察与非物质文化遗产相关的"作品"之著作权问题，具有非常重要的意义。非物质文化遗产并非限定在特定的作品上，它是作为一种文化而受到整体保护，它的非物质性也就体现这个方面。因此，在非物质文化遗产范畴内谈"作品"的保护，"idea"的创新性是首要考虑的问题。

从上述讨论我们可以看出，作为非物质文化遗产，其文化的内容是得到共同认可并由特定群体共享的，也只有这些得到共同认可的内容才构成文化遗产的范畴，这种共同认可我们可以称之为传统文化的公认性。例如，根据现代人物创作的京剧人物脸谱就不属于传统文化的范畴，丢了传统，就与文化遗产无关了。以民族图腾为例，对于特定的民族而言，图腾具有固定的图形和模式。相关的衍生"作品"，也必然具有大致相同的外观和特征。本文在讨论"著作权不排斥重复"这个命题时，"接触"作为一个法律上的可能性而具有重要的意义。笔者认为，"接触"的法律意义在于：如果被控侵权人在接触或应当接触原创著作权人的作品后，完成了与其相同或相似的作品，则这种接触行为可抵消在后作品的独创性。这种诠释也可以从正反两方面来说明非物质文化遗产衍生"作品"的著作权问题。从正向考察，传统文化的公认性使该领域的衍生"作品"，往往都有相同或相近的外观。对于这种全开放的文化内容，任何人均具有"接触"可能。由于存在先前的接触，则"作品"的创造性就被抵消了，没有创造性的"作品"，就如福建省高级人民法院在林青松与莆田市凤凰山公园有限公司著作权纠纷案中的述："这些内容的表达是唯一的或者是有限的，故应当认定该文不具有独创性，不应受著作权法保护❶。"再逆向思考，如果认定某人对某件衍生物品享有著作权，就等于赋予了此人排除他人以相同的载体表现相同或类似内容的权利。这样，市场上所有的与之相同或相似的"作品"全部属于侵权产品，等于变相将传统文化的某种表现形式归于个人所有，有悖于对非物质文化遗产的保护精神，殊不足取。也有人提出，可以给予类似情况予以有限的著作权保护，即大家都可以各自"合理"使用，便如同《最高人民法院关于审理著作权民事纠纷案件适用法律若干问题的解释》第18条规定的，对于公开陈列的艺术品进行临摹、绘画、摄影、录像人，可以对其成果以合理的方式和范围再行使用，不构成侵权。从结果上说，这是一种现实的解决途径。但司法解释仅规定这种情况可不视为侵权，但是否意味着"有限的著作权"，可能需要法律或司法解释进行进一步的明确。

非物质文化遗产的保护与著作权保护的出发点是不同的。非物质文化遗产保护强调的保存、弘扬与发展，而著作权是通过排他保护创新。因此，把与非物质文化遗产有关的"作品"纳入《著作权法》的保护，应当慎之又慎，处理类似案件应当尤其注意个人利益

---

❶ （2005）闽民终字第444号民事判决书。

与社会利益的平衡问题。在此类案件中，应在鼓励创作与弘扬传统文化找到一个合适的平衡点。

我们认为，一般情况下，完成与非物质文化遗产有关的、表现传统文化内容的"作品"并不能产生著作权，"作品"完成者也不因此享有排除他人使用并要求赔偿的权利。但如果创作者借鉴传统文化所蕴涵的表现手法，所完成的"作品"能让人一眼分辨与传统文化的不同——例如用电视剧的方式演绎民间传说，并加入了大量的创造性情节，使表达的内容与民间传说有了很大的区别，在尊重民间传说来源的前提下，属于一种新的表现形式，则可能享有著作权。

三、对于衍生"作品"创造性的证明责任

在涉及文化遗产衍生"作品"的保护问题时，可能首先要考虑的是"作品"完成者的身份问题，即此人是否属于对该项非物质文化遗产享有权利的特定人群？对方也面临同样的问题。特定人群如何界定的问题，必须由相关国家机关制订，我们在此不进行讨论。

上文中，我们强调了对非物质文化遗产衍生"作品"享有著作权，应当具备更高的创造性要求。对应到司法实践中，核心就是如何解决对这种创造性的证明问题。

作为一个有悠久历史传统的文明古国，具有丰富的民间传说资源。国务院 2006 年 5 月公布的第一批国家级非物质文化遗产中，就包含了孟姜女等民间传说。相关人员整理收集而成的民间文学"作品"就属于本文讨论的衍生"作品"范畴。某人在收集、整理传统文化的过程中，将流传于某地的传说整理成书面文字并署名发表。从形式上说，这就符合一件作品的形式要件。他是否就可以凭这幅"作品"而享有著作权并排除或限制特定人群的使用呢？

以下我们从几个方面来讨论这个问题。

（一）举证责任的分配

在司法程序之中，我们认定事实，并对事实进行是或否的定

性，依据的是证据。证据是民事诉讼的核心问题。因此我们在判断相同或不同之前，还涉及到一个非常重要的问题，即举证责任。

对于认定著作权归属的规则之一，《著作权法》第11条规定："如无相反证明，在作品上署名的公民、法人或者其他组织为作者。"《著作权法》司法解释再一次确认了这个规则。在一般情况下，这个规则也是证明著作权归属的主要证据之一。在这个规则之下，如果他人对该著作权有异议，则应当举证反驳相反事实的存在。

而在涉及传统文化的背景下，以上的举证规则就显得非常不合理了。民间传说作为非物质文化遗产的传统文化，属于明显存在于公知领域的文化范畴，此时，这种公知性就成了无需举证的"相反证据"了。因此，这种在"作品"上的署名，只能证明是谁收集、整理了这幅作品，但收集、整理与创作是不同的概念，由于涉及传统文化"作品"在创造性上的限制，对这种属于共同财富性质的文化资源，显然不能由简单的署名规则而判归某个人所有，他还应当举证证明自己的"作品"具有与一般传统不同的创造性。

再进一步思考，从举证的可能性来说，把这种责任分配给权利的主张者是也合理的。文化遗产作为共同财富，属于特定人群共有。权利人群中任何人均有权合理使用该文化资源。因此，作为主张"创作"的人来说，理应对自己"作品"的"创新点"一清二楚。换位思考，民间传说的主要人物、故事情节等早为人所熟知，其他人为了某种目的使用这个民间传说时并不认为自己在进行创作，所以行为人一般反倒无法举证证明自己这种使用有与众不同之处。强迫当事人去证明一个自己不主张的事实，未免强人所难。

这里另有一种认识，认为被控侵权人应当举证证明这个故事素材的来源。在一般情况下，这种认识也是正确的。但如果仍从非物质文化遗产的公认性和财富的共同性出发，这种认识又显得不合理了。既然是共同财富和共同文化资源，人们当然可以从传统文化的覆盖范围内的任何途径获得相关该传说的内容，而不用关心《著作权法》中常见的"合理审慎"义务，除非前文所说的，被引用的"作品"已跟传说具有明显的不同。

（二）谁主张权利，就应当由谁对其"作品"独创性的举证

我们要求权利人举证证明其"作品"与民间传说的一般流传内容相比，具有创造性。一般情况下，主张权利者举的证据就是自己的"作品"与前人收集整理或已成文的传说故事相比的不同。

我们认为这种对比方法本身就存在重大的问题。权利主张者应当举证证明其独创性，这种独创性应当是与作为文化的民间传说相比的独创性，而不是与其他人此前收集整理的同一传说的不同。首先要说明的是，由于是对同一个民间传说的叙述，本身就应该大体相同，之间的差别可能会体现在行文的习惯或一些细节的增添方面。这里首先会涉及一个法律逻辑问题。如果我们假设主张权利的"作品"因与前人整理的故事在细节处有不同，因而享有著作权的话，事实上我们也同样认定了其他人作品的著作权，因为他们之间也有细节不同。而且此人以他人的作品作为对比对象而举证，说明他已接触过他人的"作品"，在接触的情况下原告"创作"与他人作品大体相似的故事，是不是已经符合"接触加相似"的著作权侵权判断标准？一件有可能侵权的作品能否产生合法的著作权呢？显然，我们不会作出这种结论，因为基于传统文化而完成的"作品"，在总体上应当是相同的至少是大部分相似的，所以彼此之间也不会构成抄袭。既然你与他人不构成抄袭，为什么其他人就会与你构成抄袭呢？

除了在逻辑上存在问题之外，在传统文化的范围内，细节的区别也不构成实质的不同。我们在讨论非物质文化遗产的保护时，总是不得不追溯这些文化的传统。离开传统谈保护，就是一种闭门造车的臆想。民间传说本身就是存在于"传"与"说"之间，每个传说者的文化背景、语言习惯上的差异，甚至听故事的人的不同，都会使每次传说过程，都会有不同的效果，难道我们认为每次"传"

与"说"都会产生新的著作权？因此，民间传说具有以下两个特征：其一，民间传说本身就是有差异的；第二，这些民间传说之所以成为"文化遗产"，就说明它们在历代流传过程中，特定的人群已对它的主要故事情节等因素达成了"共识"。因此，我们在考察民间传说与所谓衍生"作品"的差别时，是要将民间传说作为一种文化来作为对比对象，将其故事中包含的主要元素作为对比对象。这样，民间传说中的一些细节不同，并不影响你讲述的仍然是那一个传说中的故事。如果要证明某个传说故事享有著作权，你就需要举证证明你所叙述的已经不再是那个单纯的传说，这种不同还需要得到他人的认可。

（三）独创性的判断主体和标准

我们一再强调，非物质文化遗产属于特定人群所共有。如前所述，如果某"作品"已具有与传统文化的显著不同，其作者就有可能享有"著作权"，该作品所代表的表现形式就已能禁止他人使用。事实上，这种认定影响的是全体人群的共同利益。因此，判别相关"作品"的独创性的标准，自然应当以相关人群的一般认知能力为标准。

独创性的判别问题上，有人主张将这个任务交给专家，由专家担任独创性的评判者，也就是说将专家的意见作为评判的标准。这里涉及到知识产权案件中，专家意见的效力问题。由于知识产权案件的专业性，有些问题可能会超出作为法律工作者的法官的知识范围。此时，我们需要借助于一些专业人士为我们解决专业问题。但值得注意的是，专业人员的意见仅限于对专业问题的解答，并不涉及对于行为性质的定性。仍以民间传说为例，专业人员的意见也是可以采用的，它应当包括（1）作为传统文化的某民间传说中包括了一些什么主要因素，而认定这些主要因素的依据是什么？（2）这些主要情节是否被该"作品"所涵盖？（3）该"作品"有何独特之处？专业人员的意见中不应当包括诸如"这些独特是否可以让相关公众轻易区分等"意见。这是法律定性范畴的事，已超出了专家应当发表的意见之外。

上文中我们探讨了细节的区别并不能使衍生"作品"产生创造性。我们由此还可以从另一方面论证我们关于衍生"作品"举证责任分配的观点。把某民间传说整理后进行润色后发表，其实仍然属于对故事进行"传说"的范畴。相关人员看到这个故事后，再次进行引用时，同样是在"传说"同一个故事。在故事没有让人耳目一新的情况下，相关人员确实没有义务要去审查这个故事是不是有独立的创造性。因此，他不需要对其来源举证——传统文化作为一种传统，本身就应当是融入生活，无处不可以获取的。

从上述分析来看，以期在类似民间传说这样的传统文化的领域产生新的、完整的著作权是很难的。"作者"要证明自己的"作品"与传统文化相比具有显著的不同。由于传统文化的非物质性，因此这种创造性比对主要体现为文化要素和文化载体的双重比较。在文化载体相同的情况下，文化要素的比较显得尤其重要。当然，如果把类似的文化要素表现为不同的文化载体，如翻拍成电视剧，绘制成连环画等，只要是有权使用传统文化的人，就没有传统束缚的，因而是独创的。

综上，我们认为，我们在思考与非物质文化遗产相关的衍生"作品"著作权问题时，应当首要考虑国家或国际公约保护非物质文化遗产的宗旨在于弘扬和发展，这与著作权在一般情况下的排他性保护是不同的；其次，我们还应当考虑到这种文化遗产的非物质性决定了它是作为一种文化而不仅限于一件具体的作品受保护，这有助于我们理解非物质文化遗产在特定人群中的公共性特征，因此在对具体的衍生"作品"进行保护时，应当避免出现保护了作为个体的"作品"而限制了文化的内涵；第三，我们还应当考虑到传统文化的非物质性也决定了传统文化的传承需要通过各代传承者的收集、整理、加工、发展。对于这些在传统文化的传承、弘扬和发展过程中起了作用的人的劳动我们也应当予以充分的尊重和保护。但这种保护是基于著作权的保护，还是基于其他权利的保护，寄望于法律的进一步明确。在司法实践中，最直接的保护莫过于对他们已取得的劳动成果的认同，对其已完成的收集、整理成果予以形式上的保护，禁止他人简单地复制、使用他们的劳动成果。当然，这种保护的措施因不同的保护对象而异。如某人描绘了一些民间图腾，并整理成册。某人因其整理、绘制而对该图册及图册里的图片享有权利，可以在图册上署名，并排除他人侵犯其图册整体和对其中的图片进行简单的复制、使用，但不得禁止他人根据其收集、整理的图形自行绘制相同的图腾。而如果他人整理、收集了一些民歌，并将其录写为五线谱，则他人使用该曲谱时，就应指明收集、整理者。两者在保护上的差别源于文化的不同表现形式。图腾作为一种可视性的文化，存在于壁画、实物或存在于某本书籍之中，只是传播方式发生了变化，其中的图形和内容并无不同。但歌曲则存在于口头流传，并不直接对应成具体的谱线节拍，收集、整理人在录写成曲谱时，有一个类似于翻译的过程，也应当享有与翻译者类似的权利，但出于对原权利人群的尊重，避免把传统文化归于个人垄断，权利人的经济权利应予限制。对于传统文化的传承作出贡献的相关人员，应由国家予以奖励。值得再次强调的是，我们认为非物质文化遗产的衍生"作品"一般不受著作权保护的前提是，该"作品"不具创造性。如果某件作品体现了让相关人群应该能感觉出的创造性，这件作品仍属于著作权的保护范围。

我国传统村落及其文化遗存现状与保护思考

——一份来自田野考察的报告

胡彬彬[*]

我国是世界上拥有 7000 年农耕文明史的大国。遗存遍布了祖国大地的各具地域与民族特色的古村落，是中华民族先民，由采集与渔猎的游弋生存生活方式，进化到农耕文明定居生存生活方式的重要标志。是各民族在历史演变中，由"聚族而居"这一基本族群聚居模式发展起来的相对稳定的社会单位。因其绝大多数民族村落，有着聚族群体性、血缘延续性，因而在其内部构成的互动活动中，极具民族文化的本源性和传承性，村落成员的生产生活以及与之相关的有形（物质）或无形（非物质）文化形态，从表面化的一般形式呈现，到隐性化的很深层面的文化内在结构与内涵上，代表着中国历史的文化传统，体现着社会人由单一个体到家族，进而到氏族，最后归于民族范畴，再直接引申到"国家"的全部涵义。不同历史时代和不同地域，不同民族所形成的传统村落，大量地承载着不同历史时期、不同地域和不同民族的文化信息。因而中国传统村落是我国宝贵的物质文化与非物质文化遗产资源，在世界人类文化遗产中有着十分重要的地位。因此，在现代社会经济高速发展的情势下，特别是在我国社会主义新农村建设进程中，有效保护、深入研究幸存于世的形式与类型丰富、地域与民族特色突出、历史文化信息承载厚重的古村落，有着积极的现实意义和深远的历史意义。

令人鼓舞的是，近年来，尤其是在社会主义新农村建设的进程

---

[*] 湖南大学中国村落文化研究中心研究员。

中，国家将传统村落与乡土建筑的保护，提到了一个前所未有的高度。2005年，国务院在《关于加强文化遗产保护的通知》中首次明确"把保护优秀的乡土建筑等文化遗产作为城镇化发展战略的重要内容"；在已公布的全国第六批重点文物保护单位中，有127处古代村落建筑纳入其中；在我国已知的7万多处不可移动的国家级、省级、市级、县级文物中，约有半数属于此类项目；在我国的世界遗产项目中，有安徽西递、宏村的古村落建筑列入其中；云南红河哈尼族彝族自治州水县团山古村落26处民居被列入2006年世界纪念性建筑遗产保护名录；近年来，由建设部、国家文物局，以及各省市，分别评选出了四批国家级和省市历史文化名镇名村；国家财政以及各级地方政府，投入了大量资金用于传统村落建筑和非物质文化遗产的抢救保护。

但是随着我国经济的高速发展，在大规模的城镇化、新农村建设中的多重冲击下，遗存于我国广大地域的传统村落建筑，生态状况令人堪忧。据湖南大学"中国村落文化研究中心"十七个课题组人员2008年至2010年期间对我国（长）江（黄）河流域，以及西北、西南十七个省（新、陇、宁、陕、豫、鲁、滇、桂、黔、川、渝、鄂、湘、皖、苏、浙）113个县（含县级市）中的902个乡镇的传统村落实地田野考察和"遗存实情"记录统计数据显示，这些县域中，颇具历史、民族、地域文化和建筑艺术研究价值的传统村落，2004年总数为9 707个，至2010年仅幸存5 709个。七年时间里因各种原因消亡了3 998个，平均每年递减7.3%，每天消亡1.6个传统村落。在一些传统农耕文明相对发达、资源富饶或现时经济相对活跃的区域，如四川、湖南、江西、安徽、广东、江苏、浙江等省，传统村落消亡的速度更快。如湖南双峰县，在沿衡山山脉，湄水河至三塘铺一带范围，20世纪90年代中期，仅"堂"字号的明清两代府第式古建筑，尚存110多处，现已毁损无几。江西、安徽、浙江、福建、广东等地，不少传统村落民居，因其建筑构件雕刻精美而被拆毁，然后售于全国各地的古玩市场，有的甚至还被销往海外，流落到一些文化机构和商贩手中。即使在有传统村落建筑被列为"世界文化遗产"保护项目的安徽黄山市，传统建筑的生存状态也同样令人堪忧。据当地有关资料显示，徽州古建筑以5%每年的速度在消失。新中国成立初期仅黄山市所辖区域内有古建筑群13 438处，目前只剩下103处。我国传统古村落遭遇了空前的冲击和破坏，正在加速消亡。究其原因，虽然十分复杂，但大致可以分为五种：

一、国家现行农村土地政策制约下的原住民自主自建性破坏

目前，作为党中央加快农村发展，改善民生之举的社会主义新农村建设，正在全国广大农村积极强劲推进。这一举措，十分契合广大农民特别是经济条件得到了改善的新农民，要求享受现代文明、改善生存状况、提高生活质量的正当愿望。其中，建房问题最为热切。盖新房、住楼房，既是农民提高生活"质"的重要指标，又是彰显家庭经济实力、提升自身社会地位的象征，甚至还是原住民嗣后婚配的重要条件之一。因此，"盖新房"成了中国绝大多数农民打工族人生的重要奋斗目标之一。经济条件稍差的，所建新房室内可能是裸砖墙，室外一如城市建筑，镶瓷砖、嵌玻璃。条件好的农民工，甚至将自己在沿海城市亲手建造的"洋楼"、"别墅"式样，照搬回家。一栋栋新楼凸现于一座座传统古村落中，形成极不协调，大煞风景的土洋混杂建筑格局，严重破坏了传统村落数百年由经典建筑文化理念孕育而成的浑然一体的民族建筑文化艺术氛围。这种原住民对显形的传统村落文化景观和隐形而又科学的堪舆规划理念的破坏情形，在今天中国的传统村落中，最为常见，可谓比比皆是。导致这一情形的出现，当然跟传统村落中原住民自身的文化素养、生活价值取向等方面的原因有很大关系，但最为直接和主要的原因，当是我国目前在广大农村地区现行的"旧房宅基不拆，新房地基不批"的土地与房屋权属政策，迫使古村落原住民在

原址上拆旧建新。

二、政策误读误解与急功近利的政绩建树意愿下的建设性破坏

这类情形，是因为一些地方政府官员，对党中央新农村建设的内在实质与目标理解领悟上，出现了误读误解，将新农村建设简单片面理解为"掀翻石板路，修起水泥路，拆了木头青砖老院子，盖起钢筋红砖洋房子"，就是社会主义新农村。新农村就是"新村子"，建设新农村，就是新一轮破旧立新革命。一些地方，在政府的直接强力干预下，掀起了大拆大建热潮。目前此风尚在继续蔓延，遍及大江南北，造成大量富有优秀民族特色和历史文化价值的传统村落毁亡。更有甚者，有的政府官员为树政绩，急功近利。把拆旧建新、大拆大建当做政绩工程。为了在向上级汇报和向媒体宣传政绩时，可以大谈我市我县新农村建设中，农村新建住房多少，农民人均住房面积新增长多少等等，而置当地原有的民族传统建筑文化于不顾。甚至在土地供应、资金扶持、税收减免、运输补贴上，出台一些优惠政策，鼓励和引诱农民拆旧建新，进而盲目引进城市建设模式，形成千村一面的程式化新村，而自身原具有的特质的优秀文化大量消亡。如作为黄梅戏故乡的湖北黄冈郑公村，原有的传统村落建筑，连绵长达 2 公里以上，其古建筑原本呈街衢式，骑跨坐落于黄梅县与武穴之县界，整个村落的南北分别属于两县。村落的形成可以追溯到东晋时期的民间边境贸易，古街、古店、古铺原本保存尚为完好。每到农闲季节，不少优秀的地方黄梅戏种，在这里上演传承。后来这"一街"成了"两县政府"政绩建立的标榜地，南街大兴土木，北街破旧立新，甚至出现了你今天拆一铺补 800 元，我明天拆一店补 1 000 元的"拆旧建新补贴"战，鼓励村民大拆大建。这个有着千年历史文化沉积的传统村落，在政府工程中很快就完全脱胎换骨了，连古村东边的"太白湖"也被开发了，黄梅戏也没有人传唱了，或许会随着这座传统村落外形的消亡而消

亡。就是在对传统村落文化保护起步较早、相对较为重视的地区，其发展也不平衡。一些地方官员，或因利益驱动，或急于"建功立业"，竟置法律于不顾，盲目引进开发的情况时有发生。安徽泗县城东的释迦寺，是一座拥有900年历史、且是国内唯一一座以释迦牟尼之名为冠的佛教古寺，早在1981年就被定为县级文物保护单位。但在2010年7月，由当地县委政府拍板卖给了开发商，而惨遭拆毁。至于不顾历史真相、争认、虚构"名人故里"而大兴土木、修建假古董建筑、大肆炒作，竟成了一些地方当下的大事盛事。有的甚至把小说、神话中的人物、神仙不分正邪善恶，一概拿来炒作。如山东的阳谷、临清和安徽徽州，相互口笔相伐，争认自家是淫贼西门庆的故里。这些认贼为荣的行径，不但给我国传统村落文化的发掘和保护工作造成恶性负面影响，还使得政府公信力严重受损。

三、商业模式下的过度旅游开发性破坏

以地方政府为引领、商业模式运作下的过度旅游开发，对我国传统村落的破坏在我国最为常见，而且已在全国各地形成如火如荼之势，颇具广度和深度，其破坏性是难以估量的。地方政府在利益、政绩的驱动下，与文化商、开发商携手，将一些有着深厚的地域民族特质文化沉积和颇具规模的传统村落或建筑群，打造成"有价景区"。由于商业机制的强悍进入，往往因追求利益最大化，而导致无序开发。许多古建筑，按照开发商的商业意愿，被随意改造和拆毁。在毁坏这些有价值的古建筑过程中，又大量复制、伪造古建筑。这些伪造古建筑好比克隆现代都市的低庸怪异之作，让人在视觉和心理上受到更深的污染伤害。而作为文化遗产的传统村落，其历史文化的真实性也因此而受到质疑。如果说这种"毁真建假"的破坏，是对优秀的传统建筑睁眼即见的明显性的"硬伤"破坏，那么，还有另类不易于为人所感觉的隐形性的"软伤"破坏。政府与开发商"有价景区"的营造，往往因为追求商业暴利，而不惜牺

牲传统村落中由民族原住民传承下来的最为宝贵的民族特质文化，造成旅游污染和风化。由于大量游客对自身生活区域以外的异样特质文化，有着感官享受和满足好奇心理的需求，于是游客和商人以金钱作为交易而达成默契：通过旅游开发商的组织，一方面，把传统村落营造成一个不同于现代都市的吃喝玩乐的乡村商业大卖场，以满足游客的物欲；另一方面，游客时尚的生活态度、生活方式，不断重复地污染生息于此的原住民，使得他们的生活观念意识不断被同化。同时将传统村落中所特有的优秀民族文化传统，如风俗习惯、节庆、歌舞，当做隐形的商品无度地推销。

在政府、开发商、游客三者契合下，不断地向"有价景区"的土著发出信息：只有按照旅游者的意愿，并把自己原存生活中的物质与非物质生活模式，通过旅游开发商的肢解、选择、包装，变成游客的需求予以兜售，方可以脱贫致富。于是土著原住民按照政府和开发商的指引，将他们自己及原本生活卖给游客。这种以牺牲传统村落建筑以及原住民民族特质文化为代价，去赚取商机，获取利润，甚至被一些地方认同为是当地脱贫致富的最佳"捷径"，却不知这种做法比贫穷更可怕。以贵州黔东南区域为例，这类"明硬伤"和"隐软伤"就非常多见。如被号称为"中国最后的枪手部落"的丛江县岜沙，是一个有400多户、2000多人的苗族传统古村落。除这里的建筑极具民族文化特色之外，其苗族原住民还固守着特有的传统民族文化和生活模式。20世纪90年代，这里开辟成了黔东南地区的旅游地，在这里很多宝贵的民族文化，已被包装成旅游商品向游客销售。如该村的苗族男子成人礼"户棍"（苗语，即村里的长辈认定某男子已成人，用柴刀将其头上四周的头发剃去，留住顶中部分扎成发髻），本是极为庄重、密不外渲的一种充满神圣感的古老习俗，但现今却被当做"有趣的"、"好玩的"节目，天天在上演。至于号称为"世界最大苗寨"的黔东南雷山县西江千户苗寨，每天每隔几个小时，寨里的苗族姑娘便会穿上苗族盛装，在现代音乐的节奏下，表演文献记载中只能在特定的民族节日,方可上演的盛大歌舞。从农家乐到旅游饭店,都以当地民族传统中的最高礼仪礼节,迎接旅游食客来餐饮,民族礼仪与习俗的尊严,在这里已经荡然无存。在这里,全体原住民参与旅游的格局已经形成,一个寨子里有138户"农家乐",75家工艺品店,从业人员数量达600多人。其土著真正的原生态生活,随着游客的到来和增加而被不断同化。这些特质文化的主人,连同他们的生活,连同他们固态的传统建筑文化与隐形的非物质的节日、习俗文化,被一并全部商业化了。这种情况,不仅内地有,就连远在新疆哈密鄯善吐峪沟的谷麻扎村,国家级历史文化名村,神圣的维吾尔族婚礼,在旅游旺季的每一天,都会为观光客重复上演。

四、法律法规缺位、保护标准缺失、保护经费缺乏下的保护性破坏

我国虽然早就出台了《文物保护法》及其《实施条例》,用于广泛意义上的文物保护。而我国绝大多数遗存下来的传统村落建筑及其文化遗产与形态,因其动态形成的历史过程中,其固态物权归属与常态延续形态等方面有其特殊性,使得其一方面具有文物的特征、属性和价值,但在另一方面作为特定的"民居"常态含义,却又往往介于"文物"与"非文物"之间。《文物保护法》不能、也不宜将其全部涵盖而纳入保护范畴之内。但对传统村落的保护,目前又尚无其他法规可依。一些地方虽然出台了一些地方性法规,但其局限性非常明显,而且按照法权原则,这些地方法规有的甚至明显带有"越权性"和"非法性",所以也不能从本质意义上保护传统村落。因而导致大量未列入或不宜、不能列入文物保护范畴的传统村落,正面临着保护法律缺位性损毁。如湖南双峰县三塘铺的"体仁堂",占地2万多平方米,建筑面积近3万平方,是湘中典型的明清庄园府第式古建筑。我们在此考察调研时,曾目睹了在保护法例缺位的情况下,古建筑被破坏的整个过程,倍感无助和无奈。此庄园新中国成立后被分给了几十户农民作民居,权属清晰。2005

二、非物质文化遗产保护的理论与实践 133

年，其中有农户，在所分作为住房的宅址上，拆旧建新，遭到了大多数原住户的坚决反对，几乎发生械斗。后诉诸当地政府，寻求保护支持。但因"体仁堂"当时未列入文物保护单位，保护者以失败而告终。三个月后，在这座保存相对完整的古庄园中，拔起了时髦的新房。等到2007年当地政府将"不可移动文物"的石匾，嵌入该庄园的门墙上时，整个庄园已经被肢解得支离破碎，令人心痛不已。

与上述情形形成强烈反差的，是另一类保护性破坏。我国有不少具有特殊历史文化意义和建筑艺术价值的传统村落古建筑，较早就纳入了《文物保护法》的视野，将其列入到了受保护项目。但由于这类亟待保护维护的古建筑，数量众多，这些项目的保护与维修，又是根据保护等级、审批权限和经费拨付来源（即"国保"维修由国家文物局审批，由国家财政拨款，省、市、县依此类推）来进行报批、维修维护的。与市、县级保护和需要维修的项目数量相比，国家级与省级保护项目，在全国50万余古建筑保护项目中，所占比例和数量相对较小，而大多数是由市、县承担的。由于我国经济发展的不平衡，一些经济欠发达地区的市、县财政，基本上是保吃饭的财政，显然是无力拨付这些保护项目的维修经费。在这样的情形下，地方许多传统村落古建筑，挂着被保护的牌子，而实际上长期处于缺乏监管与维修的状态。有的被保护建筑，挂牌前原来是一些基层单位的公用房或是农民的住宅，墙坏了，屋漏了，椽枋朽了，单位和农民自己，立马就维修，因为有权修，因为使用需要也愿意修。挂了保护牌，单位和农民迁走的，没有人修。有人居住或使用的，没经批准不能擅自修，烦于手续的繁琐，干脆不修。久而久之，那些原本风貌凸现、结构完好的古建筑，渐渐变成了残墙断壁。由历史文化"遗产"变成了历史文化"遗憾"。这种受"保护性"破坏的情况，屡见不鲜。如有资料显示，广西象州县的抱村，平南县的上宋屯，扶绥县的旧圩等几十个古村落，都是一片残破景象。而同是在湘中三塘铺的另一处名"柏荫堂"的庄园府第式建筑，新中国成立后被辟为学校、供销社、粮站，最后划归为当地学区和学校。2005年"柏荫堂"被正式列为县级"不可移动文物"。但房屋坍塌后，文物部门无钱修复，学区则以"既无经费，也无权力维修"为名正言顺的借口推诿，导致毁损加剧。

五、其他社会性原因与自然灾害性破坏

随着我国城镇化建设的推进和城市规模的不断扩大，一些省会城市和市县城镇，都纷纷出台了建设"千万人口"、"百万人口"城市的规划，并出台了不少"移民"优惠政策。加上农民对城市化生活的向往，我国不少传统村落的原住民，纷纷离乡背井，进入到城市"淘金"，有条件的，已经"移民"城市（镇）；没有条件的，正在努力艰辛地创造条件，希望有一天能够"移民"城市（镇）。许多传统村落成了"空心村"、"老人村"，传统村落在加速颓废。据湖南大学"中国村落文化研究中心"西南田野考察组统计，这类因"人走村空"，导致古村落破坏的情况，约占西南桂、黔、滇三省区域传统村落总数的9.7%。如广西桂林灵川县的长冈岭、阳朔县的石头寨等处，不少古建筑因人走村败，年久失修而坍塌。如桂东南的兴业县庞村，是由庞氏家族兴建于清代的古建筑群，总面积达15 000平方米以上。2005年，在田野考察时，该村落保存尚为完好。至2010年，调研组复查时，该村古建筑群，因村里大部分人已外迁，人去村颓。广西贵港木格镇君子垌围屋城堡建筑，是古代客家建筑在广西地区古村落中的代表。同样因为原住民迁离，这些客家古城堡日趋破败。而贵州黔东南西江的拜控村，是一个多年以前就被旅游开发了的一个古苗寨，因特产苗族的手工银器闻名天下。由于长期受到游客带来的外来文化影响和同化，越来越多的原住民追求现代城市生活。村里有72%的苗民，带着他们所特有的银器锻造手艺离开故土，流散于各个城市。偌大一个传统村落，面临着"人去楼空"和原有的特质文化行将消失的境况。而拜控苗家原特有的锻银手工工艺与流程，也日趋被从外引进的现代电脑与机械工艺所替代，特有的苗族银饰文化，也逐渐失去其特质的文化内

涵与语境。

此外，频繁发生的各种地质灾害、洪灾、火灾，对传统村落建筑的破坏，也不在少数。据田野考察资料显示，我国近五年来因这类原因遭破坏的传统村落，在17 000处以上，其中不乏典型的民族建筑和重要的民居博物馆。如众所周知的在汶川大地震损毁的理县、茂县和平寨、布瓦寨、萝卜寨、阿尔寨、佳山寨、西山寨、牟托叠等一大批珍贵的羌族古民居。又如位于黔东南黎平县肇兴的堂安寨，是一个拥有700多年历史的侗族传统村寨，古建筑与原住民生态保存十分完好。曾于1999年作为中国与挪威文化合作项目，以此建成了"侗族原生态博物馆"。2007年，因过度旅游开发，导致村寨电力负荷过载而发生电路短路，引发火灾，包括宅内鼓楼、花桥、戏台以及几十栋民居在内的侗族传统古村寨，被付之一炬。

六、思考与建议

由于我国传统村落分布地域辽阔、遗存数量多、建筑风格与地域民族文化内涵与形态丰富多样、规模大小不等、数量家底不清。又因诸多原因而遭受冲击和破坏的情况十分突出，传统村落呈现出快速走向消亡的趋势。抢救和保护中国传统村落及其文化内涵与形态，已迫在眉睫，应成为我国"十二五"期间中国文化遗产保护工作中的重中之重。为此，特建议如下：

（1）迅速组织一次全国性的"中国传统村落遗存"专项普查工作。可制定《中国传统村落遗存调查表》、《中国优秀传统村落推荐表》或《受保护传统村落推荐表》等摸底表格，由基层村、乡（镇）填写，向县、市、省、国家逐级汇总呈报。真正摸清我们传统村落分布与数量家底，掌握遗存状况，以利制定保护法规政策、与措施。

（2）鉴于我国现有和现行的《文物保护法》及其《实施条例》，不能涵盖和适应中国传统村落及其文化的保护，建议由国务院主持，国家建设部、农业部、国土资源部、文化部（国家文物局）等相关部、局参与，尽快制定出一部适用于中国传统村落及其文化保护的专门性法规，并提请全国人大常委会批准，实施执行。或由国务院制定出台《中国传统村落文化保护条例》，将我国传统村落及其文化的保护，纳入法制化、规范化轨道，以确保其保护工作有法可依、有律可循。

（3）尽快由国家制定和出台中国传统村落的界定标准。建议由国家建设部、文化部（文物局）主持，组织国内有关建筑学、人类学、民族民俗学、宗教学、文物学、文化学等方面专家，在全国传统村落专项普查的基础上，深入考察调研，制定出受国家法律或条例保护的传统村落的建筑年代下限标准（如在时间上确定为1919年以前形成的村落，其村落的形成和发展，在建筑形态与风格特征上，有其稳定的延续性；在其氏族血缘上，有其稳定的代嗣相继繁衍性；在其民族民俗文化上，有其稳定的传承性）、民族文化形态标准（物质文化形态与非物质文化形态积沉和保存完好程度标准）、社会形态标准（传统村落建筑规模与传统村落原住民户口、人口数量标准，文化所呈现的多样性标准）。并参照我国文物保护经验，分别建立起国家级、省级、县（市）级三级标准和三级保护模式。

（4）鉴于我国现行农村土地政策与农村民居权属政策与传统村落及其文化保护很不相适应的矛盾，建议国土资源部、建设部，积极开展农村土地资源政策、农村民居产权转换方面的探索，适当放宽或者允许集体、个人购买受保护传统村落建筑，鼓励"村有人居、以人护村"，进而及时调整、修正我国现行土地法规中对保护传统村落及其文化不相适应的部分，适当调整农村现行民居新建土地政策，可以遵循从严控制、以旧换新、统一规划、合理布局的总体原则，从根本上解决传统村落原住民因新建住房而拆旧建新而造成整个传统村落被破坏的问题，以化解受保护传统村落与农民新建民居需求间的死结。

（5）建议省以上人民政府，出台传统村落商业旅游开发行政审批制度。建立起有关传统村落作为商业旅游开发项目的综合评估标准体系，严格禁止因商业旅游开发需要，而破坏传统村落原有的生态、景观、环境、规划与建筑。要明确在旅游开发中，哪些传统村落文化是可以向游客展示的，哪些是不可以展示的。杜绝以盲目牺牲民族文化而追逐商业利益为第一目标的行径。将适度旅游开发和游客纳入到民族文化保护体系，逐步引导消费型旅游向保护型旅游方向发展。

（6）目前我国传统村落及其文化保护工作，最突出的问题之一就是资金的短缺。保护资金投入严重不足，使得保护措施难以到位。而以珍贵的文化遗产作为资源牟取暴利的无度商业开发，最终将导致这些文化资源的毁灭。就我国商业旅游地域传统村落的被开发利用，以及商业资本投入的现状来看，大都呈现出"商人赚钱，文化受伤"的格局，许多传统村落及其文化遗产已经变成了"遗憾"。为了解决这一"瓶颈"问题，建议国家学习和借鉴德国、意大利、法国和日本等国的一些相对成熟的经验，积极探索建立适合于中国传统村落及其文化保护的资金投入机制。一是由国家和地方政府财政，建立传统村落及其文化保护专项资金，并把其纳入到同级财政预算。国家与地方政府投入的资金，主要用于传统村落基础设施建设，以及传统村落外观方面维修、传统村落非物质文化遗产的收集、分类、发掘、整理。二是由国家倡导并建立"中国传统村落文化保护基金"，吸纳国家、集体、个人多种资金进入，拓增传统村落及其文化保护资金来源渠道。三是尝试通过调节税收政策，鼓励企业和个人以无偿和无条件附加的资金投入，可以享受部分抵减应缴税金的税收优惠政策，引导社会资金流向传统村落及其文化保护。四是鼓励传统村落社区自筹经费，用于对传统村落原住民居住空间的维修维护。五是调整现行保护经费的使用管理办法，将保护专项资金中的一定额度，直接补贴给原住民对其居住空间的维修，从而调动原住民参与对传统村落文化保护的积极性。

（7）打破行业垄断，调整现行文物古建筑维修资质资格准入制度。对建于乡土、传承于乡土、遗存于乡土的传统村落建筑的维修保护，要充分利用传统民间建筑营造的维修工艺与技术力量，参与对传统村落建筑的维修保护工作。真正解决受保护传统村落原住民"看着房子烂，没有资质不准修、没有资格不能修"的难题。根据我国传统村落遗存分布广，地域与民族建筑式样风格不一的情况，各地传统村落保护部门，要制定出适用于地方传统村落维修工艺技术标准与维修质量控制体制，以确保传统村落的维修维护质量。

（8）开展社会主义新农村建设中传统村落及其文化保护的宣传教育，提高国民素质，鼓励国民参与保护。各级地方政府，要秉着对国家民族历史负责的态度，对行政官员进行地域文化历史教育培训，以提高其保护传统村落文化的自觉性和积极性，增加其保护的责任感和使命感，把传统村落及其文化的可持续发展保护纳入到新农村建设总体规划中，使文化遗产保护与新农村经济发展进入良性循环。各地教育部门和学校，要将当地的传统村落及其文化遗产，编写成乡土教材，作为课外读物，供广大农村青少年学习，从小培育其文化遗产保护意识。

（9）积极、全面、系统、深入开展中国传统村落文化学术研究，为中国传统村落文化的有效保护提供理论支持。

目前，我国学术界对中国传统村落文化研究，在研究对象上，大多数留在对于某一具体个案的研究上；在研究内容上，也多囿于建筑学范畴，而缺乏对中国传统村落及其文化进行多学科、多方位、多视角的整体研究，如对中国传统村落的堪舆规划与建筑、传统村落的公共财产与公益事业、传统村落的文化教育与道德教化、传统村落的耕作贸易与经济、传统村落的环境与资源、传统村落的宗教信仰、传统村落的民族民俗、传统村落的氏族文献、传统村落的宗法礼制与法治制度、传统村落的景观地理保护与利用、传统村落的团练与非政府武装等方面的研究，也未纳入到民族民俗学、历史人类学、文化学、经济学视野以作出系统、深入的整体研究。建议国家在社科研究中，设置相当数量的一般、重点、重大研究课题项目，并充分整合、利用国内相关学科以及边缘交叉学科的科研资源与能量,开拓我国文化遗产研究新领域,尽快推出一批高质量的优秀成果,为我国社会主义新农村建设提供可借鉴的优秀文化经验。

农业文化遗产的概念、特点与保护要求

闵庆文* 孙业红**

摘要：农业文化遗产的概念目前存在一些争议，争议的焦点主要在于如何对其英文名称进行翻译以及内涵边界。大部分学术论文中使用"农业文化遗产"和"全球重要农业文化遗产"的说法。农业文化遗产不同于一般的农业遗产，它更强调对生物多样性保护具有重要意义的农业系统、农业技术、农业物种、农业景观与农业文化。也就是说，除一般意义上的农业文化和技术知识以外，还包括历史悠久、结构合理的传统农业景观和农业生产系统。另外，农业文化遗产也不同于世界遗产的其他类型。从概念上来看接近于文化景观遗产，不过文化景观强调遗产的地域性，而农业文化遗产则更强调对某种传统农业知识和农业技术的保护，对这些知识和技术的地域要求并不十分严格。农业文化遗产具有复合性、活态性和战略性的特点，在保护上应当遵循动态保护、适应性管理和可持续发展的要求。

关键词：农业文化遗产　全球重要农业文化遗产　动态保护 适应性管理

一、农业文化遗产的概念

（一）概念

农业文化遗产（Agricultural Heritage Systems）的概念源自

---

* 中国科学院地理科学与资源研究所研究员。
** 中国科学院研究生院研究员。

联合国粮农组织 2002 年启动的"全球重要农业文化遗产"（Globally Important Agricultural Heritage Systems）项目。按照粮农组织的定义，全球重要农业文化遗产是"农村与其所处环境长期协同进化和动态适应下所形成的独特的土地利用系统和农业景观，这种系统与景观具有丰富的生物多样性，而且可以满足当地社会经济与文化发展的需要，有利于促进区域可持续发展"。

目前，关于农业文化遗产的概念还存在一些争议。在联合国粮农组织以前的中文网站上称之为"农业遗产系统"，但在其所散发的中文版宣传材料中，又称其为"全球重要的农业遗产系统"。按照英文的严格翻译，应该为"农业遗产系统"，但在进行项目材料翻译时，经过认真讨论，采用了"全球重要农业文化遗产"这一译法，而目前大部分发表的文章也都采用了这一说法[1]，这主要是为了和世界遗产类型（自然遗产、文化遗产等）在语言表述上接近，省略了"系统"二字，而加上"文化"主要想表达原来在项目名称（Globally Important Indigenous Agricultural Heritage System）中的"Indigenous"的含义（后来联合国粮农组织删掉了这个词）。但也有学者不同意这一观点。有人认为从语言翻译的角度来看，应将其翻译为"全球重要农业遗产"[2]，也有人认为应该翻译为"农业遗产系统"或"农业系统遗产"。

事实上，目前关于概念问题争论的主要焦点在于对"Agricultural Heritage Systems"和"Globally Important Agricultural Her-

---

[1] 闵庆文. 关于"全球重要农业文化遗产"的中文名称及其他[J]. 古今农业，2007（3）：116－120；孙业红，闵庆文，成升魁，等. 农业文化遗产旅游资源系统与区域社会经济关系研究[J]. 资源科学，2006，28（4）：138－143；苑利. 农业文化遗产保护与我们所需注意的几个问题[A]. 闵庆文，钟秋毫. 农业文化遗产保护的多方参与机制——"稻鱼共生系统"全球重要农业文化遗产保护多方参与机制研讨会文集[C]. 北京：中国环境科学出版社，2006.

[2] 韩燕平，刘建平. 关于农业遗产几个密切相关概念的辨析[J]. 古今农业，2007（3）：111－115.

itage System"的译法，集中在是否要将"文化"一词加入概念中和是否要将"系统"一词去掉的问题上。目前，GIAHS项目正处于初始阶段，随着项目的不断推进，GIAHS可能会成为联合国教科文组织世界遗产中的一种类型，这是该项目的目标之一，到时这一名词的翻译可能要根据世界遗产委员会的要求进行修改。因此，在目前阶段的研究中，我们暂且仍然将其称为"农业文化遗产"和"全球重要农业文化遗产"。

（二）与一般农业遗产的区别

从上述对农业文化遗产概念的论述可以看出，农业文化遗产和一般的农业遗产存在一定的区别。国际上关于农业遗产的论述最早出现于Prentice对遗产的分类，他将农业遗产界定为农场、牛奶场、农业博物馆、葡萄园以及捕鱼、采矿等农事活动。[1] 其实我国从20世纪四五十年代就成立了中国农业遗产研究室，研究内容侧重于中国农业史的综合研究、传统农业发展的动力机制与制约因素研究、近现代农业史研究以及农业历史文献研究与整理等方面。[2] 石声汉先生认为，我国的农业遗产概念比较宽泛，包括具体实物和技术方法两大部门。按照他的解释，在农业考古与农史研究中占有重要地位的古农具、古农书、古农谚等都属于农业遗产的范畴。[3]

目前，很多学者都认为"农业文化遗产"只是"农业遗产"的一部分[4]，而且更强调对生物多样性保护（该项目属于全球环境基金中生物多样性框架下的项目）具有重要意义的农业系统（system）或景观（landscape），除一般意义上的农业文化和技术知识

---

[1] Prentice, R. C. Tourism and Heritage Attractions [M]. London: Routledge, 1993.

[2] 李根蟠，王小嘉. 中国农史研究的回顾与展望 [J]. 古今农业，2003，(3)：70-86.

[3] 石声汉. 中国农学遗产要略 [M]. 北京：农业出版社，1981.

[4] 徐旺生，闵庆文. 农业文化遗产与"三农" [M]. 北京：中国环境科学出版社，2009.

以外，还包括历史悠久、结构合理的传统农业景观和农业生产系统。❶ 农业文化遗产突出强调农业景观与农业系统这些至今仍在使用、也更有现实意义的农业文化遗产形式。

徐旺生和闵庆文认为从产生形式来说，农业文化遗产可以分为记忆中的农业文化遗产、文本上的农业文化遗产和现实中的农业文化遗产。从内容上讲，有狭义的和广义的区别，也可以将其分为物质的与非物质的、有形的和无形的农业文化遗产。广义的农业文化遗产等同于一般的农业遗产，而狭义的农业文化遗产则更加强调对农业生物多样性和农业景观，强调遗产的系统性（表1）。❷ 苑利同样认为农业文化遗产至少应该包括广义和狭义两个概念，但他认为狭义的农业文化遗产是指人类在历史上创造并传承保存至今的农耕生产经验，如开荒的经验、育种的经验、播种的经验、防止病虫害的经验、收割储藏的经验；而广义的农业文化遗产则是人类在历史上创造并传承、保存至今的各种农业生产经验和农业生活经验。❸

表1：农业文化遗产和一般农业遗产的分类区别

广义的农业文化遗产（一般的农业遗产）		狭义的农业文化遗产（农业文化遗产）	
编号	类型	编号	类型
1	农业遗址类遗产（河北南庄头遗址、河南裴李岗文化遗址、河北磁山文化遗址等）	1	复合农业系统（基塘系统、稻田养鱼等）典型代表：浙江青田稻鱼共生系统、贵州从江稻鱼共生系统

---

❶ 李文华，闵庆文，孙业红．自然与文化遗产保护研究中几个问题的探讨［J］．地理研究，2006，25（4）：561－568．

❷ 徐旺生，闵庆文．农业文化遗产与"三农"［M］．北京：中国环境科学出版社，2009．

❸ 苑利．农业文化遗产保护与我们所需注意的几个问题［A］．闵庆文，钟秋毫．农业文化遗产保护的多方参与机制——"稻鱼共生系统"全球重要农业文化遗产保护多方参与机制研讨会文集［C］．北京：中国环境科学出版社，2006．

(续表1)

编号	广义的农业文化遗产（一般的农业遗产）类型	编号	狭义的农业文化遗产（农业文化遗产）类型
2	农业工程类遗产（坎儿井、都江堰、吴塘陂、芍陂等）	2	水土保持系统（淤地坝、梯田等） 典型代表：云南哈尼梯田
3	农业景观类遗产（旱作梯田、稻作梯田等）	3	农田水利系统（坎儿井、郑国渠、浦塘制等） 典型代表：新疆坎儿井
4	农业文献类遗产（《齐民要术》、《农政全书》、《中国农学书录》、《中国古农书联合目录》等）	4	抗旱节水系统（砂石田） 典型代表：西北地区砂石田
5	农业技术类遗产（土壤肥力保持技术、有害生物控制技术、农业防旱技术等）	5	特定农业物种（野生稻、大豆、猪、牛、羊、食用菌等） 典型代表：江西万年稻作文化
6	农业物种类遗产（地方农作物品种、地方畜禽品种等）	6	
7	农业民俗类遗产（社日、二十四节气、壮族的"舞春牛"习俗等）	7	
8	农业工具类遗产（如刀、镰、耙、犁等）	8	
9	农业品牌类遗产（东北响水大米、京西大米、天津小站稻、宁夏枸杞等）	9	

表1注：农业文化遗产典型代表是指以被联合国粮农组织列为全球重要

农业文化遗产试点以及将要考虑列入试点的农业系统。随着项目的推进，农业文化遗产的类型还会继续增加。

(三) 与现有世界遗产类型的区别

1972年，联合国教科文组织通过了《保护世界文化和自然遗产公约》，确定了文化遗产、自然遗产和文化与自然双遗产三种类型。随着世界遗产保护事业的发展，保护的内容逐渐从只注重文化遗产向关注自然遗产的方向发展；从只注重单一要素的自然或文化遗产向关注自然与文化双遗产的方向发展；从只注重静态遗产向关注活态遗产的方向发展；从只注重物质文化遗产向关注非物质文化遗产的方向发展；从只重视遗产本身到关注遗产地综合保护的方向的发展。❶ 1992年，世界遗产委员会提出了文化景观的概念，它是"自然与人类的共同作品"，是"保证和维持生物多样性的特定土地利用技术"。❷ 文化景观以其独特的视角和选区范围，不同于文化遗产，也不同于自然遗产，而是体现人类长期的生产、生活与大自然所达成的一种和谐与平衡。❸

从联合国粮农组织提出的定义来看，全球重要农业文化遗产与世界遗产类型中的文化景观十分相似，二者都强调对生物多样性的保护，自然与人类生活的协同进化以及人类对自然环境的适应。❹

---

❶ 徐嵩龄. 第三国策：论中国文化与自然遗产保护 [M]. 北京：科学出版社，2005.

❷ 闵庆文，钟秋毫主编. 农业文化遗产保护的多方参与机制——"稻鱼共生系统" [C] //全球重要农业文化遗产保护多方参与机制研讨会文集. 北京：中国环境科学出版社，2006.

❸ Buckley, R., Ollenburg, C., Zhong, L. S. Cultural landscape in Mongolian Tourism [J]. Annals of Tourism Research, 2008, 35 (1)：47—61；FAO Globally Important Agricultural Heritage Systems (GIAHS) [EB/OL]. http：//www.fao.org/sd/giahs/, 2009—04—08.

❹ Altieri, M. A., Koohafkan, P. Globally Important Ingenious Agricultural Heritage Systems (GIAHS)：extent, significance, and implications for development. FAO. 2007. ftp：//ftp.fao.org/sd/SDA/GIAHS/backgroundpaper_altieri.pdf, 2009—04—08.

事实上已有被列为文化景观的遗产地同时也是全球重要农业文化遗产的试点，如菲律宾的伊富高稻作梯田系统。农业文化遗产对于保存具有全球重要意义的农业生物多样性、维持可恢复生态系统和传承高价值传统知识和文化活动具有重要作用，它更强调人与环境共荣共存、可持续发展。❶ 从这个意义上来讲，农业文化遗产更像是文化景观的一部分，是关注农业的文化景观。但同时，农业文化遗产和文化景观又存在本质上的区别。文化景观强调遗产的地域性，而农业文化遗产则更强调对某种传统农业知识和农业技术的保护，对这些知识和技术的地域要求并不十分严格。❷

二、农业文化遗产的特点

（一）复合性

农业文化遗产不仅包括一般意义上的农业文化和知识技术，还包括那些历史悠久、结构合理的传统农业景观和系统。❸ 它与一般意义上的自然或文化遗产不同，是一类典型的社会—经济—自然复合生态系统，更能体现出自然与文化的综合作用，也更能协调保护与发展的关系。它集自然遗产、文化遗产与文化景观的特点为一身，既包括物质部分，也包括非物质部分。物质部分的遗产要素包括各类农业景观、土地利用系统、农具、农业动植物等，而非物质部分主要是农业文化遗产系统内部和衍生出的各类文化现象，如农业知识、农业技术以及地方农业民俗、歌舞、手工艺、饮食等。农业文化遗产的物质部分所对应的是其自然组成要素，而非物质部分

---

❶ 李文华，闵庆文，孙业红．自然与文化遗产保护研究中几个问题的探讨 [J]．地理研究，2006，25（4）：561—568。

❷ Kuwahara. S.. Reexamining the Concept of "Globally Important Agricultural Heritage Systems (GIAHS)" through the Rice—Fish System in Longxian, China：Intangible Agro—ecosystems as Key to Branding GIAHS. 2007.

❸ 闵庆文．关于"全球重要农业文化遗产"的中文名称及其他 [J]．古今农业，2007，(3)：116—120。

则主要呼应其文化组成要素。从概念上来看，农业文化遗产更接近于文化景观，其特点是更加清晰地体现出文化景观中农业要素的重要性，是人与自然在农业地区协同进化的典型代表。因此，农业文化遗产从某种意义上体现了自然遗产、文化遗产和文化景观的综合特点，是一类复合性遗产。

（二）活态性

与其他遗产类型相比，农业文化遗产最大的不同在于它是一种活态遗产。世界遗产委员会对遗产保护的总体趋势已经体现出从"静态遗产"向"活态遗产"的转变，文化景观的出现就是活态遗产的典型代表。[1] 而农业文化遗产则比文化景观更具活态性，因为整个农业系统中必须有农民的参与才能构成农业文化遗产，而同时农业系统又是社会经济生活的一部分，是随历史的发展而不断变化的。农民是农业文化遗产的重要组成部分，因为他们不仅是农业文化遗产的重要的保护者，同时也是农业文化遗产保护的主体之一。[2] 农民生活在农业文化遗产系统中，并不意味着他们的生活方式就要保持原始状态，不能随时代发展。农业文化遗产保护传统农业系统的精化，同时也保护这些系统的演化过程。农业文化遗产地居民的生活水平和生活质量需要随社会发展而不断提高。因此，农业文化遗产体现出一种动态变化性。

（三）战略性

另外，农业文化遗产还是一种战略性遗产，这一特点从本质上体现出农业文化遗产的重要意义。农业文化遗产不是关于过去的遗产，相反，它是一种关乎人类未来的遗产。[3] 农业文化遗产强调对

---

[1] 徐嵩龄. 第三国策：论中国文化与自然遗产保护 [M]. 北京：科学出版社，2005.

[2] FAO Globally Important Agricultural Heritage Systems (GIAHS) [EB/OL]. http：//www.fao.org/sd/giahs/，2009－04－08.

[3] FAO Globally Important Agricultural Heritage Systems (GIAHS) [EB/OL]. http：//www.fao.org/sd/giahs/，2009－04－08.

农业生物多样性、传统农业知识、技术和农业景观的综合保护,一旦这些农业文化遗产消失,其独特的、全球和地方水平上的农业系统以及相关的环境和文化利益也将随之永远消失。❶ 因此,保护农业文化遗产不仅仅是保护一种传统,更重要的是在保护未来人类生存和发展的一种机会。从这个意义上来看,保护农业文化遗产是一种战略行为,是全球和地方水平上可持续发展的重要组成部分。

三、农业文化遗产的保护要求

(一) 动态保护

由于农业文化遗产是一种活态遗产,是农业社区与其所处环境协调进化和适应的结果,因此不能像保护城市建筑遗产那样将其进行封闭保护,否则只能造成农业文化遗产的破坏和农业文化遗产地的持续贫穷。农业文化遗产要采用一种动态保护的方式,也就是说要"在发展中进行保护"。❷ 农业文化遗产地的保护要保证遗产地的农民能够不断从农业文化遗产保护中获得经济、生态和社会效益,这样他们才能愿意参与到农业文化遗产的保护工作中。也就是说,多方参与,尤其是社区参与机制的建立在农业文化遗产的保护中占有重要地位。中国浙江青田稻鱼共生农业文化遗产的多方参与机制试点建设已经取得了很好的效果。❸ 目前,在中国农业文化遗产动态保护中重点探索三种途径:有机农业、生态旅游和生态补

---

❶ Altieri, M. A., Koohafkan, P. Globally Important Ingenious Agricultural Heritage Systems (GIAHS): extent, significance, and implications for development. FAO. 2007. ftp://ftp.fao.org/sd/SDA/GIAHS/backgroundpaper _ altieri.pdf, 2009 − 04 − 08.

❷ FAO Globally Important Agricultural Heritage Systems (GIAHS) [EB/OL]. http://www.fao.org/sd/giahs/, 2009−04−08.

❸ 闵庆文,钟秋毫主编. 农业文化遗产保护的多方参与机制——"稻鱼共生系统"[C]//全球重要农业文化遗产保护多方参与机制研讨会文集. 北京:中国环境科学出版社,2006.

偿，试图通过这些措施来增加农业文化遗产地的保护资金来源，形成农业文化遗产长期自我维持的机制。❶

(二) 适应性管理

适应性管理是指因地制宜地保护和管理农业文化遗产，这也是农业文化遗产保护的重要要求。一般而言，农业文化遗产大多存在于落后、偏远、自然条件比较差的地区，这些农业系统很好地适应了当地的特殊环境，因地制宜，规模小而分散。❷ 由于不同的农业文化遗产存在的环境不同，保护和管理的方式也不相同。在长期的历史发展中，农业文化遗产地的居民在资源贫乏的环境中坚持自力更生、不断尝试、适应和创新，积累了丰富的当地知识和经验，可以为农业文化遗产的适应性管理提供基础。另外，农业文化遗产的动态保护和适应性管理是密不可分的，不同的动态保护措施要根据当地的实际情况加以考虑，同时对这些系统进行适应性管理，才能更好地实现农业文化遗产的保护。

(三) 可持续发展

从全球重要农业文化遗产的概念和内涵可以明确看出，这一遗产类型"可以满足当地社会经济与文化发展的需要，有利于促进区域可持续发展。"事实上，农业文化遗产和其他遗产类型的不同正在于它更加关注可持续发展的核心——人。❸ 农业文化遗产关注系统中人类目前的生存问题，同时也关注系统内外部人类未来的生存问题。联合国粮农组织之所以发起"全球重要农业文化遗产"的保

---

❶ Min Q., Sun Y., Frankvan S., et al. The GIAHS—Rice— Fish Culture: China Project Framework [J]. Resource Sciences, 2009, 31 (1): 10—20.

❷ Altieri, M. A., Koohafkan, P. Globally Important Ingenious Agricultural Heritage Systems (GIAHS): extent, significance, and implications for development. FAO. 2007 [EB/OL]. ftp: //ftp. fao. org/sd/SDA/GIAHS/backgroundpaper _ altieri. pdf, 2009—04—08

❸ FAO Globally Important Agricultural Heritage Systems (GIAHS) [EB/OL]. http: //www. fao. org/sd/giahs/, 2009—04—08.

护，正因为是由于现代化和工业化的冲击，大量珍贵的传统农业系统正面临消失的危险，已经威胁到人类的生态和可持续发展。另外，对于农业文化遗产的保护也要遵循可持续发展的原则，通过动态保护和适应性管理，建立农业文化遗产地长期自我维持的机制，从而更好地促进农业文化遗产的保护，实现农业文化遗产动态保护和适应性管理的目标。

法律视野中的全球重要农业文化遗产（GIAHS）[1]

吴 莉* 焦洪涛**

摘要： 全球重要农业文化遗产（GIAHS）是由联合国粮农组织（FAO）、全球环境基金（GEF）、联合国教科文组织等十余家机构发起设立，旨在保护世界各地以多样化的资源为基础，由因地制宜的生产实践形成的独具特色的农业系统和景观。农业文化遗产在概念上等同于世界遗产的概念。它是一个平衡的社会生态系统，是动态的系统，是可持续发展的系统。

目前支持农业文化遗产保护的法律是零散的。在国际法层面上，主要是《联合国生物多样性公约》（CBD）、《联合国防止沙漠化公约》（CCD）、《联合国气候变化框架协议》（FCCC），以及《粮食和农业植物遗传资源国际条约》（ITPGR）、《土著和部落人民公约》（ILO No. 169）、《国际湿地公约》（Ramsar Convention）、《世界遗产公约》（WHC）和《华盛顿公约》（CITES）。支持农业文化

---

[1] 本文是国家自然科学基金重点项目（课题编号：7063303）和华中科技大学研究生科技创新基金第六批项目（课题编号：HF-06-016-08-403）的阶段性研究成果。同时得到以下项目资助：中科院地理所自然与文化遗产中心的项目；GEF项目："稻鱼共生全球重要农业文化遗产动态保护与适应性管理"；农业部国际合作交流项目：稻鱼共生农业文化遗产保护示范与推广；联合国西班牙千年发展目标项目成果产出2.1部分："文化与发展"。

* 吴莉：华中科技大学法学院民商法学专业科技法与知识产权法方向硕士研究生。

** 指导教师兼通讯作者：焦洪涛，华中科技大学法学院副教授，科技法研究所副所长。通信地址：武汉市珞喻路1037号华中科技大学法学院，430074；电子邮箱：jiao-hongtao@mail.hust.edu.cn。

遗产保护的国际宣言和决议主要是《21世纪议程》、《关于森林问题的原则声明》、《约翰内斯堡可持续发展宣言》、《联合国土著人民权利宣言》、《联合国千年宣言》等。以菲律宾为例，在国内法中对农业文化遗产的保护主要表现在地区和土著社区的自治权，以及对森林和清洁空气的保护上。

中国在保护农业文化遗产方面除了遵守上述的国际公约外，主要表现在通过对当地社区的自治权力的确认、对环境资源的保护、对非物质文化遗产的保护法律，建立了一个大的保护框架，同时通过地方立法的形式保护农业文化遗产系统，如坎儿井的保护。但是中国目前保护农业文化遗产的法律机制存在一些问题：对国际公约的履行中忽视了对本国利益特别是传统社区的保护；缺乏专门针对农业遗产维持、保护和利用的法律；缺乏对农业文化的保护；缺少对农业文化遗产法律的整理、归档。总之，中国保护农业文化遗产的法律缺乏统一、全面的体系建构，需要在立法体系中加强对其关注。

关键词：农业文化遗产的国际法保护　农业文化遗产的国际软法保护　农业文化遗产的中国法律保护

一、绪论

（一）研究背景

武陵源、九寨沟、三清山……——世界自然遗产
长城、莫高窟、丽江古城……——世界文化遗产
泰山、黄山、武夷山……——世界文化与自然双重遗产
庐山——世界文化景观
昆曲、古琴、蒙古族长调民歌
新疆维吾尔木卡姆艺术——世界非物质文化遗产（人类口述与非物质遗产代表作）

国人已经越来越习惯于在上述声名卓著的名胜、古迹或传统文

二、非物质文化遗产保护的理论与实践

化表现形式的具象与世界遗产（涵盖自然遗产、文化遗产、文化与自然双重遗产、文化景观）或世界非物质文化遗产的概念之间建立起紧密的联系，甚至成为一种耳熟能详的认知与评价模式。但与之对照，倘若提及"全球重要农业遗产"的话题，则对于大多数公众而言还相当陌生与疏离。

人类文明活动的发展历程中留下了各种物质的和非物质的文化遗产。长期的地质历史演变和大自然的鬼斧神工、巧夺天工为人类社会留存了各种文化景观遗产。这些活态历史的形式集中表现了地球上文化和自然遗产的丰富性和多样性，正如《保护世界文化和自然遗产公约》（简称《世界遗产公约》）所述，具有"显著意义和普遍的价值"，同时这些历史遗存和文化景观遗产具有不可再生性，将之进行保护并世代相传，这不仅是为后世子孙保存这些人类遗产的历史使命，也是当代人从这些遗产中学习解决当代问题经验的现实需要。但是这些人类文化的瑰宝随着人口的增加及其对环境的影响的加剧，越来越受到破坏和威胁。为了使这些人类文明的智慧结晶能够得到较好的保存，联合国教科文组织（UNESCO）在1972年11月16日通过了《世界遗产公约》，并于1976年成立该公约的管理机构"世界遗产委员会"。这一举措得到了各国的积极支持，产生了巨大影响。

现有的"世界级"遗产类型除了联合国教科文组织主持的世界自然与文化遗产名录中所列的世界自然遗产、文化遗产、自然与文化双重遗产、非物质文化遗产外，还有许多国际组织主持建立的遗产类型，如世界地质公园、世界生物圈保护区网络、国际重要湿地、世界纪念性建筑遗产、全球重要农业遗产等。

其中，本文所探讨的"全球重要农业遗产"，是为了保护世界各地特别是偏远地区、生态环境恶劣的农村地区存在的有效利用资

源而形成的良好的生物循环和进化的农业系统。在多家机构的支持下[1]，联合国粮农组织（FAO）在2002年启动了。"全球重要农业文化遗产动态保护与适应性管理"（Conservation and Adaptive Management of Globally Important Agricultural Heritage systems）项目。该项目的保护对象即在世界各地存在的全球重要农业遗产（简称GIAHS）。

该项目分为两个大的阶段，即项目的准备阶段（PDF）和项目的全面执行阶段（FSP）。[2] 其中项目的准备阶段又分为两个阶段，即PDF－A、PDF－B。2009年开始进入项目的全面执行阶段，2008~2013年实施批准的项目执行阶段文本。

联合国粮农组织在项目的准备阶段PDF－B，即于2004年开始在世界范围内评选作为首批"全球重要农业遗产"的保护试点（Pilot System）项目。通过实施项目的保护计划在实践中总结出对具有全球重要意义的农业遗产项目进行保护、发展和利用的动态经验。

2006年前FAO在40多个候选点中经过评选，确定了7个国家的5个系统作为首批试点项目，并在2007年6月的全球环境基金的理事会上得到批准（在项目的准备阶段，基金支持主要来自于全球环境基金）。但是由于其中一个国家（摩洛哥）没有提供最终的确认函，故此确定了6个国家的5种类型的古老农业系统。这5个项目分别是智利的智鲁岛屿农业系统、秘鲁的安第斯高原农业系统、菲律宾的伊富高稻作梯田系统、中国青田的稻鱼共生系统和阿尔及利亚、突尼斯的绿洲农业系统。之后，在德国政府的支持下，又增加了另外的两个国家的一种传统农业系统，即肯尼亚和坦桑尼亚的草原游牧系统。2010年，中国云南"哈尼稻作梯田"和江西

---

[1] 这些机构包括：联合国发展计划署（UNDP）、全球环境基金（GEF）、联合国教科文组织（UNESCO）、国际文化遗产保护与修复研究中心（ICCROM）、国际自然保护联盟（IUCN）、联合国大学（UNU）等10余家国际组织或机构以及一些地方政府。

[2] 资料来源：http：//www.fao.org/nr/giahs/documents1/project－gef/zh/［EB/OL］.2009－05－16.

"万年稻作文化"两项农业文化遗产被列入"全球重要农业文化遗产"项目试点。从 2009 年开始，项目进入全面实施阶段，计划在到 2013 年的 5 年时间里，还将陆续建立 100～150 个农业文化遗产保护试点。❶

中国是一个农业古国，在长期的农业生产实践中形成了北方游牧文化、黄河流域的粟作文化和长江流域的稻作文化，加上中国各地地形条件多样，在传统农业文化的浸润中形成了丰富的农业文化遗产资源。在全球重要农业文化遗产项目实施的背景下保护农业文化遗产的法律保护，具有多方面的现实意义。

(二) 研究现状

国内法学界已经开始密切关注世界遗产和世界非物质文化遗产保护相关的法律议题，取得了颇为可观的研究成果。关于世界遗产保护方面的法律研究，主要分布在环境法、文物保护法、建筑法、城乡规划法、旅游法等领域；关于世界非物质文化遗产保护方面的法律研究，则明显集中在行政法、知识产权法等领域。但同样形成鲜明反差的是，国内法学界基本上还没有认识到"全球重要农业遗产"保护的法律研究这一议题的存在和这一领域的价值，处在尚未正式起步的阶段。

全球重要农业遗产（Global Important Agricultural Heritage System，以下行文在必要处简称 GIAHS）保护项目启动于 2002 年。该项目的设立对环境资源科学、农业科学及生物学等领域的研究产生了深远的影响。国内外已经有多家机构和若干专家致力于农业文化遗产系统保护的研究，学者们对农业文化遗产系统本身及其保护的意义、价值、方法、途径等角度展开了卓有成效的研究，著述颇丰。但从法律角度进行专门探讨的文章还不多见。例如，在联合国粮农组织迄今举办的 4 次以农业文化遗产保护为主题的国际研

---

❶ 黄焱. 传统农业文化的保护与利用[J]. 江苏农村经济，2006（7）：35-37.

讨会上，各国专家发表了为数众多的大会发言和论文❶，然而我们在历次研讨会指定的"全球重要农业遗产系统"官方网站文献资料库中仅能发现1篇以农业文化遗产法律问题为直接主题的文章和1篇以农业文化遗产法律问题为间接主题的文章。

在著作类文献类型中，国内迄今至少已出版8部有关农业文化遗产问题研究的专著。❷分析的视角主要是从自然环境资源保护及旅游开发角度进行的。

在期刊类文献类型中，我们在"中国知网（CNKI）·中国期刊全文数据库"中，以"全球重要农业遗产"为主题词进行查询，以下是运用文献计量方法得出的初步分析结果：

（1）文章最早发表的时间为2006年，说明国内学术界对GIAHS的关注大致是从2005年以后开始的，这应与中国浙江省丽水市青田县龙现村的"稻鱼共生系统"确定为首批GIAHS试点项目有关。❸

（2）一共搜索到69篇文章。研究角度和学科属性主要集中在

---

❶ 国际研讨会 [EB/OL]. [2009-3-12]. http://www.fao.org/nr/giahs/documents1/workshop-proceedings/zh/.

❷ 闵庆文，钟秋毫. 农业文化遗产保护的多方参与机制——"稻鱼共生系统" [C] //全球重要农业文化遗产保护多方参与机制研讨会文集. 北京：中国环境科学出版社，2006；闵庆文. 农业文化遗产及其动态保护探索 [M]. 北京：中国环境科学出版社，2008；徐旺生，闵庆文. 农业文化遗产与"三农" [M]. 北京：中国环境科学出版社，2008；闵庆文. 农业文化遗产及其动态保护探索（二）：农业文化遗产研究丛书 [M]. 北京：中国环境科学出版社，2009；闵庆文编. Dynamic Conservation and Adaptive Management of China's GIAHS: Theories and Practices [M]. 北京：中国环境科学出版社，2009；杨森-弗比克，普里斯特，罗素，等. 旅游文化资源：格局、过程与政策 [M]. 孙业红，闵庆文，主译. 北京：中国环境科学出版社，2010；闵庆文. 农业文化遗产及其动态保护前沿话题 [M]. 第1版. 北京：中国环境科学出版社，2010；闵庆文. 农业文化遗产及其动态保护探索（三） [M]. 北京：中国环境科学出版社，2010. 以上8种出版物均属于李文华院士主编的"农业文化遗产研究丛书"。

❸ 中国农技推广网. 我国稻鱼共生系统入选全球首批农业文化遗产项目启动研讨会日前在杭州召开 [EB/OL]. [2005-06-14]. http://www.natesc.gov.cn/Html/2005-6-14/2_1816_2005-6-14_33835.html.

环境资源科学、农业科学和生物学等领域。例如，这些文章来自环境资源类期刊的有 24 篇（其中 13 篇出自《资源科学》杂志）；来自农业科学类期刊的有 28 篇；来自生物学类期刊的有 7 篇。

（3）在上述文献中，仅有 2 篇文章以农业文化遗产法律问题作为直接主题。[1]

在期刊类文献类型中，我们在"中国知网（CNKI）·中国重要报纸全文数据库"中，以"农业文化遗产"为主题词进行"模糊匹配"查询，以下是运用文献计量方法得出的初步分析结果：

共有 41 篇文章，主要刊载于《科技日报》、《光明日报》、《贵州日报》、《浙江日报》、《丽水日报》、《红河日报》等报纸。报纸公众对农业文化遗产的关注点集中在评选及保护模式和措施方面，很少从法律的角度关注这个问题。

尽管目前法学界对农业文化遗产保护的学理关注很少，但是农业文化遗产保护的法律议题是保护过程中不容回避的问题，在农业文化遗产选择标准七中明确指出需要法律、政策的支持，解决农业遗传系统具有的众多议题和共同问题的代表性，例如资源的获得和合法性、知识产权和当地与本土知识的保护以及利益共享。

在 2008 年 2 月 8 日中国科学院地理科学与资源研究所自然与文化遗产研究中心主办的"传统稻鱼共生农业系统 GIAHS 动态保护和适应性管理研讨会"上，与会的专家一致认为"各个层面的政策和法规制定对于农业文化遗产的保护具有重要意义"。[2] 本文合此初衷，不揣浅陋，尝试对现阶段农业文化遗产保护的国际规则和国内法律进行初步的梳理与廓清，并冀望能提请法学界同仁正视和发掘其中蕴藏的法律议题。

---

[1] 李刚．浅议农业文化遗产的法律保护［J］．北京农学院学报，2007，22（4）：46—48

[2] 闵庆文，孙业红．农业文化遗产保护的几个问题——全球重要农业文化遗产"稻鱼共生系统"动态保护与适应性管理研讨会纪要［J］．古今农业，2007（2）：98—100。

二、农业文化遗产法律保护理论分析

(一) 法律性质

农业文化遗产体现的是人类（主要是农民）长期的生产、生活与大自然达成的一种和谐和平衡。它不仅具有杰出的景观，还包含对于保护具有重要意义的农业生物多样性、维持可恢复的生态系统及传承高价值的传统知识和文化活动。与以往单纯层面的遗产相比，它更强调人与环境共荣共存、可持续发展。[1]

农业文化遗产是一个平衡的社会生态系统。它是一个由农业生物多样性、可自我恢复的生态系统、农业景观物质层面和与这个系统相伴而生的农业文化这一非物质层面构成的相互联系、相互影响的系统。物质层面和非物质层面的要素由当地农牧民的独特自然资源利用和管理经验紧密地联系在一起，要素之间相互影响，并在相互作用中达到平衡。这种平衡是人与自然之间良好互动的结果。

农业文化遗产是一个动态的系统。农业文化遗产是仍然在发挥作用的传统农业系统，系统的知识和技能需要在实践中保存、发展和创新。农业文化遗产在面对外部环境的变化和威胁时，可以根据当地的环境作出适当的调整，实现发展的可持续性。农业文化遗产的动态性是其适应千百年来的变化的结果和原因，正是这种动态性保证了农业文化遗产的稳定性。这种动态性也是这些传统农业系统能够在偏远地区、地理条件恶劣地区面对变化的环境气候挑战的必备条件。

农业系统是可持续发展的系统。农业文化遗产是人类在长期的实践中根据当地的条件创造、发展的独特的管理实践和技术形成的

---

[1] 联合国粮农组织自然资源管理与环境司环境、气候变化与生物能源处处长，全球重要农业文化遗产项目总协调人 Parviz Koohafkan 博士接受《科学时报》记者采访时的讲话，转引自闵庆文.关于"全球重要农业文化遗产"的中文名称及其他 [J]. 古今农业, 2007 (3): 116—120.

系统，经过不断的调整，系统和自然保持良好的协调关系。农业文化遗产既保护了当地的环境，也从环境中获得了收益。在系统内人与自然之间具有良好的互动关系，系统在保持生物多样性的同时也满足了当地社会经济与文化发展的需要，是一种可持续的农业经济发展系统。

（二）法律地位

农业文化遗产被定义为：农村与其所处环境长期协同进化和动态适应下所形成的独特的土地利用系统和农业景观，这些系统与景观具有丰富的生物多样性，而且可以满足当地社会经济与文化发展的需要，有利于促进区域的可持续发展。❶ 从法律的角度看，农业文化遗产的法律地位包括以下几个方面。

首先，农业文化遗产是一项具有世界意义的保护项目。按照联合国粮农组织的说法，农业文化遗产就是"和世界遗产并列的一种遗产类型"，项目设立的最终目标是列入世界遗产中，并得到世界遗产的资助。农业文化遗产设立的初衷是为了保护不被人们重视的并正在面临现代化冲击的传统农业系统。在遗产价值层面上，世界各地世代居住的农牧民以多样化的自然资源为基础，通过因地制宜的生产实践活动，创造、发展、管理着许多独具特色的农业系统和景观。这些本土知识和传统经验基础上所建立起来的农业文化遗产巧夺天工，充分反映了人类及其文化多样性和自然资源之间深刻关系的演进历程。在生态、环境及食品安全价值层面上，这些系统不仅产生了独特的农业文化景观，维持并适应了具有全球意义的农业生物多样性，形成了丰富的本土知识体系；并且更为重要的是，还为人类持续提供了多样化的产品和服务，保障了食物安全和生计安全，提高了人们的生活质量。这种农业文化遗产是一种新类型的世界级遗产，它在内容上有别于在地位上等同于联合国教科文组织主

---

❶ GIAHS 系统定义的中文表述 [EB/OL]. [2010-05-05]. http://www.fao.org/nr/giahs/whataregiahs/definition/zh/.

持和管理的"世界遗产"。

其次,农业文化遗产涉及的主体具有广泛性和层次性。农业文化遗产包括多个方面,涉及的主体包括当地民众、当地社区、地方政府、国家政府、国际组织甚至还包括国际社会等。这些主体中最重要的是当地民众和社区,是系统的最重要的主体,因为农业文化遗产是沿用至今的传统农业系统,当地民众和社区是系统的传承者和实践者,是系统保持本原面貌并继续创新发展的根本性因素,二者享有从系统的发展中获得收益的权利并有义务保持系统的发展,使之传承下去。根据系统的选择标准要求,农业文化遗产的发展途径即通过权力分散和授予社区权力的实现,保证当地社区在农业文化遗产发展过程中享有参与权。农业文化遗产还涉及一些国际组织和国际社会,系统的生态效应、遗产价值及提供粮食安全等价值,对人类共同关注的全球问题的解决有重要贡献,国际组织和国际社会有权监督、指导系统的保护和发展,有权从中获得有用的经验技巧,但是必须按照相关协议提供帮助系统保护发展的精神和经济上支持,并为获得系统的经验技巧等支付相应的对价。

最后,农业文化遗产涉及的客体具有整体性。农业文化遗产具有综合性和复杂性,系统内的各个要素之间互相联系,系统内的杰出景观、具有全球意义的农业生物多样性、可恢复的生态系统、高价值的传统知识和文化是紧密联系、密不可分的整体。这些客体在系统内具有错综复杂的关系,各个要素在目前的国际国内法律体系中都是被保护的客体,但在农业文化遗产中这些客体具有不同之处,即这些要素互相联系,共同组成一个整体,因此对其保护也应当注意这一特征。例如,对可恢复的生态系统的保护不仅涉及生态系统的生物圈要素,还应涉及与此相关的传统知识和文化、多样的农业生物和杰出的景观。系统内任一要素的保护牵一发而动整体。

农业文化遗产选择标准明确指出农业文化遗产具有众多议题和共同问题的代表性,需要法律、政策和建制化的解决办法。农业文化遗产保护目前刚刚起步,还没有专门针对农业文化遗产保护的国际公约、宣言和决议。随着农业文化遗产保护模式的不断成熟，人们可以依照不同的情势通过行政立法、特定项目的立法、国家或地区协议甚至国际公约的形式进行保护。

三、农业文化遗产的法律保护体系

农业文化遗产的保护起因于人类对农业文化遗产这一传统系统价值的逐渐认识。这种保护的特殊之处在于，它是一种脆弱、易受影响、但对全球的生物多样性特别是农业多样性、文化多样性具有重要意义的系统的保护。通过法律保护农业文化遗产，有必要讨论农业文化遗产具有的特殊性：

（1）这种系统保护和发展带来的结果具有全球意义。

（2）系统的保护离不开传统社区的直接参与，这需要对传统社区自决权进行确认和保护。

（3）传统系统的知识、技能和经验的保护是基于其多样性的本质，以及对社会发展和环境发展具有可持续性的特性，同时这些系统要素之间互相影响而成为一个整体。对它们的认识和保护的角度、出发点应不限于某一具体方面，目前还没有法律能够直接保护这种农业文化遗产的动态性和要素联结关系的系统性。

（4）对农业文化遗产的保护涉及多方主体，保护对象较为庞杂且较为脆弱，对这种具有全球重要意义的传统系统的保护需要多方主体的协作，因此需要相应的法律制度，以确认相关主体的地位、认同保护的对象，使这种保护朝向积极稳定的方向发展。目前没有专门的法律保护农业文化遗产，但是国际和国内的部分相关法律规则可以支持农业文化遗产保护。本部分将分析国际法和国内法对农业文化遗产保护的支持。

全球重要农业文化遗产项目，在准备阶段制定的《全球重要农业文化遗产系统和地点的选择标准》中"项目实施标准"一节，指标中特别要求候选地点所在的"国家批准了《联合国生物多样性公约》（CBD）、《联合国防止沙漠化公约》（CCD）、《联合国气候变化框架协议》（FCCC），以及《粮食和农业植物遗传资源国际条约》（1TPGR）"。以上的四个条约不仅是农业文化遗产候选点在参加遴选之前必须具备的条件，同时也意味着被选为农业文化遗产的系统保护应当遵守这些条约，并对公约条款的履行有所贡献。

各国开始对农业文化遗产保护的关注始于 2002 年联合国粮农组织启动的"农业文化遗产保护和适应性管理"项目，有的国家对农业文化遗产的法律保护框架都是由其国内已有的与农业文化遗产内相关要素保护的法律构成的，例如菲律宾即是如此。❶

中国浙江省丽水市青田县龙现村的"稻鱼共生系统"于 2006 年、云南"红河哈尼稻作梯田系统"、江西"万年稻作文化系统"于 2010 年被确定为全球重要农业文化遗产试点项目，为中国传统农业系统的保护翻开了新的一页，也对中国传统农业系统的国家保护提出了更多的要求。

农业文化遗产涉及的法律问题主要分为四个部分：农业文化遗产地农民和社区对土地的占有权及其人权、农业文化遗产系统本身的法律保护、农业文化遗产的知识产权法律保护、与农业文化遗产有关的贸易的法律保护。❷ 农业文化遗产准备阶段的遴选标准中提出的四个国际公约都支持农业文化遗产构成要素的保护。各个主题

---

❶ 菲律宾颁布了 1991 年地方政府法典，通过允许地方政府分担其辖区内生态平衡的管理和保护的国家责任和权力，强化了地方政府的权力．相关的法律包括 2000 年的生态固体废弃物管理法案（Ecological Solid Waste Management Act of 2000 (RA 9003)）、菲律宾渔业法（Philippine Fisheries Code (RA 8550)）、农业和渔业现代化法案（Agriculture and Fisheries Modernization Act (RA 8435)）；1997 年土著人民权利法案（Indigenous People's Rights Act (IPRA)）、1999 年菲律宾清洁空气法案（Ecological Solid Waste Management Act of 2000 (RA 9003)）；2000 年的生态固体废弃物管理法案、1999 年菲律宾清洁空气法案赋予公民对公务员故意忽略他们的环境责任的起诉权．

❷ 参见 Professor Stuart R. Harrop. Globally Important Ingenious Agricultural Heritage Systems—An Examination of Their Context in Existing Multilateral Instruments. [EB/OL]．(2009－4－15).ftp：//ftp. fao. org/sd/SDA/GIAHS/Harrop_GIAHS_report_August_05. pdf.

相关的公约具体内容详见下文。

（一）农业文化遗产地农民人权及土地所有权的法律保护

农业文化遗产所在地的农民和社区将祖辈们关于农作经验和技巧的智慧传承和发展下来，这些农业文化遗产才能流传至今。但是农业文化遗产不仅是一个关于过去的项目，还是一个关于未来的项目。[1] 对农业文化遗产的保护是动态的保护，是在发展中的保护，维系农业文化遗产动态发展的正是以系统内的某些因素作为媒介，使这些传统的系统从过去走向未来。这些因素即人类智慧传承下去的重要载体主要有两个。一是静止不动的媒介，这是农业文化遗产赖以生存的根本，即土地、林地、水体和海域。它们是农业文化遗产存在的前提，也是这些系统有必要存在的原因。因为农业文化遗产一般都是在自然环境恶劣或偏远地区形成的，是因应当地特殊的地理环境而产生的，只有在其形成的土地上这些农业文化遗产的宝贵经验和技巧才能实践和再现。二是动态发展中的媒介，即传承农业文化遗产凝结的经验和智慧的生生不息、代代传承的农民及其社区。这是农业文化遗产中活的要素。系统中的实践经验和技巧通过一代代农民继承和发展，并根据外部条件的变化调整传承的经验和技巧，从而形成可以适应环境变化的、可持续的、生态的传统知识和实践。

1. 国际法保护

（1）国际公约保护

保护农业文化遗产这两个主题的国际公约如下所述。

《土著和部落人民公约》（Convention concerning Indigenous

---

[1] Parviz Koohafkan. GIAHS is not about the past but is about the future. 联合国粮农组织，2006－10. GIAHS: GIAHS A Heritage for the Future experience on dynamic conservation of traditional agricultural systems [C/OL]. 会议论文集：8－10. (2009－4－16). ftp://ftp.fao.org/docrep/fao/010/aj006e/aj006e.pdf.

and Tribal Peoples in Independent Countries (ILO No. 169))

《土著和部落人民公约》(第 169 号公约),又称《土著和部落民族公约》,是国际劳工组织大会第 76 届会议在 1989 年 6 月通过的,1991 年 9 月 5 日生效,是国际劳工组织公约文件之一。在该公约的第一部分第 1 条就对"土著和部落人民(民族)"作了定义,认为:"(a) 独立国家的部落民族,其社会、文化和经济状况使他们有别于其国家社会的其他群体,他们的地位系全部或部分地由他们本身的习俗或传统或者以专门的法律或规章加以确定;(b) 独立国家的民族。他们因作为在其所属国家或该国所属某一地区被征服或被殖民化时,或在其目前的国界被确定时,即已居住在那里的人口之后裔而被视为土著,并且无论其法律地位如何,他们仍部分或全部地保留了本民族的社会、经济、文化和政治制度。"[1] 因为农业文化遗产大多是千百年来生活在该地区的土著人民和社区创造的适应于当地自然、地理、气候条件的农业系统,其独特的社会、文化和经济状况使之"区别于其国家社会的其他群体",因此构成了该条规定的"土著和部落人民"。由于他们在经济、政治和文化上处于劣势,所以对他们的认同和尊重是必要的。与农业文化遗产相关的土著人民和社区也应当受到该公约的保护和支持。承认这些土著人民的独立存在,确认他们在某些方面的不利地位,尊重他们作为一个群体存在和发展的权利,是农业文化遗产保护、发展和利用的必要条件。

《联合国生物多样性公约》) (UN Convention on Biological Diversity,CBD)

《联合国生物多样性公约》是一项保护地球生物资源的国际性公约,于 1992 年 6 月 1 日由联合国环境规划署发起的政府间谈判委员会第七次会议在内罗毕通过,1992 年 6 月 5 日,由签约国在

---

[1] 土著和部落人民公约(第 169 号公约)[EB/OL]. (2009-05-25). http://www.umn.edu/humanrts/instree/rlcitp.Htm.

巴西里约热内卢举行的联合国环境与发展大会上签署。该公约是一项有法律效力的公约，旨在保护濒临灭绝的植物和动物，最大限度地保护地球上多种多样的生物资源。同时该公约也是农业文化遗产项目准备阶段的遴选标准中提出"应当已经加入"的公约，意味着农业文化遗产的保护应当遵从该公约的规定，这也是农业文化遗产保护的目标之一。

农业文化遗产所在地往往也是遗传资源丰富的原生境，因而该公约中很多条款可以支持农业文化遗产的生物资源的保护。该公约的第8（j）条中提出要尊重、保存和维持土著和地方的传统生活方式，并尊重这些与生物多样性的保护及持续利用的知识、创新和实践的拥有者。该条没有直接提出关于土著和地方人民及社区对土地的所有权问题，但是土地是这些保护生物多样性的土著和地方社区所拥有的传统知识赖以存在的条件，如果要保护土著和地方社区的传统知识，就必须保证传统社区能够控制在其上进行实践的土地。要保护土著和地方社区的"人类尊严"和"免于贫穷的尊严"，还应当解决土地——传统社区生存的基础这个问题。这也是农业文化遗产动态保护中必须注意到的一个重要问题。

（2）国际宣言、决议保护

《21世纪议程》（Agenda 21）[1]

《21世纪议程》旨在鼓励发展的同时保护环境的可持续发展。议程肯定了环境问题在可持续发展、贸易和决策进程中的重要的角色，提出对陆地资源统筹规划和管理，认识到可持续农业和农村发展问题，确认并加强当地农民及其社区的作用，加强农民的作用等议题。其中最直接支持GIAHS保护的条款主要有如下诸项。

第3章的第3.2条明确提出消除贫困的有效战略应当考虑到当地那些依靠需要保护的资源谋生的人的利益，同时还应当认识并确

---

[1] 21世纪议程（中文版本）[EB/OL]．(2009-05-21)．http://www.un.org/chinese/events/wssd/agenda21.htm.

认原住民和当地社区和农民的作用。农业文化遗产所在地很多自然条件比较恶劣或者位于偏远地区，甚至有些农业文化遗产所在地是消除贫困工作的重点地区，在这个意义上，这条对于农业文化遗产的动态保护过程中的当地社区和农民的权利保护有一定的积极意义。

第7章C部分主题是"促进可持续的土地利用规划和管理"，其中第7.30条明确提出在现有的城市和农村住区，加强以社区为基础的土地资源保护措施，同时应当建立适当形式的土地所有权，以便为当地社区和农民提供所有权保障。这条支持了农业文化遗产当地社区和农民的土地所有权取得的问题。

第8章提出要将环境因素引入决策进程中，促进社会各团体包括当地社区和农民对环境和发展问题的决策参与。农业文化遗产具有生物多样性和农业生物多样性，对环境的影响大多是正面积极的。农业文化遗产"在发展中保护，在保护中发展"的动态保护过程中，当地的经济发展政策的制定应当能够反映当地的环境因素。但是这只是倡导性的条款，未能明确具体的参与方案。

第10章提出对陆地资源的统筹规划和管理方法。其提出的对陆地资源的整体进行保护的思想和方法正好符合农业文化遗产保护项目对农业文化遗产内各构成要素之整体进行保护的模式和路径。特别是当农业文化遗产本身属于农业、牧业和林业系统项目之时，这一章提出的保护路径具有重要的作用。第10.7（d）条明确提出政府在制定规划管理制度的时候应当"加强土地和自然资源管理制度，采取合适的传统办法和土办法"，这里的"传统办法和土办法"即是指流传下来的有利于环境和生态系统保护的传统耕作方式、畜牧方式等。农业文化遗产项目保护的重要内容之一就是传统的、适合当地资源环境的、有利于当地生物多样性的农作经验技巧和方法，这些技巧和方法即是符合这里的"传统办法和土办法"的，在这个意义上，农业文化遗产的传统农作方法的保护和作用可以借用这里的规定。

第32章"加强农民的地位"中承认了农业可持续发展的重要性和农民的重要地位，尊重农民作为自然资源从事者的地位，重视他们在农业发展中的经验传承、农业发展、粮食安全和环境保护的独特地位。其中第32.2条明确承认了农民作为自然资源管理人的地位，指出他们在农业发展和环境保护之间协调的重要影响力。同时第32.5条中提出了加强农民地位的目标，这也是符合农业文化遗产保护中的发展目标。具体如下：

①通过创造和加强地方组织和乡村组织鼓励下放决策进程，以便将权力和责任委托给自然资源的主要使用者。这符合农业文化遗产保护中的"权力分散"原则。

②支持和提高妇女和脆弱群组取得使用和拥有土地的法律能力，直接认同农业文化遗产保护中土地和当地农民——特别是妇女和脆弱群体（在既有的几个农业文化遗产试点项目中，人们发现目前维系系统存在的主要是妇女和脆弱群体，年轻的男人大都外出打工）作为农业文化遗产动态发展传承的重要载体，进一步提出这两类重要载体之间需要密切结合。

③推动和鼓励可持续的耕作方法和技术。

④实行或加强旨在鼓励在包括当地习惯做法在内的低投入和低能源技术方面自给自足的政策，并鼓励建立反映环境成本的定价机制。

⑤制定政策构架，以便向农民提供奖励和鼓励，促使他们采用可持续的有效耕作方法。这三款强调国家在制定农业政策时应当考虑的因素和可以采取的措施，强调国家应当对这种"可持续的耕作方法和技术"提供政策上的支持，鼓励并保护农业"采用可持续的耕作方法和技术"。

⑥通过农民的代表组织，鼓励男女农民参与拟定和执行旨在实现这些目标的政策，强调增加农民对决策过程的参与，通过农民代表组织，表达农民群体的利益和诉求。这也是农业文化遗产保护的重点之一，即通过当地社区和农民自治的方式实现对系统的保护和

发展。

《21世纪议程》是1992年6月在世界环境与发展大会在里约热内卢召开时通过的三个不具有法律效力的文件之一,但是截至2002年全球已有80多个国家将其列入国家发展规划,6 000多个城镇将其作为自己的《21世纪议程》[1],具有较为广泛的影响力。通过该议程对农业文化遗产保护具有一定的现实可能性。

(2)《关于森林问题的原则声明))(The Forest Principles)[2]

《关于森林问题的原则声明》是联合国环境与发展大会于1992年6月14日在里内热内卢通过的另一份不具有法律效力的文件。但它是人类社会第一个就森林的保护、管理和合理开发所达成的共识,具有非常重要的国际意义。它就森林作为生物多样性和生物资源丰富的储存库,以及用于生产生物技术产品的遗传物质和光合作用的来源的重要环境生态地位进行了确认,同时在"森林资源和森林土地应以可持续的方式管理,以满足这一代人和子孙后代在社会、经济、文化和精神方面的需要"达成共识。农业文化遗产保护中将有相当高比例的项目是在森林中形成和发展的,因此此项声明在某些方面是支持农业文化遗产的发展和保存的。

这些原则重视生活在森林地区的当地农民的地位,尊重他们在经济上的地位,并制定适当的土地所有权制度。在第1(b)条中明确指出森林的保存和可持续开发的费用由国际合作中的国际社会承担,保障了森林的可持续发展的资金支持问题。第8(c)条明确了国际社会应当对发展中国家的森林地区可持续发展提供财政和技术支持。这个原则的规定为森林地IX农业文化遗产项目的保存和发展提供了另外一个财政支持的路径。在第2(d)条中明确了

---

[1] 李文飞,陈铭.注入新的活力——可持续发展世界首脑会议综述[N].人民日报(海外版),2002-09-05(3).

[2] 关于森林问题的原则声明(中文版本)[EB/OL].(2009-05-14).http://apps.lib.whu.edu.cn/skdh/hj/gifg/slwt.Pdf.

各国政府应当为地方社区和土著居民、森林居民和妇女参与到国家森林政策的决策过程创造条件。第5（a）条中提出国家应当创造条件使他们在森林使用方面获得经济利益，实现这些目的的方法，其中就包括对土地的永远使用安排。

通过这两个原则可以实现对处于森林地区的农业文化遗产当地社区和农民的经济利益的保护，以实现系统的经济上的可持续发展。

(3)《约翰内斯堡可持续发展宣言》(Johannesburg Declaration onSustainable Development)[1]

在2002年世界首脑会议上通过的《约翰内斯堡可持续发展宣言》再次表达了《关于森林问题的原则声明》中所体现的原则，通过经济社会发展的同时加强环境保护，并加强保护环境者经济地位的方式实现经济、社会和环境的和谐。宣言特别提到"将重点集中于人的尊严的不可分割性"。农业文化遗产的保护应当特别关注尊重当地社区和农民的权利和人格。该宣言更多的是原则性的宣示，并没有规定具体实施的措施。

(4)《世界文化多样性宣言》(Universal Declaration on Cuhural Diversity)[2]

2001年11月联合国教科文组织大会第31届会议通过的《世界文化多样性宣言》是在新的传播技术迅速发展、积极推动的全球化对多样化的文化带来挑战的背景下做出的，倡导在承认文化多样性、认识到人类是一个统一整体和发展文化间交流的基础上开展更广泛的团结互助。《世界文化多样性宣言》"文化多样性与人权"第4条要求在捍卫文化多样性的同时尊重人的尊严，特别是尊重少数

---

[1] 约翰内斯堡可持续发展宣言（中文版本）[EB/OL].（2009－05－16）. http：//cssd. acca21. org. cn/2002/hot32. html.

[2] 世界文化多样性宣言（中文版本）[EB/OL].（2009－05－16）. http：//ww. un. org/chinese/hr/issue/docs/62. PDF.

人群体和土著居民的各种权利。第 5 条肯定了多样文化的不同特质,并通过表达、教育和参与的方式行使对自己文化的认同和发展的权利。在"文化多样性与创作"第 8 条中指出应当特别注意公正考虑作者和艺术家的权利,认识到文化物品和文化服务的精神特性。这三条从基本尊严、发展权利和著作权的角度规定了对不同的文化传承者的权利内容,对农业文化遗产的文化多样性的保护提供了法律支持,重要的是这三条规定认可了少数人群体和土著人民对多样的文化享有的权利。

(5)《联合国土著人民权利宣言》(UN Declaration on the Rights of Idigenous Peoples)❶

《联合国土著人民权利宣言》是在联合国人权理事会 2006 年 6 月通过的《联合国土著人民权利宣言草案》基础上完善,在 2007 年联合国人权理事会的第 107 次全体会议上通过的。宣言直接清晰地表达了对土著人民的权利的尊重和保护。其中多有条款强调对土著人民的基本人权的保护。

《联合国土著人民权利宣言》的序言强调对于土著人民因历史上殖民统治或其他原因受到不公正待遇,被剥夺土地、领土和资源的问题应当关注,尊重土著人民的文化、经济权利,特别是对其土地、领土和资源的权利。要相信土著人民有能力掌管自己及其土地、领土和资源,谋求自己的发展,体现出对土著人民的尊重和平等保护。这些原则在以下的条文中得到具体的体现。

第 5 条指出土著人民应当有权维护自己特有的政治、法律、经济、社会和文化机构,有权根据自己的意愿充分参与国家政治、经济、社会和文化生活的权利。第 7 条、第 8 条规定了土著人民享有基本的人权——生命权及身心健康、人身自由和安全的权利,同时针对历史土著人民曾经遭遇的族群消灭经历,特别规定了作为一个

---

❶ 联合国土著人民权利宣言(中文版本)[EB/OL].(2009-05-16). http://www.un.org/esa/socdev/unpfii/documents/DRIPS-zh.Pdf.

族群不被侵害并得以延续的权利。第12条确认了土著人民的宗教信仰传统、习俗和礼仪应当得到尊重、保护和发展，他们有权发展自己的传统文化，并有权将其遗骨送回原籍，政府应当提供帮助。第17条规定土著人民有权享受适用的国际国内劳工法所规定的所有权利，并加强对儿童等脆弱群体的保护。这些条款从不同的角度强调了对土著人民的基本人权保护及发展系统内的文化的权利。

第10条规定了土著人民在未事先获得有关的自由知情同意和商定公正公平的赔偿之前，不得被强迫迁离其土地和领土。第25条至第28条指出土著人民对他们传统上拥有或以其他方式占有和使用的土地、领土、水域、近海和其他资源享有权利，包括精神上的联系。同时国家应当制定公平、公正、公开、透明的程序，确认和裁定他们的权利。当这种权利受到侵害，应当进行相应的赔偿，赔偿形式尽量为数量和价值相当的土地、领土和资源。这几条较为全面地确认和保护了土著人民对土地的权利。对农业文化遗产项目的土著人民和社区的保护一般可以借鉴这些条款的规定。

其中有一条被认为是有碍于土著农业文化遗产项目确立的条款，即为第18条，规定了土著人民对事关自身权利的事务有权参与决策。事实上，农业文化遗产项目的协作各方中土著人民和本地社区的参与才是最重要的，在农业文化遗产的维系、保护和发展中，他们才是至关重要的主体。是否成为农业文化遗产必须经过土著人民的同意也是项目评选中必须遵循的。

2. 国内法保护

《宪法》第33条第2款规定中华人民共和国公民在法律面前一律平等。第34条至第41条明确规定了公民的基本人权。第119条规定了民族自治地方的自治机关有权保护和整理民族的文化遗产，发展和繁荣民族文化。同时赋予了民族自治地方政府较大的自治权。少数民族地区也是农业文化遗产存在较多的地区，宪法的这一规定赋予了少数民族地区灵活的自治权。

中国在权力分散及保护当地农民和社区的权利方面起步较早。

《村民委员会组织法》第 2 条明确规定:"村民委员会是村民自我管理、自我教育、自我服务的基层群众性自治组织。"在中国的农村,当地人民是以村民委员会的形式组织起来的。基层人民对于当地社区的发展和与社区有重大关系的事情的决策过程有着较高的参与度。《民族区域自治法》第 2 条明确规定:"在少数民族聚居的地区通过设置自治区、自治州、自治县、自治乡的方式赋予当地人民和社区以自治权,包括他们对本社区存在的农业文化遗产的保护过程和决策过程的参与。"《村民委员会组织法》规定了农村地区的村民自治和基层民主制度,建立了农民的基层自决权,第 19 条规定:"涉及村民利益的其他事项"应当由村民委员会提交村民会议讨论后方可执行。农业文化遗产涉及了村民的重大利益,应当同样适用本法。

《宪法》、《土地管理法》、《农村土地承包法》明确规定中国的土地所有权的主体分为国家和集体,农民和及其家庭通过土地承包的方式享有土地的承包经营权。

(二) 农业文化遗产系统本身的法律保护

1. 国际法保护

(1) 国际公约保护

《保护世界文化和自然遗产公约》(Convention concerning the Protection of the World Cultural and Natural Heritage)

《保护世界文化和自然遗产公约》是联合国教科文组织为了保护具有突出价值的自然遗产和文化遗产而通过的一项基本公约,并在 1992 年《世界遗产名录》新增了"世界文化景观"类型。尽管在公约的第 1 条、第 2 条中没有直接涉及与农业文化遗产直接相关的问题,但是《世界遗产名录》上的景观遗产很多都是符合农业文化遗产的定义的。"文化景观"有助于保护生物多样性,农业文化遗产从某种程度上十分接近于"文化景观"的"有机进化的景观"。在一些世界遗产公约主办的专家会议上甚至有人提议设立"农业景观"。当某一特定的农业文化遗产同时也是列入《世界遗产名录》

的项目时，农业文化遗产的文化景观方面的保护就可以得到公约的支持。❶

《联合国生物多样性公约》（UN Convention on Biological Diversity，CBD）

《联合国生物多样性公约》的文本广泛地支持了农业文化遗产的保存，也是农业文化遗产项目保护的重要标杆。公约的第 8（j）条和第 10（c）条明确保护农业文化遗产土著和地方社区的体现传统生活方式而与生物多样性的保护相关的知识、创新和实践，且这些知识的拥有者享有因利用此等知识、创新和做法而获得的利益。国家应鼓励这些按照传统文化惯例、符合保护或持续利用生物资源的习惯使用方式。这两款规定不仅保护了农业文化遗产项目的生物多样性本身，而且保护了与生物多样性保护相关且有利于生物多样性保护的传统文化惯例、相关知识、创新和实践。但是农业文化遗产保护的范围要比公约的保护范围更宽广，农业文化遗产除了保护上文提到的生物多样性外，还保护与生物多样性相关的文化多样性和农业生物多样性。但是农业文化遗产的保护对象与公约的保护对象可能会发生不一致的地方。因为公约保护的生物多样性从保护管理者的角度看主要是天然的生物多样性，而农业文化遗产保护多样性侧重于对农业生物多样性的保护，保护的是农民在生产实践中对自然状态下的生物进行驯化、改良后的与农业有关的生物多样性及相关的传统知识。如果农业文化遗产处于保护生物多样性的自然保护区的核心区，对农业文化遗产内农业生物多样性的保护措施就会与对自然系统中的生物多样性保护的措施相矛盾。公约的规定只是

---

❶ 例如，菲律宾伊富高省"安第斯山上的稻米梯田"，1995 年根据文化遗产遴选标准被列入《世界遗产目录》，2006 年前又被确定为 GIAHS 试点项目。在中国，已经列入《世界遗产目录》的文化与自然遗产中，四川都江堰与农业有关；在中国 2006 年重新确定的世界文化遗产后备名单中，浙江龙井茶园、广西灵渠、云南哈尼族梯田、新疆坎儿井等与农业有关；在中国公布的第一批国家级非物质文化遗产名录中，二十四节气与农业有关。

框架性的，对农业文化遗产的保护也是方向性的保护，保护的具体法律制度安排则需要公约各缔约国国内法做出规定。

《粮食和农业植物遗传资源国际条约》(International Treaty on Plant Genetic Resources for Food and Agriculture，ITPGR)

《粮食和农业植物遗传资源国际条约》是在联合国粮农组织的召集下，于 2001 年在罗马通过的，2004 年 6 月 29 日生效。该条约是人类社会达成的第一个关于植物遗传资源的条约。条约解决了与粮食和农业相关的植物遗传资源，主要涉及知识产权的问题，但是其中也有一些保护农业文化遗产项目本身的规定。

条约的第 1.2 条提到将联合国粮农组织和保护生物多样性公约组织紧密联系在一起，创造了解决在地保护等问题的途径，保证原生境的人民保护生物多样性的同时能够获得粮食和生计安全。具体包括两方面。①第 5 条要求利益各方加强综合措施的运用。第 5.1 (c) 条承认农民和地方社区在保护粮食和农业植物遗传资源中的作用，承认他们在保护这些植物遗传资源中的努力，确认包括农业文化遗产在内的传统系统的自足、可持续且充满活力的本质；第 5.1 (d) 条支持对用于粮食生产的作物野生近缘种和野生植物的原生境保存。这些条款直接支持了农业文化遗产内部农业生物多样性的保护。②第 6 条与农业文化遗产设立的背景相关，同时也支持了农业文化遗产保护。它强调农业生物多样性和自然资源的保护，提高粮食和农业植物遗传资源的可持续利用，并提高农业作物种内种间的多样性，加强对丰富的农业物种的利用，提高农业作物的生物多样性。

《联合国防治荒漠化公约》) (UN Convention to Combat Desertification，CCD)

《联合国防治荒漠化公约》是 1992 年里约热内卢环境与发展大会《21 世纪议程》框架下的三大重要国际环境公约之一，于 1994 年在法国巴黎外交大会通过，1996 年 12 月 26 日生效。公约的宗旨是在发生严重干旱和/或荒漠化的国家，尤其是在非洲，防治荒漠化，缓解干旱影响，达到协助受影响的国家和地区实现可持续发展。由于很多农业文化遗产都是在干旱和/或荒漠化的地区产生的，对抗干旱的复杂方法是这种传统农业系统实践的重要方面。但是公约解决的是对抗干旱问题的一般需要，不能直接支持 GIAHS 的保护。不过，农业文化遗产的保护也将会促进公约对抗干旱的目标实现。同时公约也是农业文化遗产评选标准中提到应当对之有所贡献的公约之一。

公约中一些对抗干旱的措施可能会支持农业文化遗产保护。公约的第 5 条规定了受荒漠化影响国家缔约方应当承担一系列的义务。其中第 5（c）条提出缔约方应处理助长荒漠化过程的社会经济因素，这些义务的履行也会对干旱或荒漠地区的农业文化遗产的保护提供支持。第 5（e）条提出"于适当时加强相关的现有法律，如若没有这种法律，则颁布新的法律"。第 10.2（e）条、第 10.2（f）条强调提高当地群众和社区团体的合作、协调并有效参与到国家行动方案的政策制定、运行，而这些主体也可能同时是农业文化遗产的当地人民和社区。第 10.3（d）条、第 10.3（e）条为易干旱地区提供其他的生计项目，确保该地区的经济可持续发展，同时提供农作物和牲畜的可持续的灌溉方案，保证该地区水资源利用的有效性和持续性。第 10.4 条提出了解决防治沙漠化和缓解干旱的其他措施，包括可持续的农业方式的执行。农业文化遗产包括可持续的农业实践方式，这一规定将会支持农业文化遗产的发展和保护的进行。第 17 条提出需要利益相关方的参与和协作，同时第 17.1（c）条特别指出当地传统的知识、诀窍和做法需要保护、提高和验证，并保证拥有这些知识的当地人能够从因之发展的技术中获得商业利益。这一项支持了农业文化遗产的传统知识、技能的保护，并保证当地人能够从中分享利益。第 19 条提出了解决防治沙漠化的能力建设问题，可以用来促进干旱地区的农业文化遗产保护和发展。这些关于利益分享和保护传统知识、诀窍和实践的规定尽管只适用于干旱和荒漠化地区，但全方位地保护了处在这些区域的农业文化遗产内的各要素，并对于处在其他区域的农业文化遗产的相关保护提供了有益的范型和启示。

《联合国气候变化框架公约》）（UN Framework Convention on Climate Change，FCCC）

《联合国气候变化框架公约》于1992年在里约热内卢举行的联合国环境与发展大会上制定，1994年3月生效。公约的最终目标是将大气中温室气体的浓度稳定在不对气候系统造成危害的水平上。该公约也是农业文化遗产在准备阶段的选择标准中明确提出应对之有所贡献的公约之一。

公约的前言提到容易受到气候变化影响的"低洼沿海地区、干旱和半干旱地区或易受水灾、旱灾和沙漠化影响地区的国家以及具有脆弱的山区生态系统的发展中国家"，农业文化遗产往往在上述地区产生，气候变化的不利影响也会对农业文化遗产造成外部威胁，以致影响农业文化遗产制定的保护框架及采取的保护措施。公约的第2条明确了其目标是使大气中温室气体的浓度稳定在"足以使生态系统能够自然地适应气候变化、确保粮食生产免受威胁并使经济发展能够可持续地进行的时间范围内实现"的水平上，农业文化遗产的价值追求与该目标相一致，公约的保护手段也将实现保护农业文化遗产的目的。公约第4.1（c）条和第4.1（e）条强调缔约国应当加强与农业、林业部门的合作，拟定关于沿海地区的管理、水资源和农业以及容易受到旱灾和沙漠化及洪水影响的地区的综合保护计划。农业文化遗产可以为这些计划提供经验借鉴和良好的标杆效应，当然这些计划也在某种程度上支持了农业文化遗产保护。例如首批农业文化遗产试点项目中的阿尔及利亚和突尼斯的"绿洲农业系统"，就是在干旱和荒漠化的地区中发展的传统农业系统。该系统充分利用稀缺的水资源，不仅有效缓解了当地的干旱和荒漠化问题，而且为全球气候变化框架下应对不利影响提供了经验支持。第4.8条明确指出需要特别关注的地区，包括低洼沿海地区、干旱和半干旱地区、森林地区和容易发生森林退化的地区、容易发生旱灾和沙漠化的地区、脆弱生态系统包括山区生态系统等，在这些地区农业文化遗产容易出现，这一点在农业文化遗产的典型类型中也可以看出来。

《关于特别是作为水禽栖息地的国际重要湿地公约》(Convention on Wetlands of International Importance especially as Waterfowl Habitat)

《关于特别是作为水禽栖息地的国际重要湿地公约》，又称为《国际湿地公约》、《湿地公约》或《拉姆萨尔湿地公约》。1971年18个国家的代表集齐在伊朗南部的海滨小城拉姆萨尔签署了这项旨在保护和合理利用全球湿地的公约。公约于1975年12月21日正式生效。

《湿地公约》的宗旨就是通过各成员国之间的合作加强对世界湿地资源的保护及合理利用，以实现生态系统的持续发展。公约强调了人与自然互相依赖的关系，提出了可持续利用的理念和价值。公约中没有直接提到与湿地可持续利用有关的当地人的实践，但是在湿地中或者与湿地相连的农业文化遗产的保护可以适用公约。除了主要的文本外，公约还建立了相关的授权原则，建立和加强土著人民和社区在湿地管理中的参与权利。公约强调的参与式管理模式也是农业文化遗产保护过程重要的原则之一，这一点在农业文化遗产遴选标准中也有强调。

(2) 国际宣言、决议保护

《21世纪议程》

《21世纪议程》第11章"制止砍伐森林"通过确认各种森林、林地和树林的多种作用和功能，将当地人民对森林资源的传统用途、森林资源自身的环境效应及其自身的丰富生物多样性等与市场无关的价值引入到评价体系中，政府加强对森林资源及其所在土地的保护，制止对森林的不适当的利用行为。很多农业文化遗产就是生存在森林地区，这些规定可以用来支持农业文化遗产的环境保护，从而减少系统的外部的威胁和内部要素的变劣。

第 14 章"促进可持续的农业和农村发展",着重通过介绍土地资源的规划、资料等并对之进行保护,国家采取一定的措施促进土地养护和恢复,其中特别提到通过对土地养护的数据记载,推广传播较为成功的经验的方法。农业文化遗产是可持续的农业系统,以土地为基础的农业文化遗产的土地养护经验可以通过保存数据的方式为其他地区的土地养护和恢复提供经验和借鉴。本章还强调养护和可持续地利用用于粮食和持续耐久农业的植物遗传资源,以及养护和可持续地利用用于持续耐久农业的动物遗传资源。通过对影响上述动植物遗传资源的因素进行控制,通过在地保护和移地保护等措施加强对上述动植物资源的养护和控制。

第 15 章"养护生物多样性"通过国家政策等方式加强生物多样性的养护。其中特别重视当地居民特别是妇女在养护中的重要作用。本章中的措施可提供支持农业文化遗产项目的保存和发展法律政策措施。

第 32 章"加强农民的作用"承认了农村家庭作为传统资源的管理人,必须维护其自然环境,保持农业生产系统的可持续能力,明确了农民在传统农业系统发展中的地位和义务。

(2)《关于森林问题的原则声明》

《关于森林问题的原则声明》第 5(a)条中提出国家森林政策应当对土著居民、地方社区和森林居民的认同、文化和权利给予正当的支持,保护他们自己的文化特征。这一原则支持了农业文化遗产的文化认同下的文化多样性的保护。第 8(e)条提出森林毗邻区的管理应当与森林管理相配合,减少外部的不利益,保持生态平衡和可持续的生产力。森林地区的农业文化遗产项目的保护因此会对毗邻区的发展带来一定的限制和制约,以利于系统内部的生态平衡及农业的可持续发展。

森林地区及其毗连区的农业文化遗产项目的保护依赖于其所在的森林和林区的保护,这也是这类农业文化遗产项目保护的根本之所在。但也会存在森林保护和农业文化遗产互相冲突的情况,当农业文化遗产位于次生林区时，森林核心区的保护将会对农业文化遗产保护带来外部不利益。

（3）《约翰内斯堡可持续发展宣言》

《约翰内斯堡可持续发展宣言》中提到"重点集中在""满足粮食安全和保护生物多样性等方面的要求"。宣言广泛地支持了农业文化遗产的概念和目标，涉及了非传统的水资源及其保存技术，从而保证独特的生物多样性的系统存在。

（4）《联合国千年宣言》（United Nations Millennium Declaration）[1]

2000年9月在联合国总部纽约的第55次会议上各国首脑通过了《联合国千年宣言》，宣言重申了对《21世纪议程》和《联合国生物多样性公约》原则的支持，同时也提出了发达的工业化国家应当为贫穷的发展中国家提供各种帮助，包括无关税制度，以使贫穷国家特别是非洲国家能够早日摆脱贫困。

（5）《世界文化多样性宣言》（Universal Declaration on Cultural Diversity）

《世界文化多样性宣言》的"实施教科文组织世界文化多样性"宣言的"行动计划要点"第6、7、8点通过语言教育、提升教育资源和引入传统的教学方法，增强对多样文化的保护和传承发展。第14点认识到环境保护和自然资源管理方面的传统知识的重要意义，支持了农业文化遗产中文化对生态多样性和环境保护的积极影响和它们之间的互动发展关系。

（6）《联合国土著人民权利宣言》

《联合国土著人民权利宣言》序言中认为要认识到尊重土著知识、文化和传统习惯，实现可持续发展的目标。第13条、第15条、第31条规定了土著人民对其传统的文化及其生物资源包括传

---

[1] 联合国千年宣言（中文版本）［EB/OL］．（2009－05－15）．http：//www.Un.org/chinese/hr/issue/docs/7．PDF．

统医药享有的保存、发展、利用的权利。政府应当提供政策保护他们的这一权利。农业文化遗产中的传统文化（包括这些传统知识在内）应当得到政府的保护和发展，并由其提供相应的便利条件。

(7)《动物遗传资源全球行动计划》(Global Plan of Action for Animal Genetic Resources)和《动物遗传资源因特拉肯宣言》(Interlaken Declaration on Animal Genetic Resources)

2007年9月在瑞士因特拉肯由联合国粮农组织主持的粮食和农业动物遗传资源国际技术会议通过了《动物遗传资源全球行动计划》和《动物遗传资源因特拉肯宣言》。

《动物遗传资源因特拉肯宣言》明确承认国家对农业动物遗传资源的主权，并倡议国际社会对之进行保护。其中第12条明确"肯定他们（世界各地区的地方和土著地区及农民、牧民和动物育种人员）应公平地分享因利用粮食和农业动物遗传资源而产生的利益"，并且"尊重、保护和保持与动物育种和生产相关的传统知识"。该条规定是国际社会首次明确对农业动物遗传资源的承认，在保护农业动物遗传资源的同时强调对动物育种和生产相关的传统知识的保护，这符合农业文化遗产保护中对相关的传统知识的保护。这样的保护较为符合农业文化遗产保护中的整体保护思想。

《动物遗传资源全球行动计划》是《动物遗传资源因特拉肯宣言》的具体十年行动计划（2007～2017年）。该计划的战略重点6即为"支持对保存和可持续利用动物遗传资源有重大意义的本地和地方生产系统和相关知识系统"。行动计划提出评估本地和地方生产系统，支持对动物遗传资源有重大意义的本地和地方畜牧系统，促进和实现传统知识和科学方法结合，以及促进土著和地方物种和品种的市场发展等四个方面的措施，这些保护措施在农业文化遗产选择标准中的保护途径规定也有所体现。行动计划的实施有利于农业文化遗产内的农业动物遗传资源的保护。至此，农业文化遗产中关于农业植物和动物遗传资源都能得到保护。同时因为有109个国家代表团通过了这项行动计划，尽管这是一个没有法律效力的文件，但仍然具有某种实际影响力。

2. 中国法保护

农业文化遗产的要素包括物质要素和非物质要素，其中物质要素包括自然要素和系统内的农业生产设施、生产工具等，非物质要素包括与农业生产相关的文化、实践经验、技巧等。

自然要素包括环境要素保护法、生物多样性保护法和特殊区域保护法三大类。这三个方面的保护都与农业文化遗产本身的要素保护有间接作用。

环境要素包括很多方面。在土地保护方面，中国有《土地管理法》、《土地复垦规定》、《土地管理法实施条例》、《自然保护区土地管理办法》等，这些法律法规规定了土地的占有、使用权利，以及当土地受到破坏时恢复到可供利用状态。而当农业文化遗产处于自然保护区内时，对保护区的保护同样也可以适用到农业文化遗产的保护上，但是也存在二者的保护相冲突的情况。在水保护方面，中国有《水法》、《河道管理条例》，其中《水法》的第21条规定："在干旱和半干旱地区开发、利用水资源，应当充分考虑生态环境用水。"在森林保护方面，中国主要颁布了《森林法》及其实施条例，其中《森林法》规定了森林生态效益补偿基金，这一制度可以为在防护林和特种用途林的森林地区的农业文化遗产保护提供财政支持。《森林资源档案管理办法》提供了对森林资源保护的背景性制度框架，间接保护处于《森林法》规定的"森林"地区的农业文化遗产的森林资源。在草原保护方面，《草原法》提出了草原自然保护区制度，处于以下地区的农业文化遗产可以得到特别的保护：具有代表性的草原类型、珍稀濒危野生动植物分布区、具有重要生态功能和经济科研价值的草原。在渔业资源保护方面，《水生野生动物保护实施条例》提出了划定水生野生动物自然保护区，对保护区内的野生动物特别保护。

生物多样性保护法律主要包括《关于严格保护珍贵稀有野生动物的通令》、《野生动物保护法》、《国家重点保护野生动物名录》、

《陆生野生动物保护实施条例》、《水生野生动物保护实施条例》等。自1992年签署《联合国生物多样性公约》、1993年批准公约以来，中国制定和颁布了《中国生物多样性保护行动计划》、《全国生态环境保护纲要》、《中国水生生物资源养护行动纲要》和《中国国家生物安全框架》等20多项保护生物多样性的法律法规。其中《中国生物多样性保护行动计划》将保护作物和家畜的遗传资源作为行动计划的保护目标之一，并优先拟建自然保护区的地点。2007年国家环境保护总局颁发了《全国生物物种资源保护与利用规划纲要》，将与农业发展有关的生物资源的保护作为目标，在"保护与利用的重点区域"第11项特别规定了"与生物物种资源相关的传统知识保护与利用"。并且通过"优先发展领域与项目"的方式促进中国生物物种资源的保护和利用。

中国遗传资源保护的法律法规的框架也已明确，主要由《畜牧法》、《种子法》、《环境保护法》、《野生动物保护法》和《野生植物保护条例》、《濒危野生动植物进出口管理条例》等行政法规构成。

以上的这些规定大致涉及了传统农业系统的主要保护对象，但这些法律的规定是针对总体的部门领域制定的，对农业文化遗产的保护也是框架性的保护，不能体现农业文化遗产具体而特殊的系统内的农业生物资源的保护。

对于农业文化遗产中的农业物质文化遗产和农业非物质文化遗产的保护，在中国专门保护这些的法律并不多见。中国保护农业发展的基本法律《农业法》只是从农林牧渔四个方面提出了发展的方向及措施，并未提到对传统农业文化遗产本身进行保护，同时由于农业文化遗产实践较近才出现，也不可能出现将农业文化遗产作为一个整体的保护法律条文。直接针对农业文化遗产保护的法律法规就是新疆维吾尔自治区2006年颁布的《新疆维吾尔自治区坎儿井保护条例》❶，条例中对坎儿井的保护和利用作出了规定，但是该条例只是抢救坎儿井的条例，并没有涉及与坎儿井相关的实践和文化的保护。

农业文化遗产传统知识的保护是目前正在讨论中的话题。传统知识的保护在国际上主要采用防御保护和积极保护两种方式。❷ 防御保护即对传统知识本身的直接保护，通过建档的方式实现对传统知识的登记，保护传统知识不被滥用或侵犯。中国目前已经有关于传统中药方的保护条例，但是还没有关于农业传统知识保护的法律法规。不过，与传统知识相关的非物质文化遗产保护的法律法规目前正在进行中。目前中国非物质文化遗产较为丰富的地区制定了一些相关的保护法规，例如新疆维吾尔自治区 2008 年制定了《新疆维吾尔自治区非物质文化遗产保护条例》，云南省 2000 年制定了《云南省民族民间传统文化保护条例》。通过这些保护条例对非物质文化遗产进行抢救、整理、登记、建档保护。中国的《非物质文化遗产保护法》目前处于起草调研阶段。❸ 这些法律法规中涉及农业文化遗产中的传统知识、实践经验的保护问题，可以用来支持对农业文化遗产的保护。但是非物质文化遗产并不能涵盖传统农业系统中的所有农业传统知识，农业文化遗产中一些零散的、没有达到艺术水平的传统知识就不在非物质文化范围内，因而也不能得到法律的保护。

(三) 农业文化遗产知识产权法律保护

1. 国际法保护

农业文化遗产的特殊知识产权问题主要有两个，一是与农业文

---

❶ 新疆维吾尔自治区人大常委会．新疆维吾尔自治区坎儿井保护条例[EB/OL]．(2009－05－23)．http://law.1aweach.com/rule－321707－1.Html.

❷ 李杨，周江．耦合与超越：传统知识防御保护机制探析[J]．电子知识产权，2008 (10)：19－22.

❸ 朱玲．我国将出台首部非物质文化遗产保护法[EB/OL]．(2009－05－26)．http://www.1awyee.net/News/Legal－News－Display.asp? RID=18089.

化遗产相关的传统知识的保护问题,二是与农业文化遗产内生物资源相关的知识产权保护问题,包括生物专利授权中涉及的生物海盗问题。这两个问题集中到一点,即在现代知识产权保护制度下,如何对包括农业文化遗产在内的传统系统提供的材料和传统知识产生的知识产权利益进行分配。这种以特殊来源的材料为基础产生的知识产权不能依照传统的知识产权利益分配原则,应当考虑到这些基础材料拥有者的利益分配,即惠益分享问题。

《联合国生物多样性公约》第15条确认了遗传资源取得的过程中要保证提供这种遗传资源的缔约国事先知情同意,并公平分享研究和开发此种资源的成果以及商业和其他方面利用此种资源所获得的利益。该公约肯定了对拥有丰富遗传资源的缔约国利益的分配,但是这种利益分享的主体和知情同意的主体是"缔约国",是以国家为主体的。而对农业文化遗产保护来说,分享利益的权利行使者应当是当地人民和社区,但是公约没有明确传统系统的当地人民和社区对此利益的直接或间接分享。公约第16.5条指出,如果专利或其他知识产权可能影响到公约的实施,可以依照国家立法或/和国际法合作进行技术的取得和转让。第19条指出提供生物材料的缔约国在公平的基础上,有权取得基于其提供的生物资源的生物技术所产生的成果和惠益。这一规定对农业文化遗产发展中引进必要技术便利其发展,提供了较为便利、合理的基础条件。

《粮食和农业植物遗传资源国际公约》中对由于其提供的生物材料而发展的技术等商业利益的分享以及对其他遗传资源的获取机制作了详细的规定。该公约第9条明确提出了农民权利,第9.1条承认并认可"当地社区和农民以及土著社区和农民,尤其是原产地中心和作物多样性中心的农民"对粮食和农业生产的植物遗传保存和开发的重要贡献。第9.2条提出了保护和促进农民权利的措施,国家制定法律保护相关的传统知识,让农民公平参与分享产生的利益,让农民参与相关的事项决策过程,以此加强农民的权利。但是农业文化遗产的系统内动物遗传资源特别是驯养的家畜的遗传资源和医药植物遗传资源无法得到公约的保护。第 10 条至第 14 条解决了粮食和农业植物遗传资源获取的多边体系和相应的利益分享问题。这些条款不仅可以保证粮食和农业植物遗传资源拥有者可以获得因此而得的生物技术和商业利用产生的利益，而且使他们能够方便获得其他缔约国的遗传资源。这些权利便利了农业文化遗产的当地人民和社区从他们拥有的遗产资源中获得经济利益，还能利用由此产生的生物技术及其他系统的生物资源，丰富本系统的植物遗传资源的多样性，增强对抗气候变化等外部威胁的能力。

TRIPS 协议在保护农业文化遗产中知识产权方面存在着障碍，但这一情形已有所缓解。2001 年 11 月，世界贸易组织（WTO）在第四届部长级会议上达成了《关于 TRIPS 协议与公共健康的宣言》，要求 TRIPS 委员会审查 TRIPS 和 CBD 在保护传统知识和民间文学艺术时二者之间的关系。

《关于森林问题的原则声明》第 8（g）条提出了对森林地区的生物资源的权利应当顾及森林所在国的主权权利，按照共同议定的条件分享这些资源上获得的生物技术产品的技术和利益。森林地区农业文化遗产的生物资源产生的生物技术产品的技术和利益不能按照传统的知识产权法的规定确定归属，应当考虑到这些资源的主权权利和当地社区的可持续发展的利益。

《世界文化多样性宣言》的"实施教科文组织世界文化多样性宣言的行动计划要点"第 13 点提倡应当制定保护和开发利用自然遗产和文化遗产，特别是口述和非物质文化遗产的政策和战略，反对文化物品和文化服务方面的非法买卖。农业文化遗产项目中的非物质文化遗产可以在此框架下得到保护，但是应当以区别于传统的知识产权保护方式去保存、利用和发展。

《21 世纪议程》的第 14.57（d）条和第 15.4（d）条要求国家采取适当的措施保证动植物资源的提供者和使用者能够公平合理地分享研究和发展植物育种的利益和成果。农业文化遗产所在的国家应当提供相应的措施保证土著人民和社区能够分享动植物及遗传资源所带来的生物技术的利益和成果。

2. 中国法保护

农业文化遗产涉及的知识产权保护除了传统的著作权、专利和商标外，主要的争议包括两个方面，一是生物专利问题，二是传统知识的保护问题。

《农业法》在第49条明确提出要保护农业知识产权问题。传统农业系统的知识产权保护主要体现在以下几部法律中。

根据《著作权法》第3条的规定，以文字作品，口述作品，音乐、戏剧、曲艺、舞蹈、杂技艺术作品，美术、建筑作品形式呈现的农业文化遗产都可以得到《著作权法》的保护，当然这些作品必须达到《著作权法》的"作品"要求的高度。《商标法》第3条、第16条规定的商品商标、服务商标、证明商标、集体商标和原产地名称在农业文化遗产的产品按照要求申请注册后，可以得到《商标法》的保护。尤其是原产地名称、证明商标和集体商标较为适合农业产品和服务的保护。农业文化遗产的发明和创造达到《专利法》规定的发明、实用新型、外观设计的要求，依照程序申请，即可得到授权。但是传统的农业技巧和创新等很难达到《专利法》的"新颖性"的要求，因为这些创新在系统内属于社区共享使用的，但是同样也很难符合《反不正当竞争法》规定的商业秘密的要求。依照传统的《知识产权法》对农业文化遗产进行知识产权保护不仅很难周全妥帖地保护这些传统的知识，而且也不能处理这些知识产权的利益的分配问题。

中国加入《联合国生物多样性公约》后，在遗传资源方面严格履行缔约国的"资源获取在缔约国间共享"的原则，中国拥有丰富的遗传资源材料，但是生物技术水平却相对比较低，所以"生物海盗行为"在中国非常严重。为此《专利法》在2008年第三次修改时在第5条加了一款："对违反法律、行政法规的规定获取或者利用，并依赖该遗传资源完成的发明创造，不授予专利权。"这一款就是针对生物海盗问题专门增加的，根据这一规定，依赖遗传资源完成的发明创造必须按照要求披露遗传资源的来源，并且据此进行利益分享。

中国《非物质文化遗产保护法（草案）》中也将传统知识的保护规定在其中。这样中国丰富的传统知识将会得到较好的保护。同时一些地方立法，例如云南省的《云南省民族民间传统文化保护条例》、新疆维吾尔自治区的《新疆维吾尔自治区非物质文化遗产保护条例》都在某种程度上为农业文化遗产的传统知识保护提供了相应的法律支持。

（四）农业文化遗产贸易法律保护

1. 国际法保护

农业文化遗产的保护和发展具有全球重要意义，来自于农业文化遗产的商品和服务也具有全球性的意义和价值，其价值需要在国际市场上通过交易得到实现。国际市场上来自农业文化遗产的独具特色的商品和服务需要具有区别于一般商品和服务的贸易地位，从经济上支持和保护包括农业文化遗产在内的传统系统的可持续发展，这也是对这些传统系统的产品和服务价值的认同。

《华盛顿公约》（CITES），又称《濒临绝种野生动植物国际贸易公约》，该公约的目标是管制野生物的国际贸易，达到野生物市场的永续利用。当采自农业文化遗产所在地的野生物的商品列入该公约附录，而且该商品进入或可能进入国际市场时，公约的相关规定就可以适用于农业文化遗产的保护。该公约包括三个附录：附录一包括所有受到和可能受到贸易影响而有灭绝危险的物种；附录二包括所有目前虽未濒临灭绝，但如对其贸易不严加管理，就可能变成有灭绝危险的物种；附录三包括成员国认为属其管辖范围内应该进行管理以防止或限制开发利用，而需要其他成员国合作控制的物种。问题在于，进入目录的动植物是根据其在国际贸易中的影响和其本身的价值而作出的评估，而农业文化遗产一般多为经济较不发达、工业化程度也较低的地区，其产品参与国际贸易的机会和可能性相对较小，所以农业文化遗产的动植物，特别是农业文化遗产所特有的动植物进入附录的机会和可能性很小。不过，目前该公约组织已经在考虑这个问题，并寻求与联合国粮农组织和生物多样性公约秘书处的合作。

WTO体制下的《多边贸易协定》通过有益的关税体系，采取国家批准的生物标签等方法隐含着加强具体的农业文化遗产商品竞争力，便利农业文化遗产的经济可持续发展。当然，农业文化遗产的商品和服务进入国际市场还面临着农业补贴等非关税壁垒问题，非农业文化遗产的产品和服务是现代化的高效农业生产技术的结果，如果政府再对这样的产品进行农业补贴，农业文化遗产的产品在国际贸易中面临的困难是不言而喻的。

《21世纪议程》第14章"促进可持续的农业和农村发展"的A部分指出国家在制定农业发展的规划、方案时需要考虑这种纲领对国际贸易关系的影响，同时结合环境方面的考量，以此作为确定适当补偿措施的一种手段（第14.6条和第14.7条）。同时还应当审查农业补贴和农业税等农业政策（第14.9（b）条）。在B部分中促进政府保证农业的可持续发展时需要考虑的因素包括市场作用机制、价格、资本和投入等与贸易有间接关系的因素（第14.16条）。

《关于森林问题的原则声明》第（a）条中提出了国际社会应当为森林产品进入市场的机会提供便利。森林地区农业文化遗产的产品和服务进入国际贸易市场同样应当适用这一原则。第13条前四款提出了森林产品进入国际贸易中国际社会应当提供的便利条件，以利于森林的保存和可持续发展。这四款包括非歧视原则、降低或消除关税壁垒、将环境成本纳入市场机制、与其他有关政策结合等方法，以确认森林产品的特殊性和其环境效应。第13（e）条和第14（a）条提出了森林产品进入国际市场中应当避免的不利于森林产品可持续发展的行为。

《约翰内斯堡可持续发展宣言》敦促各国支持与WTO相协调的基于市场的自愿开创行为，以创造和扩大有益于国内、国际的商品和服务市场。虽然这对农业文化遗产的商品和服务的国际贸易没有直接规定，但是 WTO 协议可以通过将此解释为国际条约的干涉方式适用 WTO 的有关条款。

四、农业文化遗产的法律保护存在的问题及对策

（一）中国法律保护实践存在的问题

中国具有丰富的农业文化遗产资源，但是这些资源的保护和利用并没有得到足够的重视，这些资源并未得到较好的保护。在保护农业文化遗产的法律机制上目前存在以下几方面的问题。

1. 对传统农业系统的保护不足

中国拥有丰富的传统农业系统类型，但是中国对传统农业系统的保护不足。原因主要有两个方面。一是，中国对传统农业系统的价值认识不足。中国对本国拥有的传统农业系统相当长时间里一直偏用西方的科技观念去评估，传统农业系统蕴含的"天人合一"、"人与自然和谐发展"的观念，以及在这种观念指导下发展出来的实践经验、技巧和多样的农业文化没有得到正确对待。直到国际上开始反思"石油农业（高投入、高产出的农业现代化模式）"的弊端，认识到"传统落后"的农业系统独特的系统协调性的时候，中国才开始重新审视本国的传统农业系统的价值。新疆坎儿井的保护就是在面临着国家利益的压力时才引起注意的。❶

二是，中国对传统农业系统的清点、整理不足。中国一直是一个传统的农业社会，传统农业耕作实践经验丰富；中国人口密度大，在偏远和资源短缺的地方都有农业的发展；中国人民的智慧和辛苦劳作，在全国各地建立了各种传统农业系统。但是由于过去对

---

❶ 中国新疆维吾尔自治区的坎儿井历史源远流长，是当地人民根据当地干旱、干燥的气候环境，在长期的生产生活实践中创造出来的水利灌溉系统，在历史的文化交流中逐渐传到了中亚地区．但是在 GIAHS 的国际项目评选中伊朗却捷足先登，向联合国粮农组织提交了申请，成为候选项目之一．此时中国国内对新疆境内的坎儿井却没有进行任何特殊的保护．

传统农业系统的认识不足,导致对传统农业系统的清点整理不足。

以上的不足导致中国对传统农业系统的维持、保护和利用不足。中国传统农业系统所具有的农业生物多样性、文化多样性、可持续的生态系统和独特的农业景观并没有得到保护,除了《森林法》中规定生态效益补偿基金制度和《中国生物多样性保护行动计划》中规定保护农业生物资源对传统农业系统在某些方面有所保护外,没有其他的法律保护传统农业系统。即使是国内目前唯一保护传统农业系统的《新疆维吾尔自治区坎儿井保护条例》(2006 年),也只是涉及坎儿井本身的保护和利用,没有对系统内其他相关的要素进行保护。

2. 对传统社区民众的利益保护不足

传统农业系统的传统社区民众是系统保护和发展的最重要主体,但是中国法律对他们的利益保护不足。首先,对传统社区民众的尊重不足。传统农业系统在过去被视为技术落后、经济贫穷的系统,传统社区的民众也因此被认为是愚昧和落后的人群,他们身上所传承的古老悠久的文化、农作技术、生态意识等传统的知识未能在现代社会中得到认同。传统社区民众作为一个特殊群体的人格尊严和文化尊严应当得到法律上的尊重。

其次,对传统社区民众的经济利益保护不足。传统社区民众的经济利益在"石油农业"体系下不能找到价值认同和实现的途径。国际社会通过农民权保护传统农业系统的育种权和对依赖农业生物资源获得的生物技术的利益分享的权利。但是中国没有相应的法律规定,同时中国在参加国际公约时没有考虑到对本国传统社区民众利益的保护。中国加入了联合国《生物多样性公约》,但是中国履行该公约时没有考虑到本国民众知识创造能力的水平,在公约履行中会遭受其他发达国家的生物海盗行为侵害。例如,北京郊区制作"北京烤鸭"的北京鸭 19 世纪末传到英国,20 世纪中后期他们对之进行改良,繁育出"樱桃谷鸭",重新回到中国,几乎把本土的北京鸭挤出市场,原本生产北京鸭的传统农业系统的民众利益遭受严重影响。

最后，对传统社区民众在系统发展保护决策中的参与权保护不足。传统社区的发展中本土和地方社区民众是主要的行为主体，二者在传统农业系统发展和保护的决策过程中的参与权对传统系统保护和发展的结果至关重要。虽然有《村民委员会自治法》规定村民的自治权，但是其中并没有明确村民参与决策过程中具体的权利，当地和本土社区民众对决策过程的参与权未能得到实现。

3. 对传统农业系统的知识产权保护不足

中国对传统农业系统内要素的知识产权保护不足。传统农业系统拥有传统知识、农业生物多样性、可恢复的生态系统、独特的土地利用系统和多样的文化传统。农业生物资源是生物技术发展的重要材料，由于现实的原因，生物海盗行为时有发生，虽然中国《专利法》第三次修改后增加了"应当表明主权国家"的规定，但是没有规定对知识产权的利益分享及相应的分享机制。国际社会通过农民权保护传统农业系统内传统社区对农业生物资源的权利，中国目前没有相应的法律规定。传统知识是现代知识产权制度的基础，是知识产权产生的源泉。但是中国除了即将出台的《非物质文化遗产保护法》外，对传统知识的保护途径和机制仍然没有明确的法律法规。同时传统社区对传统知识、生物资源等产生的知识产权的利益分享制度缺失，导致传统社区的知识产权权利不能得到实现。这些知识产权法律制度的缺失不仅损害了国家的知识产权利益，而且直接影响到传统社区民众的利益，并进一步恶化他们在知识产权制度中的被动地位。

4. 对传统社区产品和服务的对外贸易保护不足

中国传统农业在中国农业生产中占据重要地位。传统社区的产品和服务具有独特的价值，应当通过市场交易体现其价值，例如TRIPS协议通过生物标签区别某些农产品的生态价值。中国目前的对外贸易法律未能充分保护传统农业系统中的产品和服务。《对外贸易法》没有关于传统农业产品和服务的特别规定，第22条规定国家对进出口货物进行原产地管理，因此传统系统的产品和服务在贸易中可以通过原产地进行保护。而《农业法》也没有对传统农业系统的产品和服务在对外贸易中进行保护。中国加入 WTO 以后，中国农产品和服务要取消扭曲贸易的政府补贴，但是并未建立起符合 WTO 农业协议的国内农业补贴制度，传统农业系统的产品和服务的知识产权保护明显不足。❶

（二）中国法律保护发展对策

1. 加强对传统农业系统的尊重、认可和保护

尊重、认可传统农业系统的价值是保护传统农业系统的重要内容。传统农业系统的农业生物多样性、突出农业景观、知识体系等即使放在现代科技环境下仍然具有重要价值，有利于食物和生计安全，增进人类福祉。对传统农业系统的保护首先应当对传统农业系统建立清单，明了拥有的传统农业系统资源。在这方面可以借鉴欧洲国家对传统知识的保护方法，即通过登记、建立档案的方式进行文字记载。在农业动植物遗传资源保护方面可以借鉴生物多样性保护名录的做法，建立农业动植物遗传资源名录。

增强传统知识体系与现代科学的结合也是保护传统农业系统的重要方面。传统农业系统内的丰富知识和实践经验是现代知识产权制度体系建立的基础，通过现代科技研究传统系统拥有的实践经验的科学性，利用现代科技发展传统农业系统内的传统知识和技艺，提高传统农业系统内从业人员的科技能力和水平，让科研人员和机构更多了解传统农业系统，这些都是保护传统农业系统的重要内容。

2. 重视传统农业系统中农民利益的保护

传统农业系统中农民的利益保护在《粮食和农业植物遗传资源国际条约》以农民权的方式体现。农民是国际社会公认的利益主

---

❶ 罗有远，刘盛展. WTO《农业协定》下我国农业补贴法律制度的建设 [J]. 广东农业科学，2007（4）：98—101.

体。中国应当在法律中加强对农民利益的保护，这不仅有利于中国经济社会的发展，也是发展传统农业系统的题中之义。保护传统农业系统中农民的利益不仅要提高当地和本土社区民众在社区发展决策过程中的参与权，还要尊重其拥有、发展农业生物资源的权利（如育种权），更为重要的是要承认他们作为传统农业系统的主体地位。

3. 加强对传统农业系统相关的知识产权保护

传统农业系统相关的知识产权保护问题是目前争议最大，也是影响传统农业系统进一步发展、有重大利益影响力的问题。首先，中国应当加紧对传统知识的保护，特别是对传统农业知识的保护，建立合理的传统知识的知识产权利益分享机制，尊重当地和本土社区的精神权利和物质权利。其次，在农业遗传资源保护方面，一方面要强化对当地和本土农业动植物遗传资源的保护，如建立不同级别的农业动植物遗传资源名录制度；另一方面要对国内相关法律进行修改，减少和阻止生物海盗行为的发生，如第三次修订的《专利法》第5条第2款就体现了这一法律诉求。最后，要尽快建立依赖传统农业系统内资源的知识产权利益和商业利益的分享机制。这是尊重系统内农民权利和利益的重要方面。建立以当地和本土自治组织或者相关行政机关为利益共同体代表的利益分享机制，并将获得的利益用于当地传统农业系统的发展。

4. 加强对传统农业系统的产品和服务的贸易保护

中国应尽快建立符合WTO要求的农业补贴制度，保护传统农业系统产品和服务的国际竞争力。建立符合要求的传统农业系统产品和服务市场准入法律制度，加强产品和服务的标准化生产、加工制度。同时通过WTO内的生物标签和原产地保护制度强化传统农业系统产品和服务的特殊价值。

结语

农业文化遗产系统区别于世界遗产和非物质文化遗产的特性在

于其动态性和活态性。农业文化遗产系统是现存的、仍然在农业生产中发挥作用的遗产,是仍然"活着"的系统,在农业生产实践中持续发挥这些遗产系统的独特魅力。这些系统中的农业生产实践和传统知识互相结合并互相影响,系统内的各要素之间互相联系并产生影响,在这种动态中保持平衡、可持续的发展。系统的动态性是活态性的基础和条件,正是系统的动态性并在动态中保持平衡,系统才能保持活态发展。传统社区按照先辈传承下来的经验和技巧操作这些系统,并根据气候、地理、环境等外部条件的变化调整耕作、狩猎、捕捞的技巧和方法,在继承的同时也继续进行方法和技巧的创新,如此维持系统生生不息,可持续地发展。

这些农业文化遗产系统是农业文明的"活化石",它们是文明历史的遗留,同时也在创造着新的人类文明历史。它们是人类在长期的农业生产实践中积累沉淀下来的一种人类文明形式。农业文化遗产中的传统技艺、方法经验和创造承载了人类文明发展的过去,并继续为人类文明提供丰富的素材、灵感,推动着人类文明继续向前发展。农业文化遗产是一个不断产生和积累的过程,因此农业文化遗产是联结过去和未来的桥梁,是未来社会的不可分割的部分。正如联合国粮农组织所指出的"农业文化遗产是关乎人类未来的遗产",因此在"三农"政策中占有重要的地位。[1] 这些农业文化遗产系统为现代农业的发展提供了重要的经验支持和范例。

中国有悠久的农耕文化和丰富的农业文化遗产,在全球视野下对农业文化遗产进行保护是中国现代农业发展的契机。中国应当首先加快对农业文化遗产的整理、认同和保护工作,并从法律上进行规范和确认。目前国内正在进行的农业文化遗产系统整理和申报的项目至少有6项:新疆维吾尔自治区通过《新疆维吾尔自治区坎儿

---

[1] 徐旺生,闵庆文. 农业文化遗产与"三农"[M]. 北京:中国环境科学出版,2008:18.

井保护条例》保护境内的坎儿井遗迹❶，这也是对伊朗捷足先登将其境内的坎儿井及庭院系统申报为农业文化遗产预备项目的应对措施；江苏洪泽湖水利和农业灌溉设施正在申报农业文化遗产项目，这已在2007年提上当地政府的工作日程❷；农业部和文化部2004年着手对黔东南苗族侗族自治州从江县、毕节地区威宁彝族苗族回族自治县侗族的水田稻作，苗族的山地农耕，彝族的旱地农耕和畜牧养殖等传统农业文化遗产进行整理❸，2009年从江县和雷山县被联合国粮农组织确定为农业文化遗产项目❹；江西省上饶市万年县的千年稻作文化系统正在申报农业文化遗产项目❺；武夷山"大红袍"生长地福建武夷山已被联合国教科文组织确立为世界自然与文化遗产❻；浙江正在力争将"西湖·龙井茶园"捆绑申请世界文化景观遗产。❼目前除了浙江省丽水市青田县龙现村的"稻鱼共生"

---

❶ 章文，韩雨．为保护古老而独特的资源 新疆出台坎儿井保护条例［EB/OL］．（2006－10－16）．http：//www.rmdbb.cn/main/ArticleShow.asp? ArtID＝25030；李喆．坎儿井保护条例：政协委员提案落实了［EB/OL］．（2007－05－31）．http：//cppcc.people.com.cn/GB/34961/45591/45789/5806728.html.

❷ 李冀．江苏省首尝世界农业遗产申报［EB/OL］．（2007－02－14）．http：//www.ccdy.cn/pubnews/492735/20070214/514197.htm.

❸ 赵敏．中外农业遗产介绍［N］．中国旅游报，2005－6－17.

❹ 王瑛．雷山县被列入全球重要农业文化遗产保护项目［EB/OL］．（2009－05－8）．http：//www.gzzb.gov.cn/zc/ShowArticle.asp? ArticleID＝29774.

❺ 徐声高．江西万年县稻作文化申报世遗［N］．人民日报海外版，2009－04－13(4)．徐声高，张华．万年农业文化申遗紧锣密鼓 已被列入第二批申报［EB/OL］．（2009－04－11）．http：//www.srwqw.cn/onews.asp? id＝1229；铁血丹心．联合国粮农组织协调员、中科院地理科学与资源研究所专家闵庆文来万年县考察［EB/OL］．（2008－11－21）．http：//www.srwqw.cn/onews.asp? id＝1229.

❻ 世界文化与自然遗产——武夷山［EB/OL］．（2008－7－11）．http：//www.whwy.org/Article_Show.asp? ArticleID＝1446.

❼ 章晴，杨晓政．"西湖·龙井茶园"捆绑申报世界文化景观遗产［EB/OL］．（2007－11－16）．http：//news.zj.com/detail/790795.html；童杭丽，沈俏静．"西湖·龙井茶园"力争2010年成为世界文化景观遗产［EB/OL］．（2007－11－9）．http：//www.zjww.gov.cn/news/2007－11－19.

系统外，国内的农业文化遗产系统的保护工作都处于尚未整理阶段。

中国对农业文化遗产系统的保护亟须相应的法律规范，明确相关主体的地位，提高农业文化遗产系统的价值和认同，保护农业文化遗产系统内的实践、方法、技艺等传统知识和农业生物资源。中国农业文化遗产项目需要进一步通过法律法规的维护、确认、保护，实现其突出的价值，并为中国的农业发展提供更多的国际支持。在保护农业文化遗产的法律建设中需要注意以下问题。

首先，农业文化遗产保护与其他具有世界意义项目保护的关系。一般情况下，农业文化遗产的保护和其他世界意义项目如世界遗产、世界生物圈保护区、国际重要湿地保护区之间的关系是平行的，互相不冲突的。但是从逻辑上来说仍然存在冲突的可能性。农业文化遗产保护项目是为了保护具有全球意义的农业文化遗产项目，区别于国际上已经形成的其他具有全球意义的保护项目，但是仍然难以避免农业文化遗产项目所在地同时也是其他具有世界意义项目的保护地所在，特别是在中国这样的农业古国的土地上。例如，武夷山是世界自然遗产保护区，而武夷山区的茶叶生长、生产以及相伴而生的悠久茶文化、可持续的茶生态系统就构成了传统农业系统遗产。再如热带雨林里仍然在发挥效用的传统农业系统所在地可能是自然保护区。目前已被确定为农业文化遗产试点的菲律宾伊富高稻作梯田，同时也是湿地。农业文化遗产的保护与世界自然遗产、世界文化遗产、世界文化与景观遗产、世界生物圈保护区网络、国际重要湿地保护区可能会发生重合。一旦发生重合，不同的保护目标下的保护措施可能会发生冲突。这些冲突将如何解决，是目前尚未引起关注的问题。

其次，立法形式及机制。农业文化遗产的保护目前尚无专门的国际公约或国际宣言，但是分散见于与其相关的国际公约和宣言、国际决议中。在农业文化遗产的选择标准中明确提出保护的途径如通过国际公约保护，在未来随着农业文化遗产保护的重要性逐渐被国际社会承认，可能会有专门针对农业文化遗产的国际公约进行保护。但是目前农业文化遗产保护的法律应当根据具体可行的方式进行解决，这就是农业文化遗产保护中的渐进式。在国际法律保护上可以通过双边或多边条约的形式实现对农业文化遗产国际保护网络的保护。在国内法律保护方面，可以通过法规的形式实现针对农业文化遗产的法律保护。

又次，明确法律保护的目标。农业文化遗产保护的法律应当明确保护的目标和方向，保护农业文化遗产的显著特征及生态圈的显著特征。保护中应当明确的目标包括以下几个方面。

第一，农业文化遗产的维持、发展是保护的价值而不是保护的工具。农业文化遗产的显著特征是其具有世界意义的根据，对农业文化遗产的法律保护也不应偏离保护的价值追求。在保护中应当拒绝将农业文化遗产作为某种利益获取的工具的做法。

第二，农业文化遗产保护价值的公共性而非商业性。系统不仅提供有形的产品和服务，还提供关涉全人类利益的公共品——粮食和生计安全、可恢复生态系统的农作经验和对全球气候环境的正效应等。因此对农业文化遗产保护应当注意系统的公共性价值，保护的目标追求不应是商业利益和地区利益。

第三，农业文化遗产保护的客体是农业文化遗产整体。农业文化遗产从构成要素看是农业文化、农业生态圈、农业生物多样性和独特生产实践等的综合体，从其价值影响的主体看不仅包括社区民众利益还包括全人类的利益。系统内的各要素和各主体之间是唇齿相依的关系。这些产品、服务和公共品的获得是系统作为整体互相协作才能提供的。因此对农业文化遗产的保护要将系统内的各个要素放在整体中进行保护，将社区民众利益保护放在全球环境下进行保护。

再次，农业文化遗产的保护措施应注重其示范价值。农业文化遗产是具有世界意义的系统，具有示范价值和意义，在保护过程中应当通过提供研究便利、加强本国尤其是本土的研究能力等适当方式加强示范和教育功能。

最后，农业文化遗产保护的国家行政部门之间加强联动机制。农业文化遗产是一个综合性的系统，涉及需要保护的因素较多。在中国保护农业文化遗产至少需要加强农业部、林业局、海洋局、环境保护部、文化部、知识产权局、教育部等行政部门和机构的协作与合作。

在中国，这一法律关注可以在《农业法》、《国家知识产权战略纲要》及地方的知识产权战略纲要中体现。前者是中国关于农业的发展和保护的基本法律，后者则是目前正在实施的、与农业文化遗产保护密切相关的行政法规，特别是通过国家和地方的知识产权战略纲要能够灵活反映这一问题的紧迫性，实现保护的有效性。例如可以在地方的知识产权战略中加强对农业生物资源和农业传统知识的知识产权保护，河南省的知识产权战略纲要就体现了对省区内如冬凌草、怀菊、洛阳牡丹等传统农业资源的保护。[1] 湖北省也拥有丰富的农业遗传资源，如湖北随州的兰花和湖北的映山红，可以通过湖北省的农业知识产权战略纲要对它们进行保护。

---

[1] 郭民生. 知识产权战略推动创新性河南 [EB/OL]. (2009－04－10). http://www.rebecca.com.cn/rbksite/index/rbkren/20090413.pdf.

知识产权、"集体共有知识产权"与非物质文化遗产

——非洲地区知识产权组织《保护传统知识及民间文艺表现形式斯瓦克普蒙德协定》透析

喻 玲[*]

前言

随着现代社会进步和科技飞速发展，传统文化的社会角色也开始发生变化，各国在致力于现代科技实力竞争之余，开始关注传统文化。"传统知识"、"民间文学艺术"、"非物质文化遗产"等概念已不再是落后文化的代言词或消失的符号，也不仅是文化、民俗的专有词汇，而逐渐被视为一种有价值的知识来源，对传统文化的认识也由过去的"保存"转化为广泛的"开发与利用"，传统文化资源的法律保护问题日益凸现。

尽管传统知识资源对于其创造者和整个国际社会的重要性，以及培育、保存和保护传统知识的必要性已在国际社会得到越来越多的承认，但是应当怎样保护却未达成共识。现代社会广泛认可和推广的知识产权制度，被认为是保护知识产品的最佳手段，却无法为传统知识和文化资源提供合适的保护。因为《知识产权法》保护的

---

[*] 湖南大学法学院副教授，德国拜洛伊特大学法学博士。文本系作者在 2010 年 11 月 5 日至 6 日于湖南炎陵举行的"海峡两岸非物质文化遗产保护研讨会"上发言基础上补充完善而成。作者感谢与会学者的讨论和建议，特别感谢中国社会科学院知识产权中心李明德教授、台湾清华大学范建得教授和台湾科技大学林瑞珠教授给予本文的指正与修改建议。

是"创新性"的知识产品,而传统知识和文化资源本身不具有"创新性",它是创新智力的源泉,属于与知识产权相对的"公共领域"❶,是可以被任何人无偿自由使用的信息。在实践中,甚至出现了一些传统知识和民间文艺表现形式被研究人员或企业以知识产权形式盗用的情况,而这些知识真正的创造者或持有者却未获得相应的利益。

非洲是发展中国家最集中的地区,也是传统文化最丰富的来源之一。2010年8月,在纳米比亚斯瓦克普蒙德(Swakopmund)举行的非洲地区知识产权组织(ARIPO)外交会议上,该组织9个成员国签署了《保护传统知识及民间文艺表现形式斯瓦克普蒙德协定》(以下简称《斯瓦克普蒙德协定》或《协定》)。❷ 该协定由非洲地区专家和学者历时六年制定而成,是对非洲保护传统知识和民间文艺表现形式最新经验的总结。我国也是非物质文化遗产资源丰富的国家,在一些地方性法规相继颁布之后,2011年2月25日我国通过了第一部国家层面的保护立法,即《中华人民共和国非物质文化遗产法》(简称《非遗法》),旨在弘扬我国优秀传统文化,加强非物质遗产的保护和保存。本文以非洲地区知识产权组织《斯瓦克普蒙德协定》为基础,对传统知识和民间文艺表现形式保护的基本问题进行梳理,并将《协定》和我国《非遗法》在非物质文化遗产保护领域的成果进行比较,以为我国在此领域的理论研究和实践提供参考。

---

❶ Graham Dutfield, Protecting Traditional Knowledge and Folklore, 2002, p. 285.

❷ Swakopmund Protocol on the Protection of Traditional Knowledge and Expressions of Folklore within the Framework of the African Regional Intellectual Property Organization (ARIPO), Adopted by the Diplomatic Conference of ARIPO at Swakopmund (Namibia) on August 9, 2010.

一、非洲视角下的物质文化遗产保护

(一) 非洲地区非物质文化遗产保护回顾

非洲是最早提出对传统文化表现形式给予保护的地区。非洲地区对非物质文化遗产的保护主要经历了以下三个阶段:

1. 保护初期阶段 (1967～1975): 以《突尼斯著作权法》为代表

1967年,《突尼斯著作权法》将民间文学艺术作品纳入保护范围, 开创了著作权法保护民间文学艺术的先河, 随后摩洛哥(1970)、阿尔及利亚(1973)塞内加尔(1973)、肯尼亚(1975)等国相继效仿。这一时期特点主要表现为: 不少国家基于民间文艺表现形式与著作权法保护客体之作品的相似性, 尝试用已有的著作权制度防止对民间文艺作品的不合理利用。

2. 保护发展阶段 (1976～2009): 以《突尼斯示范法》和《班吉协定》为代表

因为民间文艺表现形式的特殊性, 传统著作权制度对作品的保护无法满足原著民群体对民间文艺表现形式保护的需求。1976年WIPO和UNESCO为发展中国家制定了《发展中国家著作权保护突尼斯示范法》,❶ 一方面建议发展中国家给予民间文艺表现形式普遍的著作权保护, 另一方面根据民间文学艺术的特点规定了与传统著作权法不同的保护条件和保护内容, 如族群权利、不要求固定性和原创性、提供永久性保护、特定条件下"付费公有领域制度"、通过邻接权对传统艺术表演者提供保护等。《突尼斯示范法》对非洲各国产生了深远影响, 很多国家借鉴和采纳其相关规定在本国著作权法框架内建立起对民间文学艺术作品的特殊保护机制。

同一时期, 1977年非洲地区通过了世界上第一个全面涵盖工

---

❶ Tunis Model Law on Copyright for Developing Countries, 1976.

业产权和著作权的地区性公约——《班吉协定》。[1] 协定的实体法部分规定在 9 个附件中，其中第 7 个附件规定了著作权与文化遗产，保护的对象包括"一切由非洲的居民团体所创作的、构成非洲文化遗产基础的、代代相传的文学、艺术、科学、宗教、技术等领域的传统表现形式与产品"。该协定将民间文学艺术界定为群体而非个体"作者"完成的成果，并全面引入"付费公有领域制度"维护群体的经济利益。

3. 发展完善阶段（2010 年至今）：以《斯瓦科普蒙德协定》为代表

在非洲保护民间文学艺术已有经验基础上，非洲地区知识产权组织（ARIPO）于 2010 年 8 月制定了《斯瓦科普蒙德协定》。该协定充分借鉴了其他国家和相关国际组织的研究成果，特别是 WIPO 组织"知识产权与遗传资源、传统知识和民间文艺政府间委员会"（简称 IGC）在此领域内广泛协调和讨论的成果，针对民间文学艺术表现形式和传统知识分别设计了完整的保护框架体系，包括基本概念、保护要求、保护手续、保护（权利）内容、保护限制与例外、权利管理与实施、救济措施等。该《协定》标志着非洲地区对民间文艺和传统知识的保护进入新的阶段，也是世界非物质文化遗产保护的重大进步。

（二）非物质文化遗产、传统知识与民间文艺表现形式

围绕"非物质文化遗产"、"传统知识"或"民间文艺表现形

---

[1] Bangui Agreement Relating to the Creation of an African Intellectual Property Organization, Constituting a Revision of the Agreement Relating to the Creation of an African and Malagasy Office of Industrial Property, 1977. 全称《关于修订〈建立非洲——马尔加什工业产权局协定〉及建立非洲知识产权组织的协定》，1977 年 3 月在中非首都班吉通过，1982 年 2 月生效。

式"等概念哪个更为恰当，一直都有争论。[1] "非物质文化遗产"（intangible cultural heritage）概念由联合国教科文组织（UNESCO）在 2003 年《保护非物质文化遗产公约》中提出，《公约》第 2 条规定"非物质文化遗产"指"被各社区、群体，有时是个人，视为其文化遗产组成部分的各种社会实践、观念表述、表现形式、知识、技能以及相关的工具、实物、手工艺品和文化场所。"它所涵盖的内容十分宽泛，包括"口头传说和表述；作为非物质文化遗产媒介的语言；表演艺术；社会风俗、礼仪、节庆；有关自然界和宇宙的知识和实践；传统的手工艺技能。""传统知识"（traditional knowledge）和"民间文艺表现形式"（expressions of folklore）是在世界知识产权组织（WIPO）文件中广泛采用的概念。从广义上讲，民间文艺表现形式也属于传统知识的范畴。但是，为了便于实际操作，WIPO 组织有关文件从技术上将狭义的传统知识与民间文艺表现形式并列，仅指与自然环境相关的知识，例如药物治疗和动植物知识，而不涉及艺术作品、手工艺品和其他文化创作和表现形式（这些被认为是民间文艺表现形式的范畴）。[2] 可见，虽然所使用的术语不同，但实际上《公约》定义的"非物质文化遗产"基本上包含了 WIPO 组织有关文件中的"传统知识"和"民间文艺表现形式"。

---

[1] Erica Martin Daes, "Study on the Protection of the Cultural and Intellectual Property of Indigenous Peoples", UN Document E/CN. 4/Sub. 2 /1993 /28, paras. 22 and 26; A. McCann, "The 1989 Recommendation Today: A Brief Analysis" paper presented at "A Global Assessment of the 1989 Recommendation on the Safeguarding of Traditional Culture and Folklore: Local Empowerment and International Cooperation", organized by UNESCO and Smithsonian Institution, 1999, p. 8; Michael Blakeney, The Protection of Tradition Knowledge Under Intellectual Property law, EIPR June 2002.

[2] Graham Dutfield. Protecting Traditional Knowledge and Folklore: A review of progress in diplomacy and policy formulation / 2 Traditional knowledge and folklore: clarifying the terms. UNCTAD/ICTSD. October 2002, p. 9－18.

(三) 传统社群"集体共有知识产权"与知识产权

联合国《原住民族权利宣言》确认了原住民族对其传统知识和文化资源所享有的权利。《原住民族权利宣言》第 31 条规定:"原住人民有权保存、管理、保护和发展其文化遗产、传统知识和传统文化表现形式、及其科学、技术和文化表现形式,包括人类和遗传资源、种子、医药、有关动植物群特性的知识、口授传统、著作、图案设计、体育运动和传统游戏、视觉和表演艺术。他们也有权保存、管理、保护和发展自己对这些文化遗产、传统知识和传统文化表现形式的知识产权。"

一切现代科技和文明成果都离不开其发展的根基,也离不开传统知识的铺垫。尽管掌握传统知识和文化资源的一些当代艺术家和工匠可能因为完成"有形的"制品而获得知识产权制度保护,例如木雕制品可以获得著作权法的保护。❶ 但总的来说,非物质文化遗产无法获得知识产权保护,因为不管是传统知识还是民间文艺表现形式都是由那些在过去已经发展起来的知识构成,而且这些知识仍处于动态发展的过程,建立在西方哲学和价值观基础上的知识产权制度保护"创新",不适用于那些已经年代久远的创造。非物质文化遗产在现代知识产权体系中是公有领域的一部分,无法获得排他性的私权保护,不仅如此,知识产权规则甚至成为盗用、私有化、垄断甚至生物盗窃欠发达地区原住民传统知识和民间文艺资源的工具。

非物质文化遗产保护遭遇知识产权制度尴尬,究其根本在于西

---

❶ IGC 工作范围内主要在版权法或以版权为附加条件保护中讨论民间文艺表现形式,对传统知识的讨论则集中于专利权和生物多样性的保护。参见 IGC 相关文件,如 The Protection of Folklore of Traditional Cultural Expressions / Expressions of Folklore: Revised Objectives and Principles,WIPO/GRTKF/IC/ 8/4,WIPO/ GRTKF/IC/17/4; The Protection of Traditional Knowledge: Revised Objectives and Principles WIPO/ GRTKF/IC/8/5; Recognition of Traditional Knowledge within the Patent System,WIPO/ GRTKF/IC/8/8.

方哲学和非西方哲学不同世界观的差别。知识产权制度建立在西方哲学的基础之上，文艺复兴以后，西方近代哲学崛起，催生了现代科技，而现代科技的发展促成了知识产权制度的产生。西方哲学对世界的思考与价值判断是个体、客体和思维的三位一体。❶ 西方国家发展而来的知识产权制度所保护的正是在个体思维价值判断基础上形成的知识，以"创新"为保护标准赋予知识的创造者专有性权利。

西方哲学之外的其他哲学有着不一样的世界观，联合国经济与社会事务部 2010 年 1 月公布的《世界土著民族状态》报告指出，知识产权体系以及在此基础上建立的世界观与土著的世界观形成"鲜明的对比"。❷ 例如在非洲哲学中，价值判断的主体并不是个体的人，而是集体，追求的是多数人形成的观念一致，放弃对少数人的保护。因此在非洲哲学的世界观中"人"的概念不是具体的单独的个体，而是根据情况被理解为民族、部族、部落、家族、宗族等概念。❸ 这种世界观所认识的客体也不是静止稳定不变的，而是在整体范围内不断变化中。❹ 对客体的认知是在不断变化的整体中内化的理解。在非洲哲学看来，知识并非排他性的私人所有权，它是集体创造的，并且由集体拥有，知识的使用和传承的责任应当遵循传统的法则和习俗。❺ 这种知识的保护需要的是确立传统群体的

---

❶ Thomas Ramsauer, Geistiges Eigentum und kulturelle Identität, eine Untersuchung zum immaterialgüter — rechtlichen Schutz autochthner Schöpfungen, München 2005, S. 20ff.

❷ Department of Economic and Social Affairs of the UN, State of the World's Indigenous Peoples, 2009, p. 52.

❸ Hountondji, Philosophical Research in Africa: A Bibliographic Survey, Teil I and Teil II 1985 and 1989; Ramose, African Philosophy Through Ubuntu, 2002, S. 116f.

❹ Fikenscher, Wolfgang, Geistiges Gemeineigentum am Beispiel der Afrikanischen Philosophie, in: A. Ohly et al. (Hrsg.), FS Gerhard Schricker, München 2005, S. 9.

❺ Department of Economic and Social Affairs of the UN, State of the World's Indigenous Peoples, 2009, p. 74.

"共有知识产权"。

"集体共有知识产权"保护的内涵,首要的是保持与传承非物质文化遗产,其次是防止社群的利益因保护以个人私权为核心的知识产权制度受到损害。尽管习惯法在非物质文化遗产的保护中扮演着非常重要的角色,但是知识产权制度通常并不认可原住民的习惯法。❶ 面对知识产权体系给传统社群的集体知识所带来的冲击和威胁,有必要强调非物质文化遗产的"集体共有知识产权"保护与知识产权保护制度的区别,建立防止非法盗用、利用传统社群非物质文化遗产的制度,保障不同文化不同群体的非物质文化遗产的保存、保护和促进。非洲地区知识产权组织《斯瓦克普蒙德协定》就是在此领域的有益探索。

二、非洲地区知识产权组织《斯瓦克普蒙德协定》评析

《斯瓦克普蒙德协定》(以下简称《协定》)共 31 条,由初步规定、传统知识保护、民间文艺表现形式保护和一般规定四个部分组成。第一部分规定了本《协定》的目的、使用的基本概念和协定涉及的国家主管部门。第二部分主要规定了传统知识的保护标准、形式要件、权利主体、权利内容、权利的转让和许可、公正的利益分享、对传统知识持有者的认可、保护的例外和限制、强制许可、保护的管理与实现以及与遗传资源相关的传统知识的使用。第三部分民间文艺表现形式的保护主要包括保护标准、相关手续、受益人、禁止非法利用民间文艺表现形式的行为、保护的例外和限制、权利的管理。第四部分对《协定》的处罚与救济、地区保护、过渡措施和生效❷等分别进行了规定。

---

❶ State of the world's indigenous peoples, p. 85.

❷ 非洲地区知识产权组织(ARIPO)现有 17 个成员国,其中 9 个国家签署了该协定。该协定将于 6 个成员国正式批准三个月后生效。

（一）保护目的

《协定》序言中指出，本协定旨在保护"成员国内基于传统文化的创新，反对通过生物盗版对传统知识的滥用及非法使用"，阻止"向基于传统知识盗版的发明授予专利"，"进一步推动传统知识持有人对知识的商业化运作，增进其对传统知识的认知，确保传统知识的集体保管人及所有人的权益不会因新引入的个人知识产权机制受到损害。"

《协定》以非洲持续发展为宗旨，力求保存非洲多元知识体系与文化的应用。《协定》第1条规定本协定旨在（1）保护传统知识持有者权利，防止任何侵犯本协定所确认传统知识持有者权利的行为；（2）保护民间文艺表现形式，防止在传统范围外对其盗用、滥用和非法利用。

（二）保护对象

1. 传统知识

《协定》第2条规定，本协定所指的传统知识（Traditional Knowledge），是源自当地或传统社群在传统范围内的智力活动和认识结果的任何知识，包括体现在该社群传统生活方式中或者存在于经整理的世代相传的知识体系里的技术秘密、技艺、创新、实践和学问。

概念的界定对于限定保护范围、明确相关保护主体的权益十分重要。世界知识产权组织（WIPO）在相关文件中将"传统知识"定义为：基于传统产生的文学、艺术或科学作品、表演、发明、科学发现、外观设计、标志、名称及符号、未披露信息、以及一切其他工业、科学、文学或艺术领域内的知识活动所产生的基于传统的创新与创造。❶《协定》没有采用WIPO组织的列举定义方式，而是提出了一个一般性的定义，更加突出了传统知识的基本特性，也

---

❶ The protection of traditional knowledge, including expressions of folklore, WIPO/IPTK/MCT/02/INF.4, p.4.

更符合法律概念的严谨性。根据《协定》的规定,"传统知识"主要具有以下三个特征:

(1) 传统性。传统知识的创造和发展与特定的民族、群体或者地域有关,为某个特定的民族或群体所固有,体现在民族或群体传统的生活方式中,或是属于该民族或群体一代一代传承的知识体系。

(2) 动态性。传统知识并不是一个静止的概念,其本质特性是动态和发展的,传统知识体系的特性是其继续创新的标准和框架。❶

(3) 与自然环境的相关性。《协定》保护的传统知识是当地或传统社群在传统背景下智力活动和认识产生的任何知识,包括技术秘密、技艺、创新、实践等等。《协定》还特别指出,传统知识不限于特定的技术领域,包括农业、环境或医疗知识,以及和基因资源相关的知识。这也表明,不同于 WIPO 组织定义的广义传统知识概念,《协定》是从狭义上定义的传统知识,主要指与自然环境相关的技术领域的智力活动和认识的结果,不包括基于传统产生的文学、艺术或科学作品、表演、文学或艺术领域内的知识活动所产生的成果(这些属于"民间文艺表现形式")。

2. 民间文艺表现形式

《协定》第 2 条定义的"民间文艺表现形式(Expressions of Folklore,EoF)"是指表现、展现或显示传统文化和知识的任何形式,无论其有形或无形,由以下表现形式或其组合组成:

(1) 口头表达形式,包括但不限于故事、史诗、民间传说、诗歌、谜语及其他记叙性作品;文字、标志、名称、和符号等。

(2) 音乐表达形式,包括但不限于歌曲和器乐。

(3) 行动表现形式,包括但不限于舞蹈、戏剧、仪式和其他的

---

❶ Swakopund Protocol on the Protection of Traditional Knowledge and Expressions of Folklore within the Framework of ARIPO, Section 1, 1.3.

表演等，无论其是否已经是否以某种物质形式展现。

（4）有形表现形式，如艺术作品，尤其是素描、设计、绘画（包括人体彩绘）、雕刻、雕塑、陶器、陶土作品、镶嵌、木制品、金属器皿、珠宝、编织物、刺绣、纺织、玻璃器皿、制毯、服饰；手工艺品；乐器；建筑形式。

本条规定借鉴了 1982 年 WIPO－UNESCO《保护民间文艺表现形式防止不正当利用及其他侵害行为的国内法示范条款》（简称 1982 年《示范条款》）❶、2002 年《保护传统知识和文化表现形式太平洋岛屿区域性框架》（简称《太平洋岛屿区域示范法》）❷ 中的定义，也与 WIPO 组织 ICG 委员会最新版的《保护传统文化表现形式/民间文艺表现形式：经修订的目标与原则》（2010 年 9 月）文件❸的规定基本一致。

（三）获得保护的条件

1. 传统知识获得保护的条件

《协定》所保护的传统知识必须满足三个条件❹：（1）知识的产生、保存和发展具有传统和世代相传的特点。传统知识是在传统范围内社群创造的积淀和个人传承的结合。这是传统知识区别于其他知识的特性，也是其获得保护的必要条件。首先，必须是在传统范围内产生的知识。传统范围之外的个人或者企业利用公有领域的传统农业、环境或医疗知识基础而创新获得的新知识，并不属于

---

❶ Model Provisions for National Laws on the Protection of Expressions of Folklore against Illicit Exploitation and Other Prejudicial Actions, Section 2, UNESCO & WIPO, 1982.

❷ Regional Framework for the Protection of Traditional Knowledge and Expressions of Culture, SPC (Secretariat of the Pacific Community), 2002.

❸ The Protection of Folklore of Traditional Cultural Expressions / Expressions of Folklore: Revised Objectives and Principles, WIPO/GRTKF/IC/17/4 PROV., Article 1, ICG, June 1, 2010.

❹ 《协定》第 4 条。

《协定》所保护的传统知识。其次,必须是在传统范围内保存并且代代传承的知识。已经被土著社群放弃或者排除在世代相传的知识体系外的技术、技艺等也不在保护之列。(2)该知识与特定的社群有显著(distinctively)联系。与特定社群的显著联系是确定传统知识持有者和受益人的根据,这种"显著联系"不同于商标法中的显著性或区分力,不要求公众能将传统知识与特定的当地或传统群体相联系,只要传统知识能显示与特定群体或社区有联系即可。(3)受保护的传统知识必须是持有该知识的特定社群的文化特征(cultural identity)的组成部分。这里的特定社群是指以保管人、监护人、集体文化所有人或者责任人的身份持有该传统知识的群体。这种保管关系、监护关系、所有关系和责任关系可能已经由习惯法、本国法律或者商议的方式正式或非正式地予以确认。《协定》所指的习惯法仅指缔约国认可的当地传统社群的习惯法。❶

2. 民间文艺表现形式获得保护的条件

《协定》保护的民间文艺表现形式需要满足下列两个条件:❷(1)是创造性和累积性智力活动的成果。《协定》保护的民间文艺表现形式应当属于智力创作成果。民间文艺表现形式的保护和著作权法保护的关系,一直是受到关注的焦点问题。似乎为了和传统著作权法对民间文艺作品的保护相区别,《协定》不仅要求受保护的智力成果具有"创造性(creative)",还要求具有"累积性(cumulative)"。而且《协定》第16条还列举能够获得本协定保护的民间文艺表现形式既可以是集体的创作成果,也可以是身份不明的个人创作成果。集体创作是民间文艺表现形式最基本的表现形式,也是现有著作权法保护无法延及的范围,而这正是《协定》保护的重点。虽然个人是传统民间文艺发展和再创作过程中最基本的创作主体,很多的民间文艺表现形式都是在个人与集体创作的互动中发

---

❶ 《协定》第2.1条。
❷ 《协定》第16条。

展，《协定》并没有明确回答是否所有个人创作的创造性民间文艺表现形式都可以受到本协定保护，而仅仅规定身份不明的个人创作的成果属于本协定保护的民间文艺表现形式。这也似乎暗示《协定》意在避免在保护主体上与传统著作权法发生重叠。实际上，即使是身份不明的个人创作也可能构成著作权法意义上的匿名作品。(2) 具有社群文化特性和传统遗产的特征，并且由该社群根据其习惯法和实践所维持、使用或发展。首先，受保护的民间文艺表现形式必须与社群的文化和传统遗产具有一定的联系，体现其特征（characteristic）。其次，该民间文艺表现形式仍由该社群维持、使用或发展。"遗产"概念本身就要求民间文艺表现形式是世代传承的，只有满足具有这种世代相传的特点才能受到保护。那些经特定社群创作出来但是已经失传或者不再传承的民间文艺表现形式不在受保护之列。

（四）保护的主体

1. 传统知识保护主体：社群与个人

《协定》保护的传统知识的权利主体是指传统知识的持有人，即以传统和世代相传的方式创造、保存和传播知识的社群（community）❶ 以及社群内的个人。

（1）社群

传统知识最原始的创作者可能是个人，但是随着时间的推移，个人成果的不断积累，传统知识与某一地区、某一社群相关联并关系到其文化特征，体现该地区或该社群的整体风格。因此在确立传

---

❶ 具体如何确定持有特定传统知识的社群，可以参考四个要素：（1）先占使用特定地区；（2）自愿永远保存其文化特性，包括语言、社会组织、宗教和精神价值、生产方式以及法律和机构等；（3）自我肯定，并得到其他群体的认同；（4）经历过被征服、被排斥、被驱逐或被歧视，无论这种情况是否仍然存在。参见 Erica Martin Daes, "Rights of Indigenous Peoples", paper resented at Pacific Workshop on the United Nations Draft Declaration on the Rights of Indigenous Peoples, Suva, Fiji, September, 1996, p. 28.

统知识受益者时基本原则是，必须规定由持有传统知识的社群集体受益，这应该是该社群的"集体共有知识产权"。在实践中，会出现特定传统知识由多个社群共同享有的情况，不管这些社群之间是否知晓或承认对方对于同一传统知识的掌握和使用情况，只要其掌握的传统知识满足保护的要件，都可以获得保护，成为被保护的权利主体。

（2）个人

《协定》规定个人也可以成为传统知识保护的受益人，但是必须满足下列条件：首先，必须先确定个人所来源的社群本身是传统知识的持有者，即以传统和世代相传的方式创造、保存和传播知识的群体；其次，个人必须被承认属于该社群，这种承认通常要考虑习惯法和当地的习俗。社群里的某些特定个人可能在使用传统知识而产生的利益享有方面会有特别的权利，例如社群的传统医生或者农民个人，因其在社群内的角色成为传统知识的传承人，而可从传统知识的保护受益。

2. 民间文艺表现形式保护主体：社群

民间文艺表现形式保护的权利主体是满足以下条件的传统社群：（1）根据习惯法和实践，监管和保护民间文艺表现形式的社群。（2）该社群将民间文艺表现形式作为其传统文化遗产的特性而维持和使用。❶

与传统知识的保护不同，民间文艺表现形式保护的主体只能是社群，不能是个人。虽然在实践中可能是作为个体文化传承人进行个人创作，《协定》保护民间文艺表现形式的用意在于使传统社群受益。"民间文艺表现形式"受到《协定》保护的必要条件之一就是必须具有社群的文化特性和传统遗产的特征，要求这些创作中包含的主题、风格或其他项目反映社群的某种传统，并反映仍然维持和运用这一传统的社群的特征。因此即使是个人在习惯背景下完成

---

❶ 《协定》第18条。

的基于传统的创作,从社群的角度看来,也是社会和社群创作的成果。根据习惯法,这种创作不为个人"拥有"而由社群"控制"。当然,社群是由个人组成的,社群受益最终还是会使社群内的个人受益。

(五) 保护的取得

原则上,传统知识和民间文艺表现形式的保护不要求履行任何手续。❶《协定》特别指出,对某些要寻求特别保护的传统知识可以要求在管理机关登记,但是不得影响尚未公开的传统知识的保密状态,在涉及保密元素的情况下不得损害持有者的利益。对于需要特殊保护的民间文艺表现形式(例如有特殊文化价值、精神价值或具有宗教性的民间文艺表现形式),持有人应当通知有关管理机关,但是管理机关不得要求持有人公开披露其民间文艺表现形式的内容。不管是登记还是通知都只是优势证据,而非获得保护的必要条件。

(六) 保护的内容

传统社群和个人对传统知识所享有的权利包括精神权利和财产权利两部分,具体而言有表明身份权、禁止歪曲使用权、专有利用权和公平获益权。《协定》没有对民间文艺表现形式的设定类似的权利,只是禁止一切对民间文艺表现形式的盗用、滥用和非法利用行为。《协定》将民间文艺表现形式划分为三类:一般民间文艺表现形式、特殊价值民间文艺表现形式和秘密民间文艺表现形式。禁止权的具体内容因民间文艺表现形式的不同类型而有所区别。

1. 传统知识保护权利

(1) 身份表明权

任何人超出传统范围使用传统知识都必须承认其持有者,表明其来源(第10条)。

---

❶ 《协定》第5条、第17条。

(2) 禁止歪曲使用的权利

任何人在传统范围之外使用传统知识，必须以尊重传统知识持有者的价值观的方式使用（第 10 条）。

(3) 对传统知识的专有利用权

《协定》规定了权利人利用（exploitation）其传统知识的专有权（第 7 条）。这一权利包括积极行使和消极行使两方面。一方面权利人自己可以积极行使专有权，利用其传统知识，另一方面权利人有权阻止他人任何未经事先同意利用其传统知识的行为。对于违反规定，未经权利人许可实施的利用传统知识的行为，传统知识持有人有权提起诉讼。

根据《协定》第 7 条第 3 款的规定，这种排他利用权所指的"利用（exploitation）"应作广义的解释。如果传统知识是一种产品，传统知识的利用行为包括：a) 在传统范围之外生产、进口、出口、许诺销售、销售或者使用该产品；b) 以在传统范围之外许诺销售、销售或使用产品为目的占有该产品。

而如果传统知识是一种方法，"利用"则指 a) 在传统范围外使用该方法；b) 对使用方法直接产生的产品：在传统范围之外生产、进口、出口、许诺销售、销售或使用该产品；或者为了在传统范围之外许诺销售、销售或使用产品而占有产品。

(4) 公平获益权

《协定》还规定："如果他人将传统知识用于工商业领域，传统知识的持有者有权公平公正地分享由此产生的利益（第 9 条）"。具体的利益分享情况应由双方协议决定。因为在实践中，传统社群获益不公的情况很常见，《协定》补充规定："在没有双方协议的情况下，国家主管部门在双方当事人之间调解，以达成公平公正的利益分享协议。"因为传统知识保护的特殊性，权利人获取合理补偿的权利可以根据传统社群自身要求的物质需要和文化趋向扩展到非货币利益，例如对群体发展的贡献。

确立利益公平分享机制目的是尊重传统知识体系，为传统社群保存、保护和维护其传统知识体系提供激励。对于传统知识的保护应当公平兼顾传统知识的发展、传统知识持有人、使用和受益者三方的利益。

2. 民间文艺表现形式禁止权

（1）具有特殊价值或意义的民间文艺表现形式

对于具有特殊文化、精神价值或者对社群具有重要意义的民间文艺表现形式，《协定》要求缔约国提供适当、有效的法律实施措施，以确保相关社群享有以下权利：

第一，对于除文字、标志、名称和符号之外的民间文艺表现形式，权利人可以禁止他人未经其许可采取下列行为：a）复制、出版、改编、广播、公共表演、向公众传播、发行、出租、向公众提供以及拍摄（包括静态摄影）民间文艺表现形式或其衍生成果；b）对民间文艺表现形式或其改编形式任何不标明其来源的使用；c）任何对民间文艺表现形式的歪曲、篡改或者其他修改、以及其他贬损行为；d）对民间文艺表现形式或其改编形式取得和行使知识产权权利。

第二，对于属于民间文艺表现形式的文字、标志、名称和符号，权利人可以禁止他人未经许可采取下列行为："a）对民间文艺表现形式及其衍生成果的任何使用；b）对民间文艺表现形式及其衍生成果获得或行使知识产权；c）贬低、冒犯或虚假暗示与该社群有联系，或使得该社群蒙受耻辱或名声受损。"

（2）其他民间文艺表现形式

对于其它民间文艺表现形式的使用和利用，《协定》要求缔约国提供适当和有效的法律实施措施，确保："a）由民间文艺表现形式改编而产生的作品或其他产品应当标明其来源的社群；b）权利人有权禁止对民间文艺表现形式的歪曲、篡改、其他修改或者贬损行为，并且（或者）这些行为应受到民事或刑事制裁；c）权利人有权禁止他人对提及、借鉴或使人想起某一社群的民间文艺表现形式的商品或服务做出虚假、混淆或误导性表示或说明，暗示获其认可或与其有联系，并（或者）对相关行为采取民事或刑事制裁；d) 以营利为目的的使用或开发利用，应该由国家主管机关和相关社群协商确定公平的报酬或者利益分享机制。"

（3）秘密民间文艺表现形式

对于处于保密的民间文艺表现形式，《协定》要求缔约国提供适当、有效的法律实施措施，以确保作为权利人的社群能禁止他人未经授权披露并使用该民间文艺表现形式，禁止对其获得知识产权并行使知识产权的行为。

（七）权利转让与许可

根据《协定》的规定："民间文艺表现形式的持有人无权转让其禁止权，传统知识持有人有权转让或许可他人使用其传统知识。"《协定》同时规定，属于当地或传统社群的传统知识不得转让。

传统知识的获取、授权、转让或者许可都必须以书面形式订立合同，否则不具效力。同时这种书面形式的文件还必须经过国家主管部门的批准才能生效。ARIPO办公室应登记所有传统知识的转让和许可使用。

（八）保护的限制和例外

1. 保护期限

时间性是知识产权的重要特征，大多数知识产权权利的保护期都是有限的。这一直都被认为是传统知识与知识产权制度不相容的重要依据，因为传统知识和民间文学艺术表达形式的创造和传承具有代代相传的性质，持有人有理由要求长期的或是无期限的保护。在对传统知识和民间文艺表现形式保护的国际讨论中，主要有两种倾向：一是有限但是可以不断续展的保护期；二是无期限的保护期。

《协定》没有限定保护期，只要传统知识和民间文艺表现形式满足受保护的必要条件，就可以受到保护。但同时规定了当传统知识专属于个人时的例外情形。在这种情况下，作为权利主体的个人在传统范围之外使用传统知识的保护期限只有 25 年。❶ 和 WIPO 组织工作范围内迄今为止讨论的结果不同,❷《协定》认可了个人可以成为传统知识保护的权利人,但同时限定了在此情况下该类传统知识保护的时间限制。

2. 民间文艺表现形式的合理使用

为鼓励文化艺术的交流,《协定》第 20 条借鉴了一般著作权制度的做法,规定了对民间文艺表现形式保护的限制和例外❸:(1)对民间文艺表达形式的保护措施不得限制或者妨碍社群的成员以传统或习惯的方式,按习惯法和惯例正常地使用、发展、交流、传播和传递民间文艺表现形式。(2)保护措施仅仅适用于对民间文艺表现形式超出传统或习惯方式的利用,而无论其是否以商业营利为目的。(3)保护措施不适用于为非商业用途的需要对民间文艺表现形式的利用,例如教学和研究、个人或者私人用途、批评或者评论、时事新闻报道、在法律诉讼程序中使用、为了专门保存文化遗产的存档或库存而录制和复制民间文艺表现形式,以及偶然使用。

同时,《协定》强调,以上每种情况下的使用都应是合理使用,并在实际可行的情况下注明民间文艺表现形式来源的社群,并且这种使用不会冒犯到相关社群。合理使用最基本的前提应是传统文艺表现形式没有受到歪曲篡改或修改,并且没有对相关社群声誉造成损害。❹

《协定》只规定了民间文艺表现形式的合理使用,并没有对传统知识是否也存在合理使用问题表明态度。在 WIPO 组织 IGC 委

---

❶ 《协定》第 13 条。

❷ ICG, Protection of Traditional Knowledge: Revised Objectives and Principles, WIPO/GRTKF/IC/18/5, 10.1.2011.

❸ 类似的还有 1982 年《示范条款》、2002 年《太平洋岛屿区域示范法》。

❹ The Protection of Folklore of Traditional Cultural Expressions / Expressions of Folklore: Revised Objectives and Principles, WIPO/GRTKF/IC/17/4 PROV., ICG, June 1, 2010.

员会的相关文件中，❶以下对传统知识的使用都被认为是合理使用的范围，无需权利人的许可：（1）私人使用、教学和其他非商业性使用；（2）对传统知识客体进行的试验与研究；（3）客体是治疗人类或动物的方法。《协定》对此并没有规定，有待制定者的解释和缔约国国内法的明确。《协定》也没有规定对传统知识的保护是否包括那些已经被纳入知识产权制度的传统知识，不管是受专利法保护还是商业秘密法保护的技术或技术知识。

3. 传统知识的强制许可

在两种情况下❷，各缔约国可以出于公共安全或公共卫生利益的考虑，对传统知识予强制许可，以满足国家需求：（1）权利人对传统知识的利用不充分；（2）权利人拒绝依照合理的商业条款及条件授予他人使用许可。鉴于缺少合同双方协议，由具有司法管辖权的法院为强制许可裁定合理金额的补偿。

这一规定类似知识产权法中的强制许可情形，但《协定》并没有明确具体如何认定权利人对传统知识的利用不够，如何确定合理的商业条款及条件等问题。实践中可借鉴现有知识产权制度的认定标准，并应考虑传统社群习惯法和习俗。

（九）管理和实施

《协定》规定了传统知识和民间文艺表现形式保护中的行政管理和实施机关是专设的 ARIPO 办公室❸和缔约国国内实施本协定规定的专门主管部门。

管理机关的职能包括以下几方面：（1）提高人们传统保护传统

---

❶ 例如 ICG, Protection of Traditional Knowledge: Revised Objectives and Principles, WIPO/GRTKF/IC/18/5, 10.1.2011. 传统知识的合理使用问题在 WIPO 组织的 IGC 委员会有关文件中广受关注。

❷ 《协定》第 12 条。

❸ ARIPO 办公室的另一重要任务是区域事务协调和联络，类似非洲知识产权组织（OAPI）、南亚区域合作协会（SAARC）通过制定主管机构处理区域内各国之间的传统知识和民间文艺表现形式保护问题。

知识的意识，负责有关传统知识的教育、指导、监督、登记、争议解决等工作；(2) 在适当和有需要的时候，为传统知识的权利人提供意见，协助权利人捍卫自己的权利提起民事或刑事诉讼；(3) 两个或两个以上的来自不同国家的社群共享同一传统知识或民间文艺表现形式时，负责提高相关社群的保护意识，负责与之相关的教育、指导、监督、争议解决等工作。

缔约国国内主管机关的另一项重要任务是代表受保护的社群利益实施保护的内容，对民间文艺表现形式（超出传统或习惯方式）的开发利用进行授权、代收收益并转交权利人。《协定》要求主管机关的授权按照相关社群的传统决策和公共事务管理程序进行，并且在做出授权之前，必须先与相关社群适当协商。主管机关的授权许可应当对开发利用民间文艺表现形式产生的收益提供公平的利益分享。由此获得的任何货币和非货币收益，都应由该主管部门移交相关权利人。

（十）与遗传资源有关的传统知识使用原则

《协定》第 15 条特别规定，授权使用与遗产资源有关的传统知识，并不意味着获得授权可以使用源自传统知识的遗传资源本身。如果要利用传统知识中的遗传资源还需要和持有人另行协商，获得许可。该规定与《波恩准则》❶ 第 37 条的规定一致，确认获取遗传资源同获取与遗传资源相关的传统知识二者的事先知情同意程序相互独立。

结语

非洲地区知识产权组织的《协定》与我国 2011 年 2 月通过的《非物质文化遗产法》（以下简称《非遗法》）在保护模式的选择、保护目的、保护对象，保护内容设计上均有较大的差别。

---

❶ The Bonn Guidelines on Access to Genetic Resources and Benefit Sharing, CBD, 2002.

第一，保护模式。国际社会现有的保护模式主要有两种：一是提供民事性的特殊权利保护机制，WIPO组织一直致力于探索用知识产权及类似知识产权模式保护民间文艺表现形式和传统知识，IGC委员会就是在此背景下产生并开展各项工作的；第二种是行政性保护，最典型的是UNESCO《保护非物质文化遗产公约》，通过确认、登记存档、传承和教育等方式保存和保护包括传统知识和民间文艺表现形式在内的非物质文化遗产。《协定》是在非洲已有的《班吉协定》、《突尼斯版权示范法》等特别权利保护模式基础上综合借鉴IGC相关文件的成果，采用的是典型的民事权利设计体系。我国的《非遗法》则以行政保护为主，在草案的准备过程中甚至放弃"非物质文化遗产保护法"而采用"非物质文化遗产法"的表述，旨在强调非物质文化遗产的广泛保存，以及在此基础上对有特定价值的非物质文化遗产的传承和保护。

第二，保护目的。《协定》以保护传统知识和民间文艺表现形式持有者的权益，防止盗用、滥用和非法利用为宗旨。《非遗法》将非物质文化遗产的保存和传播作为立法目的。保存和保护的关系是面对民事保护和行政保护的必须回答的问题。《协定》序言强调根据本协定保护传统知识不得损害传统知识的持续性，不得影响其持有者在传统范围内实践、交换、使用和传播传统知识。对于传统知识的保护应当避免对传统知识体系自身的习惯传承产生负面影响。

对于非物质文化遗产保护与现有知识产权法保护之间的关系，《协定》和《非遗法》有不同的回答。《非遗法》规定，使用非物质文化遗产涉及知识产权的，适用有关法律、行政法规的规定。《协定》的主要立法目的之一就是防止现有知识产权制度对于非物质文化遗产的冲击和对传统知识或民间文艺表现形式持有者利益不合理的损害，防止遗传资源剽窃。

第三，保护的对象和标准。《协定》保护的对象是无形的传统知识或者民间文学艺术有形或无形的表现形式。《非遗法》保护的范围比《协定》广泛，包括各民族人民世代相传并视为其文化遗产组成部分的各种传统文化表现形式，以及与传统文化表现形式相关的实物和场所。结合相关的列举，《非遗法》所指的传统文化表现形式涵盖了《协定》定义的"传统知识"和"民间文艺表现形式"。不仅如此，除了无形的传统文化表现形式，与之相关的有形载体也是《非遗法》保护的对象。

第四，保护内容的设计。《协定》设计了类似知识产权权利体系的权利内容，特别是对于传统知识的权利，包括了精神权利和权利人可以支配和处分的财产权利，并且规定了对权利的限制，如合理使用和强制许可等。而《非遗法》则通过采取认定、记录、建档、设立相关的调查制度、代表性项目名录制度、传承与传播制度等措施来保存和保护非物质文化遗产。

保护传统知识和文化资源、维护知识结构的多样性是推动社会发展的重要动力。诚如《世界文化多样性宣言》所言，"保持文化多样性是交流、革新和创作的源泉，对人类来讲就如同生物多样性对维持生物平衡一样必不可少。"[1] 非洲传统背景下对知识的理解与西方世界观的差异，解释了现代知识产权制度面对传统知识和文化资源保护需求的尴尬。从尊重创造、运用和发展传统知识及文化资源的社群的保护需求角度出发，有必要设计和构建"集体共有知识产权"制度，最大程度考虑传统社群自身习惯法，赋予传统社群相应的权利，并且防止传统社群的利益因为个人知识产权制度而受到损害。非洲地区知识产权组织《斯瓦克普蒙德协定》提供了制定相关法规的基本框架，为非洲地区各个国家传统知识和民间文艺表现形式的保护提供了统一民事特别权利保护模式的可能。[2]

当然，本文所分析研究的《斯瓦克普蒙德协定》只是对"集体共有知识产权"保护制度的一种设计，还有很多其他国家和国际组织都在讨论和探索如何更好的实现对传统社群集体共有知识产权的

---

[1] UNESCO《世界文化多样性公约》第1条。
[2] 《协定》第28条规定针对本协定的内容不得提出保留。

保护，例如《太平洋岛屿区域示范法》以及 WIPO 组织 IGC 委员会所组织制定的一系列规范性文件。应当强调的是，尽管在经济全球化背景下，各国的知识产权保护规则呈现出趋同化趋势，仍然应当尊重和考虑文化的多元主义，才能对不同文化背景下斑斓多彩的知识体系提供合理恰当的保护途径。要实现国际社会非物质文化遗产的保护目标，需要不同文化之间的相互理解、相互包容、相互借鉴和学习。

三、非物质文化遗产的保存与运用

非物质文化遗产的商业化利用

——"文化资产保存法"第 69 条（台湾）对于
公有古物的商业利用限制初探

何家怡[*]

一、问题提出

2009 年 1 月间，据台湾联合新闻网所报导，某"元世祖涮羊肉火锅店"（店名），未经同意就"擅自"使用故宫典藏的元世祖画像（"元世祖"半身像及"元世祖出猎图"），涉嫌"侵权"，遭故宫员工检举，被追缴了 18 200 元的授权费。

事实上，前述"元世祖"半身像及"元世祖出猎图"确实都是故宫典藏的输出，确实，也未经任何人之"同意"，但报导中稍有误解的，则是所用侵权二字。依据故宫方面所表示、澄清的，本件并非事涉"著作权"侵权，故宫所主张的乃是"文化资产保存法"第 69 条关于"公立古物保管机关为研究、宣扬之需要，得就保管之公有古物，具名复制或监制。他人非经原保管机关准许及监制，不得再复制。"之权利，要求该被检举的店家，按照国立故宫博物院珍贵动产衍生品管理及收费规定付费。

前述问题刻正引发一些法律讨论，究竟"文化资产保存法"第 69 条赋予故宫的权利范围为何？如何解释？尚有争议之情形下，短短不到三个月间，又有媒体报导以下争议，以致于引发"故宫将公有文物商品化后，收益属于员工雨露均沾，无怪乎员工积极检举元世组火锅案"的质疑与联想。

---

[*] 台湾承展智权暨商务法律事务所合伙律师。

参照联合国教育、科学及文化组织于 2003 年 10 月 17 日通过的《保护非物质文化遗产公约》,其对于"非物质文化遗产"的定义,是指被各群体、团体、有时为个人视为其文化遗产的各种实践、表演、表现形式、知识和技能及其有关的工具、实物、工艺品和文化场所。各个群体和团体随着其所处环境、与自然界的相互关系和历史条件的变化不断使这种代代相传的非物质文化遗产得到创新,同时使他们自己具有一种认同感和历史感,从而促进了文化多样性和人类的创造力而言,所以,其范围遍及"口头传说和表述,包括作为非物质文化遗产媒介的语言;表演艺术;社会风俗、礼仪、节庆;有关自然界和宇宙的知识和实践;传统的手工艺技能。"本文主题虽设定讨论非物质文化遗产商业化问题,但为使讨论聚焦,乃另以"文化资产保存法第 69 条(台湾)对于公有古物的商业利用限制"为副标题,并试图兼自与知识产权视角提出浅见以就教于与会先进。

二、现行文化资产保存法有关规定使得公有古物的商业利用问题复杂

参据"文化资产保存法"第 3 条规定,该法所称文化资产,指具有历史、文化、艺术、科学等价值,并经指定或登录之古迹、历史建筑、聚落、遗址、文化景观、传统艺术、民俗及有关文物、古物、自然地景而言。本文则将讨论范围限于"文物资产保存法"第六章所定"古物",指各时代、各族群经人为加工具有文化意义之艺术作品、生活及仪礼器物及图书文献等("文化资产保存法"第 3 条第 6 款参照)。

又"文化资产保存法"第 63 条规定,古物依其珍贵稀有价值,乃分为国宝、重要古物及一般古物三类。其中国宝、重要古物系由"行政院文化建设委员会"依同法第 66 条规定,就国立古物保管机关(构)、私有及地方政府机关(构)列册或登录之古物,择其价值较高者,审查指定并公告之。而在文化资产保存法之架构下,不论

古物为何种等级，均不排除为私人所有，仅其（私人所有）中属于国宝、重要古物者，于"所有权移转前，应事先通知中央主管机关。除继承者外，公立古物保管机关（构）有依同样条件优先购买之权"（73条）并受有原则上"不得运出国外"之限制（71条）而已。

近来，"文化资产（非物质文化遗产）商业化、产业化"的课题受有颇多讨论，不过，如前所言，文化资产包括本身具有历史、文化、艺术、科学等价值，并经指定或登录之古迹、历史建筑、聚落、遗址、文化景观、传统艺术、民俗及有关文物、古物、自然地景者，显然的，其本身就有多样性甚至变动性，所以，可以理解的，其间不同类性的文化资产所各自面对商业化、产业化课题，所应相应处理的问，事实上本即不尽相同。

以"古物"而言，一般常见的，除理所当然的展示收益外（以下分类为"将古物本身用于商业"），就是以不同程度或方式的"再现"，应用于商业用途之上，包括原样大小或放大缩小之复制品贩卖、平面或立体转换运用、平面或立体使用于其他商品上、甚至作为某些商品或服务之表征等（以下分类为"将古物之衍生物用于商业"）均属之。

为便于以类型化方式进行讨论，分就"将古物本身用于商业"、"将古物之衍生物用于商业"之情形，在"文化资产保存法"下与知识产权（尤其是著作权法）间所产生的竞合关系，整理如下表所示，以为比较。

表1：与知识产权（尤其是著作权法）问研产生的竞合关系

所有	所涉知识产权属性	分级	将古物本身用于商业		将古物之衍生物用于商业
私有古物	知识产权属公共所有（public domain）	国宝	商业展示为营利收益（私法契约）	非报请"行政院"核准，不得运出国外	一、古物之衍生物（如重制物）产出：得自由为之。 二、古物衍生物之再利用：如衍生物已足以构成知识产权保护标的，另需依知识产权法制（如著作权法）规范处理。
		重要古物		非报请"行政院"核准，不得运出国外	
		一般古物			
	知识产权非属公共所有（public domain）	国宝	对外而言，商业展示为营利收益；对内，理论上存在知识产权权利人与文物所有权人间收益分配约定问题	非报请"行政院"核准，不得运出国外	一、古物之衍生物产出（如重制物），需依知识产权法制（如著作权法）规范处理。 二、古物衍生物之再利用：如衍生物已足以构成知识产权保护标的，另需依知识产权法制（如著作权法）规范处理。
		重要古物		非报请"行政院"核准，不得运出国外	
		一般古物			
公有古物	知识产权属公共所有（public domain）	国宝	展示所得收益，为参观人利用公营造物之对价（公法关系）	非报请"行政院"核准，不得运出国外	一、古物之衍生物（如重制物）产出：任何人原则得自由为之。 二、古物衍生物之再利用：如衍生物已足以构成知识产权保护标的，另需依知识产权法制（如著作权法）规范处理。 三、另"并"有"文物资产保存法"以下条文之适用： （一）公有古物，由保存管理之政府机关（构）管理维护。（第67条） （二）国立古物保管机关（构）应就所保管之古物，订定其管理维护办法，报中央主管机关备查。（第67条）
		重要古物		非报请"行政院"核准，不得运出国外	
		一般古物			

三、非物质文化遗产的保存与运用　229

(续表 1)

所有	所涉知识产权属性	分级	将古物本身用于商业	将古物之衍生物用于商业
公有古物	知识产权非属公共所有(public domain)			(三)公立古物保管机关(构)为研究、宣扬之需要,得就保管之公有古物,具名复制或监制。他人非经原保管机关(构)准许及监制,不得再复制。前项公有古物复制及监制管理办法,由中央主管机关定之。(第69条)
		国宝	非报请"行政院"核准,不得运出国外	一、古物之衍生物产出(如重制物),需依知识产权法制(如著作权法)规范处理。二、古物衍生物之再利用:如衍生物已足以构成知识产权保护标的,另需依知识产权法制(如著作权法)规范处理。四、另"并"有"文物资产保存法"以下条文之适用:(一)公有古物,由保存管理之政府机关(构)管理维护。(二)国立古物保管机关(构)应就所保管之古物,订定其管理维护办法,报中央主管机关备查。(第67条)(三)公立古物保管机关(构)为研究、宣扬之需要,得就保管之公有古物,具名复制或监制。他人非经原保管机关(构)准许及监制,不得再复制。前项公有古物复制及监制管理办法,由中央主管机关定之。(第69条)
		重要古物	对外而言,展示所得收益,为参观人利用公营造物之对价(公法关系);对内,理论上存在知识产权权利人与公营造物间收益分配约定问题	非报请"行政院"核准,不得运出国外
		一般古物		

综以上开表格整理可知,当古物为私有时,不论"将古物本身用于商业"或"将古物之衍生物用于商业",其法律问题均属单纯,除事涉国宝及重要古物之"运出国外"事宜者外,其衍生之法律问题,实为既有的知识产权法制以及民事契约法制所得处理。

相对的,当古物为公有时,公立古物保管机关依"文物资产保存法"第67、69条所定之管理维护办法、复制及监制管理办法等,就可能对于"商业化"产生限制,甚至发生与知识产权法制间之冲突现象,法律竞合之效果使得商业化问题复杂难解。

三、"文化资产保存法"第 69 条的规范应然与实然

"文化资产保存法"第 69 条规定:"公立古物保管机关为研究、宣扬之需要,得就保管之公有古物,具名复制或监制。他人非经原保管机关准许及监制,不得再复制。"同法第 97 条第 1 项第 6 款则规定"再复制公有古物,违反第 69 条第 1 项规定,未经原保管机关(构)核准者"处新台币十万元以上五十万元以下罚锾,同法第 97 条第 2 项甚至有"按次"分别处罚之规定。可见,"文化资产保存法"第 69 条规定绝非仅止于宣示条款而已。

不过,综合观察"文化资产保存法"第 69 条规定与第 97 条第 1 项第 6 款文义,似乎该等条文所禁止的,乃是对于"公立古物保管机关复制或监制"品,进行"再复制"之行为者而言。换言之,文义上似乎无法得到文化资产保存法赋予"公立古物保管机关""专有"具名复制或监制古物权利之结论。

然而,在"元世祖"图像一案,如报载事实为真,则台湾故宫显然不是采取前述立场,而是采取"专有具名复制或监制古物"之态度释之,也因此对"侵权"者,依国立故宫博物院珍贵动产衍生品管理及收费规定主张收取授权金。就此("元世祖"图像一案),本文以为台湾故宫对于"文化资产保存法"第 69 条规定于实务上的操作与解释,或许仍有如下讨论之空间:首先,如前所述,自"文化资产保存法"第 69 条与第 97 条第 1 项第 6 款规定之文义,实无法得到"文化资产保存法"赋予"公立古物保管机关""专有"具名复制或监制古物权利之结论;再则,更让人无法理解的,则是"一样的古物"本即可能因种种因素而为民间私有、私藏,或为公有而为公立古物保管机关保管,然而,何以(民、官)同样是所有、保管之人,法律何有理由独厚"公立古物保管机关""专有"具名复制或监制古物之权利?如此解读"文化资产保存法"第 69

条之正当性何在？是因为"公立古物保管机关"较诸"民间"花费更多心力？还是有其他公共政策之目的？即便"文化资产保存法"第 69 条是以"公立古物保管机关为研究、宣扬之需要"为前提，则民间难道就无"为研究、宣扬"之需可言？诸等实不易理解；此外，"文物资产保存法"第 97 条第 1 项第 6 款固然禁止对于"公立古物保管机关复制或监制"品，进行"再复制"，但也无从"反推"其他人不得"直接"（相对于"再"复制而言）对古物为复制。

对此，本文以为"文化资产保存法"第 69 条结合第 97 条第 1 项第 6 款规定，仅在禁止对于"公立古物保管机关复制或监制"品，进行"再复制"而已，若然，则要"将古物之衍生物用于商业"（包括古物之衍生物（如重制物）产出，以及古物衍生物之再利用），将获得较大之空间。

四、真正问题不在文化资产保存法第 69 条之规定

在"元世组图像"一案中，如媒体报导无误，台湾故宫所主张的乃是"文化资产保存法"第 69 条之权利，要求该被检举的店家，按照"国立故宫博物院珍贵动产衍生品管理及收费规定"付费。

但如上，本文认为"文化资产保存法"第 69 条以及其他条文之规定，应无法演绎出"公立古物保管机关专有古物复制之权利"之结论，但仍应讨论"除了"文化资产保存法"第 69 条"之外，还有何种可能建构"公立古物保管机关专有古物复制权利"之实证法基础。

由于"文化资产保存法"第 67 条订有"文化资产公有古物，由保存管理之政府机关（构）管理维护。国立古物保管机关（构）应就所保管之古物，订定其管理维护办法，报中央主管机关备查。"之规定，而所谓"管理维护"事项范围本极其广泛，所以如果公立古物保存机关在"管理维护"办法中排除他人复制古物、订定授权办法，则似乎也非全然无据。

此节，如果从国立故宫博物院之"公法上（组织法）地位"论

之，则更不足为奇。盖，参照德国法制，公法人❶可区分为公法上的社团法人、公法上的财团法人与公法上的公营造物法人，其中"公法上的公营造物法人"，则非传统科层式体制下的行政单位（最明显则为台湾各个部会之下的司、处），其存在目的在于完成各种特殊专业化任务、与母体机关之间有一定的区隔，往往具有独立性。依吴庚教授之归纳，得分为五类：（1）服务性营造物，指邮局、电信局、港口等；（2）文教性营造物，指公立学校、博物馆、图书馆、纪念堂、文化中心等；（3）保育性营造物，指公立医院、疗养院、荣民之家、勒戒所等；（4）民俗性营造物，指孔庙、忠烈祠、公立殡仪馆等；（5）营业性营造物，指公有果菜市场、鱼市场等。❷ 此间，最值得注意的是，一般认为公营造物的使用者与该公营造物之间的法律关系，为"特别权力关系"的一种，公营造物的经营者在实质内容上享有一定的秩序规范的权限（Otto Mayer）。所以，"如果"❸承认"国立故宫博物院"之"公法上（组织法）地位"为公营造物，则其"自创""秩序规范"，禁止公营造物利用者复制其收藏古物，法理上似乎亦非绝对不可行。

但综揽当时"行政院文建会"或是故宫所定之规范，显然并无禁止公营造物利用者"直接"复制其收藏古物之规范，至于所谓国立故宫博物院珍贵动产衍生品管理及收费规定（即便过去或许有人批评国立故宫博物院珍贵动产衍生品管理及收费规定无法源依据），

---

❶ "公法人"是一个典型德国公法学上的制度。其系指称"公法上"之"法人"。法人指其具有独立的法人格，从而为权利义务归属的主体，脱离原先的母体机关，而且也与个别的成员不同；法人对自己的业务享有决行权，但应依法律所规定的方式产生决议机关与监督机关。李建良. 论公法人在行政组织建制上的地位与功能——以德国公法人概念与法制为借镜[J]. 月旦法学杂志, 2002, 184：43.

❷ 吴庚着. 行政法之理论与实用[J]. 作者自刊, 增定六版, 2000：172.

❸ "国立故宫博物院组织法"第1条规定："为整理、保管、展出原国立北平故宫博物院及国立中央博物院筹备处所藏之历代古文物及艺术品，并加强对中国古代文物艺术品之征集、研究、阐扬，以扩大社教功能，特设国立故宫博物院（以下简称本院），隶属于行政院"，并未明订其法人的地位。

其内容也只是规范"本院藏品图像"之利用（复制禁止与授权）而已，而所谓"本院藏品图像"事实上系指（该规定第 2 条）"由本院摄制之藏品外观或材质等有关之底片、照片、数字图文件或其他图像数据"而言，并非指"古物"（即所谓"本院藏品"）本身，实与"文化资产保存法"第 69 条仅在禁止对于"公立古物保管机关复制或监制"品（即所谓"本院藏品图像"）进行"再复制"之旨趣无异。

五、商业化之容许，已是政策选择，而非法律问题

首先，对博物馆而言，就算其对于古物有所有权，不见得有著作权，这点是无须争论的。

再则，即便博物馆对于"仍享有著作权之著作"为重制，本有其容许之范围，[1] 然而"博物馆对其合法重制物究竟享有何等权利"？排他使用之基础为何？不无讨论余地。

或有认为博物馆对其重制物有著作权，因此排除他人"再复制"行为乃事所当然。但如果回归著作权法之观点，问题之关键应在于博物馆的重制行为本身是否合乎"原创性"的要件，[2] 否则，"博物馆对其重制物有著作权"之前提即不成立。就古物复制而言，本文认为博物馆"重制"目的就是要"原物重现"，若然，似乎难以承认会有"创造"元素于其中（惟若原物重现过程，涉及高度专业技术，或可能被认定具有著作权）。因此，可以想象的，博物馆

---

[1] 台湾"著作权法"第 48 条："供公众使用之图书馆、博物馆、历史馆、科学馆、艺术馆或其他文教机构，于下列情形之一，得就其收藏之著作重制之：一、应阅览人供个人研究之要求，重制已公开发表著作之一部分，或期刊或已公开发表之研讨会论文集之单篇著作，每人以一份为限。二、基于保存资料之必要者。三、就绝版或难以购得之著作，应同性质机构之要求者。"

[2] 关于原创性判断标准可参照美国联邦第二巡回上诉法院在 Alfred Bell v. Catalda Fine Arts. 191 F. 2d 99 (2d Cir. 1951) 案所称之 distinguishable variation 以及纽约州南区联邦地方法院在 Alva Studios v. Winninger, 177 F. Supp. 265, 267 (S. D. N. Y. 1959) 案发展出来的 independent and artistic skill, labor, and judgment 原则。

要以"著作权"禁止他人使用（包括再复制）衍生物，确实有法理上之难处，所以，立于博物馆之立场，试图于"著作权"外，以类似"文化资产保存法"第 69 条规定之方式禁止"再复制"即不难想象。至于禁止"对古物'直接'复制"之作法，则大可透过契约约定、公营造物管理方式为之（如禁止摄影等）。

所以，可以肯定的，一旦博物馆等试着就已属于公共领域的原始著作物、原始著作物之重制品主张"权利"，本不乏法理上可能性。因此，古物之商业利用，即便不谈著作权问题，也势必受限。除非，确立政策，进而在根本上以法制明文划定商业容许之范围与空间。

六、"文化创意产业发展法"（台湾）的一线曙光

2010 年 3 月 2 日公布，8 月 30 日施行的"文化创意产业发展法"，❶ 其第一条规定："为促进文化创意产业之发展，建构具有丰富文化及创意内涵之社会环境，运用科技与创新研发，健全文化创意产业人才培育，并积极开发国内外市场，特制定本法。文化创意产业之发展，依本法之规定。其他法律规定较本法更有利者，从其规定。"是一部试图将"文化"、"商业"、"产业"做为密切结合之实证法。

该法第 21 条明订："为促进文化创意产业之发展，政府得以出租、授权或其他方式，提供其管理之图书、史料、典藏文物或影音资料等公有文化创意资产。但不得违反知识产权相关法令规定。依前项规定提供公有文化创意资产之管理机关，应将对外提供之公有文化创意资产造册，并以适当之方式对外公开。管理机关依第一项

---

❶ 国立故宫博物院则于同年 10 月 15 日以台博文字第 0990011367 号令，将原国立故宫博物院珍贵动产衍生品管理及收费规定修正为国立故宫博物院珍贵动产衍生（文化创意）产品管理及收费规定，但除于第 1 条揭示文化创意产业发展法为其"法源"外，内容无实质变动。

规定取得之收益,得保留部分作为管理维护、技术研发与人才培育之费用,不受"国有财产法"第7条及地方政府公有财产管理法令规定之限制。利用人系为非营利目的而使用公有文化创意资产时,管理机关得采优惠计价方式办理。公有文化创意资产之出租、授权、收益保留及其他相关事项之办法或自治法规,由中央目的事业主管机关、直辖市或县(市)主管机关定之。"正是足以将传统"文化资产保存"观念"松绑"至"文化资产应用",尤其是"商业应用"之基础。

由于该法相关子法正研拟当中,其发展往后也势必与"文化资产保存法"等法令发生有碰撞、竞合之问题,现时,政策风向既已导向"软实力"之产业发展(参"文化创意产业发展法"的立法草案总说明),应能期待不久的将来,文化与商业之间将能取得美好之平衡点。

证明标章保护原住民工艺品之功能

——以美国 IACA 经验为例

李崇僖[*]

一、原住民工艺创作保护之重要性

广义的原住民文化财产权,可以指涉原住民所有的文化遗产(cultural heritage),而文化遗产之内容可包括原住民族无形的传统知识(例如对生态资源之利用知识),以及音乐舞蹈等文化表现形式。但从法律保护的角度而言,文化遗产之有形性或无形性在保护方式之选择上有相当大的差别,无形的文化遗产特别容易面临流失的危机,因此必须透过族群教育、耆老口述记录等方式加以保存,而有形的文化遗产则适合由"文化资产保存法"这类的法律加以保护。而台湾日前制定的原住民族传统智慧创作保护条例,其保护范围是包括有形与无形的成分,因为有音乐舞蹈,也有雕塑、图案、纺织等。因此,本文所讨论的工艺创作保护问题,并非该条例所欲处理问题之全部,仅是一个较具有经济意义的面向而已。在此前提下,本文所介绍之美国相关立法,也并不等同于台湾的保护条例,两者在保护方式与目的上有相当程度的差异。

本文针对工艺创作保护加以讨论之主因就在于该项传统文化不仅有其精神层次上之意义,同时亦常有经济面向上之作用。传统工艺品之制作原本对于原住民族而言具有精神上或生活上之重要功能,而在当代艺术商品化与观光消费的刺激下,传统工艺品则又成为各国原住民族家庭的重要副业,因为原住民工艺品所呈现的原

---

[*] 台湾中原大学财经法律系副教授。

始、素朴风格，总能在市场上吸引不少认同者。而在原住民部落大多就业困难的情形下，自给自足又能承继先人传统的工艺创作就成了原住民家庭的优先选择。此外，有些原住民族在传统上有匠师特别专长于手工艺品创作，乃属于专业的传统承继者（在社群成员分工比较完整的进步农业社会中特别常见），而手工艺品市场也就成为其唯一的经济来源。相较于其他文化遗产，工艺创作是对当代原住民族来说最直接影响其经济收益的文化遗产，也是最需要被创设文化财产权的项目，因为传统工艺创作被抄袭常是攸关原住民家庭收入或工艺专业者生计的大事。

事实上原住民族传统工艺创作被外界抄袭利用已是常态，且造成原住民家庭大量的经济利润损失。单以美国印地安人之情形为例，根据一份2005年出版的官方报告显示，从1990年印地安艺术与工艺法修法以来，国外进口或美国境内仿冒的印地安工艺品所侵蚀的市场价值，已经累积高达四亿至五亿美金。[1] 此种大量制造的仿冒品，不仅侵蚀印地安人的经济利润，其粗糙的质量更损及文化认同与尊严。根据学者研究指出，这些大量的仿冒品充斥市场，造成了以下四个问题[2]：

(1) 仿冒品剥夺印地安艺术工作者之经济基础，导致其无法谋生。因为仿冒品便宜，且到处可以买到（例如旅馆之礼品店，路边的摊位）；

(2) 仿冒品可能导致文化灭绝，若印地安艺术家被逐出市场，则印地安文化与技艺将永远消失。

---

[1] U. S. Dep. Of Interior, Office of Inspector General, *Indian Arts and Crafts: A Case of Misrepresentation* (2005). 转引自 Roberto Iraola, *The Civil and Criminal Penalty Provisions of the Indian Arts and Crafts Act of 1990*, 36 Cumberland Law Review 294 (2006).

[2] Jennie D. Woltz, *The Economics of Cultural Misrepresentation: How Should the Indian Arts and Crafts Act of 1990 Be Marketed?*, 17 Fordham Intellectual Property, Media and Entertainment Law Journal, Winter 455—457 (2007).

（3）仿冒品使消费者对印地安艺术产业的信赖消失，因为真假难辨，将降低消费者之购买意愿，导致市场萎缩。

（4）仿冒品对手工艺品所代表的印地安文化造成伤害，印地安艺术工作者多以手工制造，选用适当而罕见的材料，并耗费相当时间使其臻于完美。仿冒品通常使用劣等材料且大量生产，将导致文化上的误导，破坏原住民对其自身文化之信仰与认同。

然而如何杜绝这些仿冒品却一直是个难题。首先这些工艺创作一旦系沿袭于传统形式，则无法获得著作权的保护，因此无法主张仿冒者为侵权。另一方面，这些原住民家庭多半不会想到去申请商标注册（亦不堪负担相关成本），且以族群为申请单位亦会面临现实法令上的权利资格问题，因此亦无法透过商标方式保护。在此背景下，美国国会乃制定了印地安艺术与工艺法（Indian Arts and Crafts Act，以下简称 IACA）希望建立特殊的保护制度。该法律之设计构想为何，实际运作经验又能收多少成效，此皆为本文所希望探讨者。

虽然本文以证明标章为题，但限于篇幅而以分析美国 IACA 之法制经验为主，至于新西兰、澳大利亚以及巴拿马等其他国家亦有透过证明标章保护原住民工艺品之例，则有待另文加以论析。正因如此，本文之论述内容在政策应用层面上有其局限性，不能作为理解证明标章与原住民工艺品保护之全部面向，先予述明。

二、美国印地安艺术与工艺法之法制经验

（一）法律之制订背景与内容

早在 19 世纪中叶，美国西部就已建立广大的印地安保留区，避免其遭受白人之侵扰。暂且不论印地安保留区政策背后的种种政治考虑与结果，至少为因应印地安保留区之治理需求，在美国法律体系中已逐渐发展出完整的印地安法体系，其中涉及土地利用、水与矿产资源治理、经济开发、文物保存等诸多环节。本文所欲探讨

之工艺创作保护体系，亦是在印地安法体系整体下的一环。[1]

由于美国境内的印地安手工艺品市场上充斥着从亚洲国家进口的廉价品竞争，因此美国早在 1935 年就制定了印地安艺术与工艺法，其中主要规定内政部应设置主管机关 Indian Arts and Crafts Board（以下简称 IACB），以发展印地安手工艺技术与市场，促进印地安部落与保护区之经济利益。在该法中还赋予主管机关创设相关商标与制定行政规则之权力。然而，经过数十年的施行结果，市场充斥廉价竞争品的情况仍未见改善，因此美国于 1990 年修订了全新的 IACA，其中增加了冒用 IACB 创设标章者之刑罚，以及庞大的民事赔偿责任。以下的讨论将针对 1990 年修订后至今之 IACA 法律内容与实践情形。

1990 年 IACA 之修订除了与印地安工艺品仿冒问题严重有关之外，亦与当时之政治环境有关。事实上，1990 年对美国印地安人文化自主意识是具有相当重要意义的一年，该年不仅凯文科斯纳所导演的《与狼共舞》上映，获得电影学院颁发当年度最佳影片奖，同时该年联邦众议院亦出现第一位印地安人国会议员 Ben Nighthorse Campbell，此君原即为印地安珠宝银器创作者之身分。而 IACA 即是在 Campbell 之提倡，以及某些印地安族自治政府大力支持下通过修订的。在此种大众文化觉醒与政治代表强化的背景下，迅速通过有着强烈的族群正义与经济补偿色彩的法案也就不令人意外，但其中亦夹杂着合法性的印地安自治政府借由法律强化其代表性地位之企图。因为该法律对于印地安人之认定采取严格规定（必须为部落成员名单中之印地安人方受保护），可产生明显的排他

---

[1] 台湾从制定原住民族基本法以后，涉及原住民事务之法律修订需求多达数十项，每项都深刻触及部会之间的权力分配、资源治理等调整，经常在行政院会中僵持不下，造成总体法政策的模糊未明。另一方面，目前国内法学界尚未重视外国原住民法体系之研究，以致缺乏更全面性之论述。关于美国印地安法体系，可参考 David H. Getches, Charles F. Wilkinson, Robert A. Williams, Cases and Materials on Federal Indian Law（2005）。

效果，增强族群自治政府的法律地位，另一方面却忽视了印地安人身份建构的复杂历史，❶ 以及印地安艺术市场的实际社会结构（部落以外的展售场所是游离性印地安人的主要合作对象），导致许多不尽合理的法律效果。

　　IACA 之基本规范原则就是采用类似商标之精神，所处罚之行为乃是向消费者谎称为印地安工艺品之行为。1990 年新修订之 IACA 与先前规范不同之处即在于将原本的轻罪处罚改变为重罪，可科以高额罚金以及相当刑期。依据 IACA 规定，个人违反此规定者，第一次违法之罚金为 25 万美金以下，并可科五年以下徒刑，若为法人则罚金可达 100 万元。若为再犯者，个人可罚 100 万元以下，并可科 15 年以下徒刑，法人可罚 500 万元以下，这是相当重的处罚。不仅如此，违反本法之行为可以公益诉讼方式为之，包括司法部长、印地安部落或相关手工艺协会皆可提出诉讼。因为被侵害者可能是某个小部落，难以透过诉讼主张权利，或者根本无从确认受害者（当贩卖者单纯标榜其为印地安艺术品，而未指明特定部落时），因此公益诉讼方式可用以请求民事与刑事救济。

　　除刑事追诉外，若能确定受害之部落，则受害者亦可请求民事赔偿。IACA 规定应负赔偿责任之情形为"行为人直接或间接要约、展售或贩卖某物品，而错误地暗示（falsely suggest）该物品系印地安制造、为印地安产品或该物品乃系特定印地安人或印地安

---

　　❶ 印地安人在历史上遭受美国政府的强制同化政策，已经有许多部落遭到消灭，许多印地安人成为没有部落归属的游离成员。此外，许多印地安人基于历史的愤怒，亦拒绝接受美国政府对其身份之证明。凡此种种，都使 IACA 的身份认定等于只保障了未被消灭的印地安部落，却反而剥夺了游离性印地安人的生计。

部落或印地安手工艺组织所制造者"。❶ 主管机关 IACB 对该法律之解释规则为，不仅不可谎称印地安人名义，亦不可使用"美国原住民"（Native American）这样的标示。但是该法律并不禁止"印地安风格"（Indian-style）或"美国原住民风格"这样的标示❷。此种解释原则乃是因为，IACA 之基本规范原则是采取商标制度之原理，而非著作权之原理。换言之，法律并不禁止印地安部落以外之人制造与印地安工艺相类似之手工艺产品，而是禁止其标榜为印地安产品或印地安人制造。因此若仅标示为"印地安风格"，其实等于明白表示其并非正统印地安产品，是不会导致消费者混淆误认的，也就为本法所容许。

（二）制订后之实际效果

虽然 IACA 于 1990 年大幅修订，但其后并未立即提供主管机关足够之经费人力进行法律执行与查缉工作，因此在修法后长达六年的期间，该法律是处于无法执行的情况。❸ 尽管如此，该法律规定本质上所具有的全面涵盖性仍然对工艺品市场产生了明显的寒蝉效应。举例而言，IACA 对于印地安人之定义仅限于那些联邦政府或州政府承认之部落成员。但由于印地安人之实际范围并不仅如此，许多部落并不愿意寻求美国政府之承认，也有不少印地安人是脱离其部落而独自生活，因而导致即使血统上是印地安人，在法律上亦未必被承认，当然也就不符合 IACA 所认定之印地安人。正因

---

❶ "directly or indirectly, offers or displays for sale or sells a good, with or without a Government trademark, in a manner that falsely suggests it is Indian produced, an Indian product, or the product of a particular Indian or Indian tribe or Indian arts and crafts organization"，此为 2000 年 11 月国会通过印地安手工艺产业执行法（Indian Arts and Crafts Enforcement Act of 2000）所新增之具体定义规定，但民事赔偿请求权是在 1990 年之法律中就已存在。

❷ 25 C. F. R. 309.3 (a) (2006) 主管机关此一解释原则，乃是为了与联邦巡迴上诉法院对该法律之解释保持一致。相关联邦法院判决意见，详见本文二、（三）之说明。

❸ William J. Hapiuk, *Of Kitsch and Kachinas: A Critical Analysis of the Indian Arts and Crafts Act of* 1990, Stanford Law Review 1014 (2001).

如此，IACA 在 1990 年修订通过后的第一个社会反应就是博物馆关门。例如俄克拉何马州的五大文明部落博物馆（Museum of Five Civilized Tribes）在该年底就宣布关门，其理由是他们虽然确定其展示的物品是印地安人所制作，但并不确定是否为 IACA 所认定的印地安人。❶ 类似此种对艺术展售业者的寒蝉效应，只会造成印地安手工艺创作者面临更严峻的市场环境。

IACA 施行至今，所出现之刑事追诉案件仅只两件，第一个案子是 Wayne Eagleboy 在 1998 年被控贩卖两项标示为"由印地安人制造"的艺术品给博物馆，但他本人并非任何印地安自治组织的成员。此案经当事人提出认罪减刑协商后，最后以轻罪判刑，罚金 250 元并处以缓刑。❷

第二个案子则是 Nader Pourhassan 在 2001 年被控谎称印地安商品（实则为越南制造的补梦网）。在诉讼审理前，被告主张 IACA 之用语模糊而应无效，请求法院驳回起诉。法院认为，刑事规定必须明确规范违法行为，使一般人得以理解何种行为被禁止，且该规定必须避免被任意适用。由于本案涉及宪法第一修正案之权利保护，因此必须接受严格的合宪性审查，亦即不可规定模糊（vagueness）。本案被告主要针对 IACA 有关"印地安制造"（Indian produced）之认定，以及"错误地暗示"（falsely suggests）之解释，认为过于模糊而无效。对于"印地安制造"一词，法院认为此意义已于施行规则中详细规定，并非模糊；至于"错误地暗示"一词虽然用语有些暧昧，但法条规定了明知与故意要件，已足使一般人理解何种行为被禁止，且此规定之模糊程度并未到达可被恣意适用的可能。因此，被告之违宪主张并不成立。❸

---

❶ Id. at 1011.

❷ Roberto Iraola, *supra* note 1, at 317—320. 本案因系以认罪协商结案，故无相关判决文号可引用。

❸ 148 F. Supp. 2d 1185, D. Utah, 2001.

根据IACA所提起的第一宗民事诉讼求偿案件，不是针对进口仿制品的业者，也不是针对不在部落成员名单中的印地安人，而是针对最有钱的机构，也就是百货业者。这似乎是非常合理的结果，因为印地安工艺组织要去追查进口仿制品的来源，包括是由谁进口的，其实相当耗费成本；如果要去控告非在部落成员名单中的印地安人，亦会造成印地安人内部纷争的社会观感。无论如何，选择最有钱的人作为被告，是民事诉讼的最佳策略。第一件案件就是1998年由圣语族（Ho Chunk Nation）向伊利诺伊州联邦地方法院提起，控告百货业J. C. Penney与连锁量贩店Wal-Mart贩卖违反IACA的商品，并分别求偿两亿四千万美元与一亿两千万美元的赔偿金额。❶

此案衍生出几个IACA规范上的问题，首先是圣语族并不需要证明其本身有销售手工艺品，且不必因被告之违法展售行为而成为受害者，此种规定等于认定IACA赋予印地安族群一种类似财产权的权利，亦即只要冒用了印地安人的名义就产生求偿基础，并不以这样的行为构成实质损害为要件。另一方面，由于IACA仅以印地安人为标示范围，并不是以各族群之名义为标示方式，因此当J. C. Penney与Wal-Mart违法展售了印地安工艺品，则等于同时侵害了所有印地安人的权利。如此一来，不仅圣语族可以提起诉讼，其他族群也可提起诉讼求偿。被告之行为只有一次，却可能受到多重的诉讼求偿，并不合理，但IACA的条文本身并未处理此问

---

❶　Hapiuk, *supra* note 7, at 1014, 1038. 此仅为原告求偿之金额，此两案其后并未经法院判决，应是诉讼双方已达成未公开的和解。

题。[1]

　　此外，IACA 仅以印地安人为标示方式，也容易引发印地安人各族群相互之争执。目前被联邦政府承认的印地安部落就有七百多个，其他还有许多是被各州政府承认的部落，虽然不是所有部落都以手工艺品著称，但可以想见彼此在印地安手工艺市场上的竞争仍然相当激烈。甚且，不是以手工艺品传统著称的部落，也可能为了生计而去模仿其他部落的传统艺术，而由于彼此都是被承认的印地安部落，自然没有人构成违反 IACA 的问题，可是各部落彼此间的冲突就会产生。例如有 Hopi 族控诉 Navajo 族盗用其传统 Kachina 玩偶的案例，Hopi 族人士主张，Kachina 玩偶与 Navajo 族没有任何渊源，但 Navajo 族人士擅自制作这种玩偶来贩卖，且刻意使用与 Hopi 族传统不同的材料。Hopi 族传统上使用杨树（cottonwood）来制作，而 Navajo 族则用西印度轻木（balsa wood）。[2] 从 IACA 的规定来看，Navajo 族人士并不违法，但是从保护消费者与尊重传统文化的立意来看，这是明显误导消费者以及盗用他人传统文化的典型行为。

---

[1]　虽然援引 IACA 而提起诉讼的案件并不多，但仍有两件案例经过上诉而进入到联邦巡回上诉法院并获得判决。值得注意的是，在这两件案件中法院对于 IACA 之适用范围呈现出限缩适用的立场，并确立了 IACA 执法机关对该法律之立场，因此特别值得加以分析。此两案件分别为 Native American Arts, Inc. v. The Waldron Corp. (2005) 以及 Native American Arts, Inc. v. Hartford Casualty (2006)。在 Waldron 一案，原告主张被告 Waldron 并非印地安人，却制造贩卖印地安风格的首饰，并对商品冠以印地安族名作为销售方式，因此违反 IACA。然联邦第七巡回上诉法院认为，该法所谓"错误地暗示"（false suggestion）之意义并非涵盖所有使用到印地安此一字眼的销售方式。法律之意旨为关于错误地暗示问题应属事实认定问题，应交由法官或陪审团依据销售外观之整体（entire sales package）加以判断。而在本案中法院认为被告之销售方式并未达到错误地暗示其与印地安部落有关连，故原告败诉。同样的，在 Hartford 一案中法院亦强调并非只要用到印地安这样的字眼就是违反 IACA，原告必须举证其所受到之损害乃是因为被告错误地宣称其为正统的印地安艺术。

[2]　Woltz, *supra note* 2, at 464—465.

（三） 对该法律之检讨

就实际运作经验来看，IACA 并未达到其立法目的。由于美国印地安艺术品市场实在非常庞大，以致几乎所有能想得到的脱法行为都在现实中可以发现。从最简单来说，非原住民工艺家只要为自己取个艺名，看起来像是印地安人的名字，并于其作品上签名，同时标示为"印地安风格"之作品，则这样的作品在观光区的商店中就可以卖得很好，消费者根本不会从法律规定的认知立场去区分。如果真要区分，消费者可能从价格一眼可以看出差别，真正印地安家庭的手工艺术品，价格多是进口仿制品的五至十倍。正因如此，许多并非印地安家庭的作品，其在定价上也会刻意调高，这反而比较好卖。

脱法行为之极致表现则是有厂商到菲律宾的村落去设立手工艺品工厂，并且透过金钱运作将该村改名为 Zuni，这是美国新墨西哥州著名印地安部落的名称。这样的进口产品，就可以明白标示着"Made in Zuni"，就商品标示规范之意义来说，此举没有错误标示问题，就 IACA 之规范而言，不去刻意强调印地安产品即可，并不会减损其对消费者的吸引力。❶

在全球化经济的时代，所谓印地安制造（Indian produced）的艺术品其实背后有着非常错综复杂的贸易网络。例如由企业主提供半成品材料，雇用印地安家庭进行最后阶段之加工，亦可称为印地安制造。更遑论向印地安人购买其名义，实则完全未经印地安人制造者，亦所在多有。至于印地安风格（Indian style）这样的产品，其背后的交易网络与市场考虑就更复杂了。许多消费者希望购买原住民产品的原因，是看重其所使用之材料为当地特有材质，因此愿意用比较高的价格去收藏，心态上却未必关心这是否为原住民自己制作，或是原住民家庭从中获得多少报酬的问题。因此，有不少业者就从印地安地区大量砍伐或购买相关材料，然后运送到第三世界

---

❶ Hapiuk, *supra* note 7, at 1044.

进行制作,再以印地安风格的产品标示回销美国,其在销售上会特别标榜美国当地特有材质,且由于制作价格比印地安家庭所制者低廉许多,在价格上就有相当的竞争力。[1]

即使消费者充分理解了"印地安制造"与"印地安风格"在法律上有何差别,亦很难真正了解其在现实上所能代表的意义。如前所述,即使是合法标示为"印地安制造"的产品,其也可能是印地安家庭代工的型态。相对的,所谓印地安风格的产品,也有不少是非原住民的艺术家,因受到原住民艺术的感召,进而去向印地安人学习艺术创作,在取得部落或其长老的同意后进行创作,此种对印地安传统文化的尊重作法,在 IACA 的标示原则下是无法与其它粗鲁恶意盗用的业者做出区隔的。

由于 IACA 在立法设计上以及实务运作上有前述诸多缺陷,学界因而有不少批评。有学者就主张,应该废除虚有其表的 IACA,对于进口仿制印地安艺品的问题,采用现行综合贸易法(Omnibus Trade Bill of 1988)加以规范,亦即采取边境措施进行防堵会更为有效,[2] 因为对印地安手工艺品市场冲击最大的乃属进口低廉产品,而非美国境内之不法生产者[3];此外亦有学者主张应扬弃 IACA,直接以商标法中的证明商标制度达到保护目的。[4] 目前 IACA 虽然实行部分商标法中的原则,但其商标基本上只有一种,就是印地安制造、美国原住民制造等标示,且其商标所有权属于国家,各

---

[1] Julie Hollowell, *Intellectual Property Protection and the Market for Alaska Native Arts and Crafts*, in Mary Riley ed. Indigenous Intellectual Property Rights: Legal Obstacles and Innovative Solutions, 63 (2004).

[2] Jon Keith, *Regulation of Counterfeit Indian Arts and Crafts: an analysis of the Indian arts and crafts of* 1990, 18 AMERICAN INDIAN LAW REVIEW, 511 (1993).

[3] 综合贸易法在 1990 年的修订中规定,从国外进口印地安风格之商品,必须以无法消除之方式标示其生产国,以避免进口后遭贸易商塗去原产国标示,冒充印地安制造之商品。

[4] Hapiuk, *supra* note 7, at 1067—1069

族并不能自行决定其特有之标示。此种规定方式某程度造成了前述一些实务上的缺陷。因此如果回复到证明标章之精神，由各印地安部落自行申请取得其证明标章，则消费者将更能辨认该商品之来源，且不会产生各族彼此间的合法抄袭问题。此外，本文前述有关游离性印地安人的保障问题，亦可能获得解决，因为证明标章是用以证明他人商品的制度，只要设立一个公正的认证单位，则可对于具有印地安身份之艺术家或者已经获得部落许可的其他艺术家进行身份认证，不必限定其必须属于印地安自治政府之成员。至此，似乎文化财产权的保护方式又与智慧财产权体制趋同，可以相互为用了。

三、商标权模式保护之功能与局限

前述对美国有关保护原住民艺术创作之法制经验分析，可发现商标制度或类似商标之特别立法确实有可能作为保护原住民工艺创作之制度。虽然美国采取特别法保护，其原理原则亦与商标制度非常接近，由此可见，法律制度在面对原住民族传统文化保护以及经济利益保障此一复杂议题时，固然面临既有制度无法充分适用之问题，亦必须考虑新制度不能偏离既有制度精神太远，否则会产生更多规范面上的新问题。在旧制度的基础上建构新的制度模式，可能是比较妥适的法制改革方式。然而，此种法制改革的前提就是对于旧制度的利弊得失必须经过审慎评估，才能作适当的选取与改革。就智能财产权之制度原理而言，商标制度并不赋予权利人对于创作内容一种财产权，而是针对交易上标识提供一个专用权，供消费者认明商品或服务之来源；著作权则是对于创作者之创作内容赋予财产权，使其具有绝对之排他权，两种制度各有其优缺点。

就商标模式之优点而言，原住民之艺术在当代社会中难免影响到其他艺术工作者的创作风格，如果将原住民之艺术完全界定为其他人不可模仿之范围，则可能导致其他艺术创作者动辄得咎，因而扼杀了创作的自由空间。换言之，以商标模式保护原住民文化财产权之好处在于维护了整体社会的创作自由。但另一方面,以商标方式保护容易显现出不足之处,亦即其他创作者即使模仿原住民之创作艺术并不构成违法,只要该作品在贩卖时不要标示原住民产品或原住民制造者,或者不要冒用原住民部落团体所申请之商标,即可免除责任。此种保护模式并无法完全禁绝仿冒品,充其量仅是提供消费者一个较为明确的选择依据。相反的,如果采用著作权保护模式,则可阻止他人擅自模仿,是以此种保护模式更能解决原住民族关心之文化盗用问题。然而,著作权保护模式最大的问题在于创作保护之范围难以界定,传统创作之归属亦可能产生争议。因此需要搭配审查与登记制度,以利厘清权利归属与权利人为何,但此点可能成为更多纠纷的来源。

基于前述原则并参照外国之法制经验可知,以商标权模式保护原住民工艺创作将可能具有数项之功能与局限,分别阐述如下。

(一) 有利传统文化之发展再生

保护原住民族传统文化艺术与工艺创作之目的主要是维护其文化之传承,因为在当代社会中处于边缘化地位的原住民社群,其文化流失之速度甚快,若不施予保护政策,则强势文化将在传统部落中迅速取代旧文化之地位。于肯认保留多元文化之前提下,❶ 让旧文化获得传承发展本身就具有社会价值。

然而文化是人群生活的表现,是活的事物,不是死的文物。因此所谓促进多元文化发展之意义并非将少数族群之传统文化视为静态事物地加以保存,而是应该促进该文化内涵能在当代与其族人之生活结合,成为其生活的一部份。换言之,维护多元文化并非保存博物馆式的文物,而是让族群文化与其生活成为一体。唯有生活化的传统文化,才能自然地传承发展,并且让族群中人因其生活文化而获得真实的认同。将此观点放在本文所探讨之原住民族工艺创作

---

❶ "宪法"增修条文第 10 条第 11 项亦明文规定:"国家肯定多元文化,并积极维护发展原住民族语言及文化。"

保护问题上，将可推导出为何标明正统的原住民族手工艺品是一件重要的事情。因为原住民工艺品对原住民之意义并不仅是一个可以营业的谋生工具，而是这些工艺品的内涵本身就具有文化上的重要意义。❶ 就此点考虑而言，透过证明标章或团体商标等制度，鼓励正统的原住民手工艺品市场发展，不仅是可行的，且是最基本应有的法律保护模式。在商品市场上正统与非正统的手工艺产品往往很难透过内容差异去区隔，因为非属该族群成员之一般消费者很难真正了解其差异，因此即使用类似著作权方式保障某些内容，其实仍难保没有相类似或改造过的竞争产品出现。对消费者来说，以商标去认明其所认为值得购买之文化产品，是比较简单的方法。

另一方面，文化原本即是演变与流动的，其演变乃配合社会环境因素，其流动可增进跨文化间之相互理解。如果以类似著作权之绝对财产权形式进行保护，可能产生其他创作者动辄得咎之问题，也因此会阻碍文化的流通与相互影响变迁。长远而言，这会导致多元文化保障之真正意义不复存在，因为保障多元文化之真正目的应是在促进不同文化彼此之交流与相互影响，而非封闭与隔离方式的发展。

（二）符合工艺品之市场现实

原住民手工艺品不仅负载着族群文化传承之意义，在当代的经济生活中亦是许多原住民家庭重视的副业。因为许多手工艺品都是家庭中的妇女或老人就可制作（例如排湾族的琉璃珠），可让非正式劳动力也加入经济生产，此对于原本已就业困难的部落地区而言是重要的经济来源。因此确保原住民家庭所制作手工艺品之市场机会，是同样重要的考虑。就此点而言，目前原住民手工艺品之主要销售管道有两方面，一是在部落中以结合部落观光经济之模式销

---

❶ 例如台湾原住民各族中，不同的服饰与编织，分别代表了穿戴者在部落中的身份地位，也蕴含该族群普遍的信仰于其中。换言之，工艺之设计与使用通常连结于文化性的意义。参阅王嵩山．台湾原住民的社会与文化［M］．台北：联经出版，2001：50.

售，亦即外来观光客进入部落后，以购买纪念品之心态所进行之消费；另一种则是在部落以外之展售点销售，例如展览会、机场、车站等，此种销售之对象可能包含外国人对台湾原住民文化有兴趣者。理论上，结合部落观光之手工艺产业是比较不容易出现外地仿冒品入侵之问题，因为部落本身可以形成筛选机制。比较成为问题的就是在部落以外发展的手工艺品市场，❶ 而这部分应该以何种法律形式加以保护，就是主要问题。

以商标制度加以保护，固然可以让消费者辨明哪些手工艺品是真正来自原住民家庭手工制作者，而非以机器大量生产制造或从越南、大陆等廉价劳工处生产进口者，但在无法禁止其他仿冒产品同时在市场上竞争的情形下，此种保护能达效果之前提是消费者愿意付出更高的价格去购买正统的产品。此种前提是否能成立，必须从市场现实去了解。以国外之经验而言，美国阿拉斯加的原住民虽然发展出了 Silver Hand 这样的证明标章来标明原住民正统工艺品，但展售商店却未必愿意配合使用这些标章，因为这些价格较昂贵的正统艺术品销售量不大，但其展售在显眼处或甚至标明其证明标章，往往会使店内其他低价的非正统工艺品之销售受到影响，因为这种证明标章等于明示或暗示了其他未使用该证明标章之商品为仿冒品。❷ 如何能结合营销通路，使证明标章之真实意义传达给消费者，将是以商标制度保护工艺品之成功关键。因此政府之责任不仅是推动证明标章制度，更重要的是积极透过媒体营销方式，建立消费者心中对该标章所代表意义之认知与认同。从更大的意义上来看，台湾近年来积极推动的文化创意产业政策，实不应忽视原住民工艺品所代表的文化性与产业价值。而民族工艺品市场作为一种文

---

❶ 例如"行政院原住民委员会"于屏东设置的原住民文化园区贩售部，就被原住民检举其中手工艺品充斥着大陆货，其中主要是帽子、皮件。屏东原民园区贩卖艺品，充斥大陆货 [N]．联合报，2008－10－03．

❷ Julie Hollowell, *supra note* 15, at 66.

化产业的意义来思考，必然要规划其形象营销、产销管理及人才培育等环节。政府绝对不是立个法律就可以了事的，在文化创意产业上如此，在原住民文化保护上亦是如此。

（三）法律执行成本较低

当考虑有关原住民保护相关之法律制度时，必须注意到原住民族是比较不熟悉法律运作的弱势者，因此如果设计过于复杂或执行成本过高的法律保护制度，往往原住民不会真的去使用这个制度，其结果就是法律保护成为一种徒具形式，缺乏实效的样版。在此原则下，可以进一步探讨有关原住民工艺创作保护之制度，实行商标模式或著作权模式何者较为可行之问题。

如果采取商标模式之保护，则主要是以证明标章或团体商标之方式使消费者可辨明该商品是否为原住民正统之作品。就原住民族部落所具有之团体生活特性而言，哪些人是部落成员是很清楚可界定的，因此若该部落申请一团体商标，其成员在贩卖工艺品时可使用该商标，应不会有资格认定上之问题，且此种运作之成本并不高，因为不需要另外组织一个商业团体的组织成本，而是以既有的部落组织特性即可运作。就目前台湾法令而言，唯一存在之问题点就是团体商标必须为具有法人资格之团体才可申请（台湾"商标法"第76条参照），而目前原住民部落并不具有法人资格。此问题之解决方法除了立法赋予部落法人资格外，亦可不必另行立法，而是鼓励各部落以类似小区发展协会等方式建立有法人资格之社团组织，则可进行申请，但前提是该部落所有成员若有意愿参与工艺品市场，则都有资格成为该协会之会员，才能达到普及保障之目的。此外，亦有学者主张应修订台湾"商标法"，取消团体商标与团体标章需具有法人资格者才可申请之规定，以与证明标章之规定标准一致。[1] 至于证明标章之方式，由于商标法规定申请证明标章之人必须其本身非为从事该商品或服务之业务者，且必须为法人、团体

---

[1] 谢铭洋．智慧财产权法［M］．台北：元照出版社，2008：135．

或政府机关（台湾"商标法"第 72 条参照）。因此关于原住民正统工艺品之证明，可考虑由行政院原住民族委员会或该部落所在之地方政府去申请证明标章，同样可达维护原住民工艺品市场竞争秩序之目的。至于对违法者之追诉成本方面，商标侵权之认定困难度并不高，且相关诉讼费用在团体商标可由部落支付，在证明标章可由地方政府支付，亦可符合政府宣示照顾原住民族权益之美意。

至于以著作权模式提供保护，则首先遇到之问题就是现行著作权法之原理并无法直接对原住民工艺创作提供保护，因为其中许多并非当代人之创作，而是传承自古之著作。换言之，不像现行商标法可直接提供保护，在著作权模式上必须另订特别法才可能实现保护。另订特别法或在著作权法中创设特别权利制度，则势必要以登记制度加以运作。因为要确认哪些族群拥有哪些传统创作之所有权，透过事前审查与登记机制，可对社会大众产生公示作用。[1] 然而创设这个权利的过程以及其执行，所必须付出之成本可能高过于商标制度的运作成本。以下即分析著作权保护模式之运作成本。

就审查与登记制度而言，其成本包括部落必须先调查清楚自身有哪些传统创作值得保护，才知道要去进行登记；再则政府部门必须对申请登记案进行基本调查，才能确定可以给予登记；接着可能因为这样的登记而引发不同族群间有关同一创作归属权之争议，需要主管机关进行协调与归属确认；即使登记完成后，亦可能产生对于某一商品是否有构成侵害原住民已登记之传统创作权利的认定争议，将需要法院个案判断。凡此种种，皆说明了登记审查制度并不是减少法律执行成本的有效方法。当然，这样的法律执行成本如果绝大部分都非由原住民本身要负担，而是执行法律的主管机关或法

---

[1] 巴拿马是全球第一个以特别之著作权立法提供对传统知识全面性保护的国家。该国于 2000 年即修改著作权法创设了原住民族著作集体权，该制度亦是以登记与审查方式为基础。参阅 WIPO, Review of Existing Intellectual Property Protection of Traditional Knowledge, p. 7（2002）http：//www.wipo.int/edocs/mdocs/tk/en/wipo_grtkf_ic_3/wipo_grtkf_ic_3_7.pdf (last visited 10.13.2008)

院所要负担者，则或许问题不大。尽管如此，所谓法律所造成之成本其实包括了法律执行上不确定性程度所造成之风险。因此，即使本文所提出之各种执行成本并非直接由原住民本身去负担，但主管机关或法院究竟会如何去认定与处理相关争议若缺乏明确标准与可预测性，则对原住民族而言，并无法确定法律提供了多少程度的保障。

综前所述，可知以证明标章或团体商标模式保护原住民工艺创作之法律权益，不仅可兼顾文化传承、市场经济并且是以较低之法律成本即可达成。甚且，证明标章或团体商标都是现行商标法上的制度，不需另外创设特别法。虽然商标保护亦有其局限性，亦即需要政府机关投入更多倡导的资源，且有赖消费者之支持意识。但若能辅以类似著作权模式之特别法制度（如台湾之智慧创作保护条例），则两者相辅相成将更足以促进原住民工艺创作应有之权益保障。

原始部落的文化与传承

——兰屿达悟族的数字化保存经验

林素甘[*]　郭良文[**]

摘要： 兰屿是台湾东南角太平洋上的一个小岛，居民被称作雅美人或达悟人。总人口虽然只有三千，但却是台湾十余个少数民族当中，被汉化的最慢，且仍保存较多原始传统的原住民部落。当地居民的生活、风俗、礼仪、恶灵文化、以及神话传说，不但与汉人有极大差别，和台湾其他的少数民族也相当的不同。透过台湾地区政府所支助的"国科会数字典藏与数字学习国家型科技计划"项目经费，台湾交通大学与淡江大学的研究团队与当地人合作，在前期进行了合计五年的"兰屿媒体与文化数字典藏计划"，合计共有三个相关项目，包括"兰屿原住民媒体数据库建置与数字典藏计划"、"达悟歌谣与庶民文化数字典藏计划"、以及"兰屿媒体与文化数字典藏之推广应用计划"。本讲题除了介绍兰屿达悟族的文化与数字化保存经验之外，并探讨参与式传播与另类媒体对当地文化保存的影响，同时讨论台湾地区政府有关智财权与原住民创新保护条例的政策对部落文化的传承所带来的影响。

一、前言

自 2005 年 3 月起至 2010 年 7 月止，交通大学传播研究所、交通大学传播与科技学系、以及淡江大学信息与图书馆学系所合组的

---

[*] 林素甘，淡江大学资讯与图书馆学系助理教授。
[**] 郭良文，交通大学传播研究所、传播与科技学系教授。

研究团队，参与了国科会数字典藏国家型科技计划中之公开征选计划，在此期间先后执行"兰屿原住民媒体数据库数字典藏计划"与"达悟歌谣与庶民文化数字典藏计划"等内容建置计划，至今已累积不少成果。这两项计划各有其着重之数字典藏对象与范围，但目的都是希望透过数字典藏的机制来保存属于兰屿原住民（达悟/雅美族）的珍贵资料，特别是由兰屿当地族人所产制或创造的各种资料，并借此传播和再现兰屿原住民的文化与历史发展。为整合这些计划成果，并提供对兰屿文化有兴趣的人深入了解的机会，本团队于2009年8月开始建置"兰屿媒体与文化数字典藏"网站（见图一），呈现更为整体的兰屿数字典藏内容。该网站的建置是希望使用者能够透过单一的入口网站就能掌握和了解本计划所累积的各项数字化成果。该网站针对特定主题进行介绍，以有效开发数位内容之价值，并吸引大众使用本计划所建置之网站，以加强本计划之价值。

图1："兰屿媒体与文化数字典藏"首页
（http://lanyu.nctu.edu.tw）

二、计划内容与特色

"兰屿媒体与文化数字典藏"主要是结合"兰屿原住民媒体数据库建置与数字典藏计划"与"达悟歌谣与庶民文化数字典藏计划"两项计划之成果而成,其计划内容与特色分述如下:

(一)兰屿原住民媒体数据库建置与数字典藏计划

1. 计划内容

于2005年3月开始与由林茂安先生于1991年在兰屿所成立的"兰恩文教基金会"合作,以该基金会所产制或拥有的各项媒体数据如小区报纸、广播电台节目、照片或幻灯片、书籍和影带等基础,执行"兰屿原住民媒体数据库建置与数字典藏计划",希望借由数字化的方式来保存和传播属于兰屿当地的媒体与文化。该计划于2008年7月结束,在这3年之间所累积的成果相当丰硕,除完成上述各项媒体数据的数字化工作外,亦建置"兰屿原住民媒体数据库"作为信息传播机制。此外,由于研究团队长期投入兰屿的数字典藏工作,于计划执行的第2年开始,陆续获得当地文史工作者或机构,如朗岛部落天主教文化发展协会谢永泉先生、渔人部落董森永牧师等人提供各项媒体数据,如书籍、幻灯片、录像带或通讯期刊等,让"兰屿原住民媒体数据库"的收录范围不仅于兰恩文教基金会的媒体数据,更扩及兰屿当地其他人士所产制的数据,使得该数据库更能够体现兰屿原住民媒体内涵,也更能完整呈现兰屿当地对其文化保存的努力。本计划的目的除了要透过数字典藏机制来保存兰屿原住民的珍贵媒体数据外,亦希望借此增进兰屿原住民部落对自我认同之建构,并促进族群文化交流,让外界更能了解兰屿原住民的生活、文化与历史。此外,本计划也积极鼓励与推动兰屿当地族人参与建构此数据库内容,希望能以"参与式发展"的精神,为兰屿的文化保存共同贡献心力。

2. 特色

(1) 网站强化与合作单位的链接

为有效保存与传播兰屿原住民媒体数据，本计划特建置"兰屿原住民媒体数据库"网站（见图2），除提供检索（简易与进阶检索）功能，让用户查寻数据库目前所收录的各类型媒体数据内容外，亦有由兰恩文教基金会或当地机构所提供的"兰屿快讯"，让大众能够借此了解兰屿岛上的最新动态。此外，该网站亦强化"兰恩文教基金会"的功能与媒体联机机制，加入"听兰屿广播"与"兰屿双周刊"网页的连结，使得无论是兰屿原住民或汉民族的阅听人，均得以透过本计划首页直接进行在线节目之实时收听，或者在此点选"兰屿双周刊"网页连结，查阅新近出版之各期内容。

图2："兰屿原住民媒体数据库"首页

（http：//lanyu.nctu.edu.tw/database/lanyu/index/index.aspx）

（2）全文内容的建置

在内容建置上除将媒体原件内容予以数字化并建置各笔数据之后设资料（metadata）外，本数据库亦将单篇文献之各篇内容、广播节目与动态影像等内容之汉语部分以全文方式输入数据库中，让用户除能查询各笔数据之基本书目数据外，亦可获取该笔数据之全文内容。然而，在全文内容的浏览部分采取会员制，欲浏览全文内容的用户必须需先于数据库首页注册账号密码后，方能以账号密码取得各项数据之全文内容。以单篇文献为例，在检索结果的呈现上除右手边的后设资料内容外,亦会呈现该篇文章在整体刊物的版面样式(左边),及下方的全文内容。全文内容的输入主要是希望能够提供全文检索,让使用者有更多元的检索管道查阅其所需的资料(见图3)。

图3:单篇文献之检索结果页面

(3)内容段落的分析

由于声音数据与动态影像数据的内容数据丰富,除基本书目数据的着录外,亦需针对其内容进行细部分析,以便让使用者更清楚掌握声音或视讯(动态影像)数据的实质内涵。因此,在进行声音或视讯(动态影像)数据的建档工作时,会以内容分段的方式进行数据细部内容分析工作。以每一个声音数据为例,其检索结果的呈现除基本数据和全文数据外，亦会呈现以声音内容主题进行区分的声音分段内容，包括每一段声音的名称、时间长度、内容说明与该段声音档案的聆听（见图4）。这样的作法是希望能对每一笔声音的内容进行深入的分析，以便让使用者更加了解每笔声音数据所包含的主题，亦能以更多元的方式检索该笔数据。此外，这样的作法亦可在日后依据所需萃取相关的内容，进行后续的加值应用。

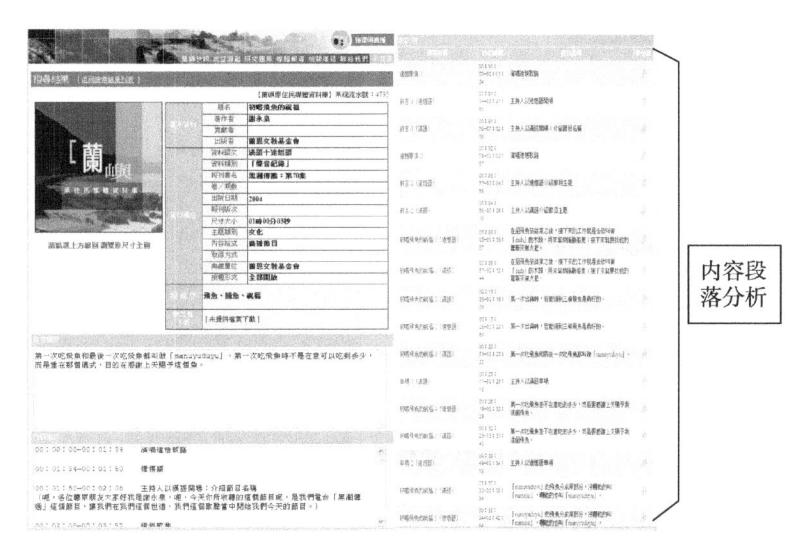

图4：声音数据之检索结果页面

（4）审核机制的建立

在数据库的数据建置部分，依据工作的性质分为数据贡献者与数据审核者，由数据贡献者依据各类型数据特性而设计的后设资料进行数据建档工作，而数据审核者则负责建档资料的审核工作，唯有通过审核的数据方能正式提供外界使用。审核者能够综览所有数据贡献者的建档数据，只要有错误之处，可利用输入接口的评语输入错误需改正之处，亦可利用email通知数据贡献者进行修改（见图5）。建立审核机制的主要目的在于确保数据库的数据质量，并让数据贡献者借此了解自己的错误，提升其数据建档能力。

图5：审核机制页面

(5) 主题专题的制作

本计划选取数据库中较为重要的内容数据形成制作专题项目，在网页中呈现给使用者，以加强本计划之附加价值，亦即吸引一般民众借由主题来阅读相关数据，以达传播和推广兰屿文化之目的。目前共完成18项专题，包括飞鱼季、丰年祭、芋田祭、小米丰收祭、出生与怀孕、结婚、死亡、兰屿传统住屋、兰屿船只制造与下水典礼、超自然（神、鬼、祖先）、天主教信仰、基督教信仰、传说故事、听传说故事、传统歌谣、传统舞蹈、兰屿核废料场、及兰屿与巴丹岛文化交流等（见图6）。专题的设计是希望以主题的方式将散见于数据库中的各类型数据，包括文字数据、声音、静态影像（照片或幻灯片）和视讯数据（动态影像），经由网页美工设计和程序开发的方式整合在一起，除彰显能代表兰屿特色的主题内容外，亦可让使用者不需经由输入关键词的检索查询方式，即可浏览数据库中有关某一主题的所有各类型媒体数据内容。

图6：专题项目页面

(6) 参与式建构资料

有鉴于太多的数据库因有政府补助而建置，因为经费终止而结束生命，使得数字典藏的延续性成为一个难局，因此本计划发挥参与式建构的精神，建置一个简易后设资料建档接口（见图7），让兰屿当地成员亦可将相关数据输入数据库中，以持续丰富数据库的内容。除设计简易的数据建档接口外，本计划也在兰屿当地进行多次的教育训练，推动兰屿成员能逐渐独立地输入各项媒体数据，以达延续数据库生命之目的。目前本计划已完成单篇文献与照片这两项数据输入工作之简易建档接口，亦请当地成员，如兰恩文教基金会兰屿双周刊编辑，及部分文史工作者陆续建置相关资料。现今有关兰屿双周刊各期内容资料的建置已交由兰恩文教基金会全权负责，如此一来将可持续更新该数据库之内容。

图7：提供给兰屿当地成员共同参与资料建置的后设资料建档简易版

（二）达悟歌谣与庶民文化数字典藏计划

1. 计划内容

除各类型的媒体数据外，兰屿岛上仍有许多文化资产如部落歌谣、图像或器物，亦记录着兰屿的文化与历史发展，也是深入了解兰屿当地人与事的重要史料。若这些由庶民社会所采集和创作的记录或作品能透过数字典藏的方式来提高其应用与传播价值，将对兰屿达悟（雅美）族的文化保存有更积极正面的意义，亦能对兰屿研究提供更深层的研究素材。有鉴于这些文化资产的数字化保存与再现是值得投入资源的典藏范畴，因此交通大学传播研究所自2008年7月起至今持续进行"达悟歌谣与庶民文化数字典藏计划"，希望借此提供适当的资源以达有效保存和再现兰屿庶民文化的目的，以便更能完整呈现兰屿丰富的文化与历史发展内涵。

在"达悟歌谣与庶民文化数字典藏计划"中以达悟（雅美）歌谣为主，庶民文化为辅来进行数字典藏工作。由于歌谣在雅美（达悟）族的文化与社会中扮演相当重要的沟通与文化递功能，无论是在祭典、收获、成年礼或平常接待访客，达悟人都常常浸淫在各式各样的歌谣当中。现今兰屿年轻一辈的人大多已经不会唱传统歌谣，而达悟族歌谣又属家族内流传的文化，其传承需要靠耆老口头传授，故搜集达悟歌谣之困难度很高。由于这种属于口语传播的重要媒介在搜集与保存上都相当不易，为避免歌谣的失传，实有必要尽早典藏相关资料，因而歌谣成为本计划最重要的典藏品。而庶民文化，则是以当地红头部落的天主堂壁画与兰屿笑话为主，希望这些创作自当地社会的文化资产亦能以数字化的方式呈现，让更多人能够借由网络接触到这些独特的对象，进而了解兰屿文化之美。

2. 特色

（1）互动活泼的专题网页设计

由于歌谣的相关数据已于数据库中查询，为提供使用者另一个查询或了解达悟歌谣的管道，因此为达悟歌谣规划专属网站（见图8），以主题的方式来呈现达悟歌谣的相关信息。此外，为吸引大家对歌谣的注意力，该网站以较活泼色彩与方式来呈现歌谣数据，并强调以交互式的方式来了解达悟歌谣的精髓；换句话说，有别于多数的数字典藏较制式之视觉风格，该网站以大量图像作为接口设计，并加入丰富的用户互动模式以及让浏览者身历其境的背景歌谣原音呈现，希望借由亲和性的设计，拉近与浏览者之间的距离，使他们能在轻松愉快的过程中了解数字典藏网站上的丰富资料。

264　非物质文化遗产保护问题研究

图 8："达悟歌谣与庶民文化"网站
（http：//lanyu.nctu.edu.tw/songs/）

（2）多元数据的呈现

为让使用者更加理解各类歌谣的内涵，除提供歌谣数据外，并从数据库中撷取与各类主题有关的照片、文献与视讯（动态影像）等数据提供于网站中（见图 9），除借此建立理解各类歌谣的背景资料，亦可借由多元资料的呈现来丰富网站的架构与内容。

图 9："达悟歌谣与庶民文化"内容页面

（3）详尽的歌谣内容

网站中的每一首歌谣均有三部分的数据提供用户，分别是歌词、歌谣说明与歌谣影音（见图 10）。在歌词部分，除歌词内容的达悟语拼音外，亦有汉语释意让不懂达悟语的人知道其歌谣内容。而在歌谣说明部分，则是提供该首歌谣的背景资料说明，如创作这首歌谣的目的。除有文字说明外，亦有该首歌谣的解说声音档供使用者聆听。而在歌谣影音部分则是提供歌谣的声音档案，让使用者能够借此聆听当地族人所吟唱传统歌谣。此外，亦提供相关的视讯影片数据，以增加歌谣内容的丰富度。本计划希望透过详尽和多元的歌谣内容与数据，让对兰屿歌谣有兴趣的使用者能够借此更加了解达悟族传统歌谣之美，也能借此达到推广与散布达悟歌谣文化之目的。

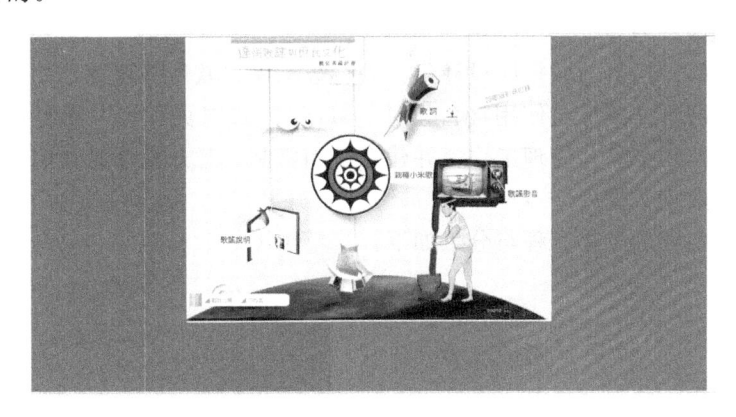

图 10：歌谣内容页面

三、计划实施步骤与方式

计划之执行由主持人综理计划、协调与管考之工作，由专任助理负责进度之执行与行政庶务，而各兼任助理与工读生则负责实际转文件、数据库建立、与扫瞄等作业。计划下总共分为四个工作小组：分别是"数据转档组"、"资料建档组"、"数据审核组"与"网

页与数据库设计组"。各小组之分工如下:

（1）计划主持人：负责与相关对象进行协调，商议取得各类型媒体之内容与授权，以进行相关数据之搜集与修补部分破损内容等工作。

（2）资料转档组：依照各种需求、用途与规格，进行各项数据的扫瞄、转档和实地拍摄等工作。

（3）资料建档组：依据建档格式，输入各项数据之 metadata，并将之储存于暂存盘中。建档格式符合数字典藏国家型科技计划规范之"联合目录"字段规格。

（4）资料审核组：审核各笔 metadata 数据及其相关之数字化对象，核对该笔数据各字段的建档数据是否完整和正确无误，且检查是否符合"联合目录"所需字段规范。若不符合，则退件要求修改或增补内容。

（5）网页与数据库设计组：进行数据库之软硬件建置，并进行检索网页之美工与使用接口设计、3D 交互式网页设计，同时负责服务器之维护与管理工作，并建立使用机制、公开给外界利用所建置之数字数据库。

主要之工作流程与分工如下：

三、非物质文化遗产的保存与运用　267

```
┌──────────────────┐
│收集相关资料、修补破│---------计划主持人取得兰屿当地资料
│     损内容        │         拥有者的合作与授权
└────────┬─────────┘
         │
┌────────┴─────────┐
│资料扫瞄、实地拍摄与│---------研究助理（资料转档组）负责
│     影音转档      │
└────────┬─────────┘
         │
┌────────┴─────────┐
│依据建档格式输入各 │
│项数据并将之储存于 │---------研究助理（资料建档组）负责
│     暂存盘中      │         符合"联合目录"字段规格
└────────┬─────────┘◄──────┐
         │                  │
         │ N                │
┌────────┴─────────┐        │
│ 审核数据项是否完整│────────┘ ---共同主持人（资料审核组）负责
└────────┬─────────┘
         │
┌────────┴─────────┐
│将数据转入正式数据库│---------共同主持人（资料审核组）负责
└────────┬─────────┘
         │
┌────────┴─────────┐
│  网页接口设计     │---------共同主持人（网页与数据库设计组）负责
│数据库提供开放利用 │
└──────────────────┘
```

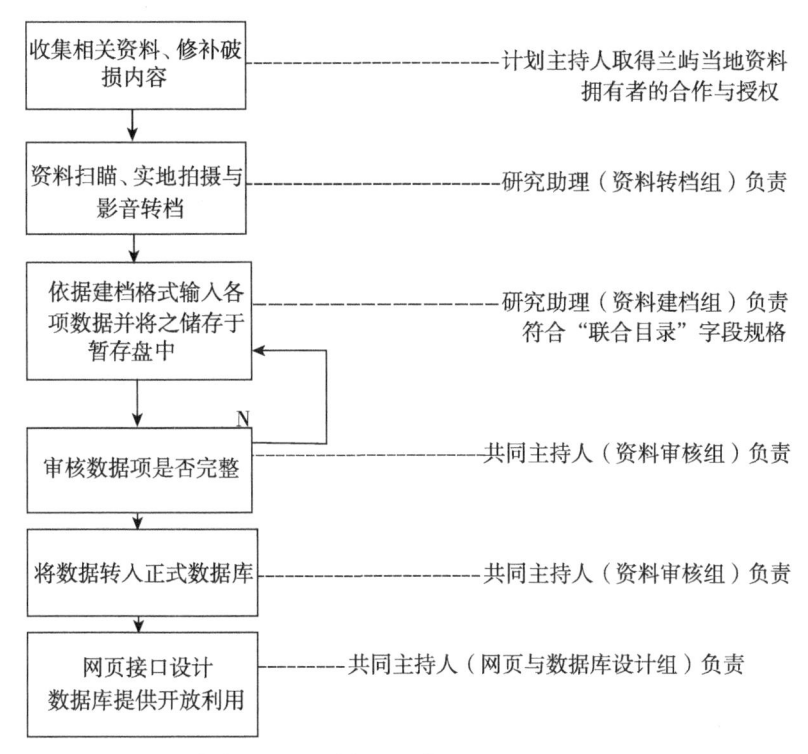

四、后设资料之规划与设计

（一）规划考虑

有关 Metadata 的规划考虑上，首先希望能以一个整体的核心元素来涵盖这些不同类型数据的着录，以增加执行建档工作的便利性。检视所收集的各项传播媒体数据发现，在纯文本部分以新闻报纸和图书为主，而动态影像数据以 VHS 和 DV 为主，这两者仅在媒介材质上有所差异，其余的媒体特性则极为类似，因此可将之视为相同的媒体数据；而静态影像则将幻灯片与传统照片视为一体来规划着录元素；最后的声音数据以广播节目为主，以单一媒体形式来规划其 metadata。由于规划核心的共通性元素来统合各类数据

的着录元素，以便建档作业的进行，以及希望符合国际标准的要求，因此决定以简单易用、具有扩展性和弹性的都柏林核心集（Dublin Core，以下简称 DC）的 15 个核心字段为 metadata 基础，再依据上述之国内外传播多媒体数据库字段之分析结果，扩充各媒体类型所需之字段，以达详实描述典藏数据内容之目的。"兰屿原住民媒体数据库"采取 DC 作为基础的另一个考虑是因为"数字典藏国家型科技计划"内容分项计划办公室要求所属公开征选计划之建档数据必须定期上传至"数字典藏联合目录"供大众作整合查询。由于该联合目录的 metadata 是以 DC 为架构，若上传单位的数据着录也以 DC 为基础的话，在数据的对映与转档方面将会较为容易执行。

整体而言，metadata 的考虑除数据特性和跨数据库间的数据转换等因素外，metadata 的规划亦要考虑日后数据库用户对数据内容的可能需求，亦即在后端对数据的分析与建档的翔实程度将会影响前端用户的应用程度和数据再次组合的可能性。此外，各资料数字化的情形亦会对 metadata 的规划有所影响，因为数字化的文件类型、存档或上传格式、大小与呈现格式等都必须有适当的字段项目来着录，方能在前端显示数字化档案。最后，基于数据库在运作上的管理考虑，相关的管理信息项目也必须纳入考虑，以便透过系统进行相关的管理或控制机制。

（二）metadata 项目

首先分析各项媒体数据，依据其特性分为纯文本、影像与声音三大部分。在纯文本部分因以书籍和报纸新闻为主，因此再将之区分为单本书刊与单篇文献两大类。此外，影像部分亦因平面与动态的不同特质区分为动态影像来涵盖 VHS 和 DV 类的影像，以及静态影像来包括幻灯片或照片此类的数据。至于声音部分则以其广播节目型态来设计。如前所述，兰屿原住民媒体数据库以 DC 为基础，因此以其 15 个核心字段为规划架构，在这些字段下再依据上述新闻传播多媒体数据库的元素项目来调整各类型数据的 metadata 格式，以便对各媒体类型进行基本的书目数据描述。此外，在描述深度上，除基本数据，即馆藏层级（collection－level）的着录外，亦希望能够针对数据内容本身进行更深入的描述，即全文内容层级（full－text level）的着录，如报纸新闻内容、图书内文、广播节目或影带内容的全文，让日后用户能够就数据内容进行相关的查询与应用，因此针对各类型的内容结构设计所需着录项目等，希望借此对内容本身进行更细部的描述（如内容分段描述），以达后续在内容分析与应用的目的。

有关单本书刊、单篇文献、静态影像、动态影像和声音数据的 metadata 项目详见表1。

表1 兰屿原住民媒体数据库 metadata 字段

主要字段	次要字段	单本书刊	单本文献	静态影像	动态影像	声音
记录编号		◎	◎	◎	◎	◎
数据类型	主要数据类型	◎	◎	◎	◎	◎
	次要数据类型	◎	◎	◎	◎	◎
主要题名		◎	◎	◎	◎	◎
副题名		◎	◎	◎	◎	◎
其他题名		◎	◎	◎	◎	◎
主要编著者	原始姓名	◎	◎	◎	◎	◎
	其他姓名	◎	◎	◎	◎	◎
	身份角色	◎	◎	◎	◎	◎
其他贡献者	原始姓名	◎	◎	◎	◎	◎
	其他姓名	◎	◎	◎	◎	◎
	身份角色	◎	◎	◎	◎	◎
建档者		◎	◎	◎	◎	◎
出版者		◎	◎	◎	◎	◎
出版地		◎	◎	◎	◎	◎
发行单位					◎	
发行地点					◎	

（续表1）

主要字段	次要字段	单本书刊	单本文献	静态影像	动态影像	声音
播放单位					◎	◎
播放地点					◎	◎
出版日期		◎	◎	◎	◎	◎
建档日期		◎	◎	◎	◎	◎
修改日期		◎	◎	◎	◎	◎
报刊书名			◎	◎		
卷期/册数			◎	◎		
起迄页码			◎	◎		
集丛/系列名称		◎	◎	◎	◎	
学位论文	学位类别	◎				
	校院名称	◎				
	系所名称	◎				
会议论文集	会议名称	◎				
	会议举办单位	◎				
	会议举办地点	◎				
	会议举办日期	◎				
版次		◎	◎	◎		
ISBN		◎	◎	◎		
ISSN		◎	◎	◎		
出刊频率		◎				
附件说明		◎				
原始出处	名称		◎	◎	◎	◎
	编著者		◎	◎	◎	◎
	卷期		◎	◎	◎	◎
	起迄页码		◎	◎	◎	◎
	日期		◎	◎	◎	◎
语文		◎	◎	◎	◎	
关键词		◎	◎	◎	◎	
主题类别		◎	◎	◎	◎	
数据内容形式		◎	◎	◎		◎

三、非物质文化遗产的保存与运用　271

（续表1）

主要字段	次要字段	单本书刊	单本文献	静态影像	动态影像	声音
使用场合				◎	◎	◎
摘要		◎	◎	◎	◎	◎
附注		◎	◎	◎	◎	◎
取得方式		◎	◎	◎	◎	◎
内容全文	全文文字内容	◎	◎	◎	◎	
	全文影像	◎	◎	◎		
内容分段	段落名称				◎	◎
	起迄时间				◎	◎
	该段内容说明				◎	◎
	关键画面				◎	
	关键画面说明				◎	
	各关键画面图像文件				◎	
	该段声音档					◎
播放歌曲或音乐	歌曲音乐名称				◎	◎
	起迄时间				◎	◎
	内容说明				◎	◎
	歌词文字				◎	◎
	歌词档案				◎	◎
	歌曲或音乐声音文件				◎	◎
图片	图片说明	◎	◎	◎		
	图片影像	◎	◎	◎		
色彩				◎		
收藏单位		◎	◎	◎	◎	◎
收藏单位典藏号		◎	◎	◎	◎	◎
所有权人		◎	◎	◎	◎	◎
授权状况		◎	◎	◎	◎	◎
典藏国家		◎	◎	◎	◎	◎
资料尺寸/大小		◎	◎	◎		
播放长度					◎	◎
装订		◎				

(续表1)

主要字段	次要字段	单本书刊	单本文献	静态影像	动态影像	声音
数量		◎		◎		
页数或卷期数		◎				
经纬度				◎		
比例尺				◎		
数字档案	数位文件格式	◎	◎	◎	◎	◎
	存档档名	◎	◎	◎	◎	◎
	数字档案大小	◎	◎	◎	◎	◎
来源		◎	◎	◎	◎	◎
空间类别	内容之事件地点	◎	◎	◎	◎	◎
时间类别	内容之事件时间	◎	◎	◎	◎	◎

五、计划网站架构

目前本计划共建置3个网站呈现各相关之数字化成果,包括"兰屿媒体与文化数字典藏"、"兰屿原住民媒体数据库"与"达悟歌谣与庶民文化"等。

(一)兰屿媒体与文化数字典藏

如前所述"兰屿媒体与文化数字典藏"(http://lanyu.nctu.edu.tw)为整合入口网站,其在设计上色调以科技的冷色调(黑与白)搭配文化的暖色调(彩虹五色),网站骨架区块则以简单大方的形态来呈现,并不多作赘饰的动画,让网路使用者能快速的点选想要的内容观看。该网站之下涵盖媒体数据库、达悟歌谣、人之岛专题、计划说明与计划成果等五个部分。

三、非物质文化遗产的保存与运用

1. 媒体数据库

	说明"兰屿原住民媒体数据库"的建置目的与收录范围,并提供该数据库专属网站的链接(http://lanyu.nctu.edu.tw/database/lanyu/index/index.aspx)。

2. 达悟歌谣

	说明"达悟歌谣与庶民文化"的建置目的与收录范围,并提供该数据库专属网站的链接(http://lanyu.nctu.edu.tw/songs/)。

3. 人之岛专题

	提供包括红头天主堂环景、兰屿笑话与趣闻、飞文季刊、兰屿当地代表性景点360度环景,以及数据库中的数据在虚拟摄影棚的应用等方面的成果呈现。

4. 计划说明

	包括计划说明、团队成员与合作对象等 3 部分。在计划说明部分提供整体计划的简洁说明，而团队成员则是列出参与本计划的相关成员，合作对象则是列出授权本计划各项数据进行数字典藏的个人与组织。

5. 计划成果

	将在执行计划期间所进行的田野调查、参与活动与相关成果等呈现于此，提供有兴趣者参考。这部分包括田野活动、参与活动、拜访活动、合作与回馈与计划论文等部分。

（二）兰屿原住民媒体数据库

该数据库系统主要包括两个部分，一为提供用户查询检索的检索系统以及便于数据建档与管理的内容管理系统。

1. 检索系统

	此接口提供三个部分，一为兰屿快讯，公告兰屿当地的相关讯息；二为数据库简易查询（接口左边），提供在题名、摘要、关键词、作者和内容等字段的关键词查询，此外，亦有进阶检索（连结另一网页）提供更为复杂的检索方式；三为专题报导（接口下方），依据主题整合数据库中的各类型数据提供浏览。
	  检索结果呈现接口，左为整体检索结果列表，右为单笔数据详细数据之呈现。

2. 内容管理系统

	依据数据类型进行各项数据的 metadata 建档与管理等项工作，其功能包括工作组管理、新增数据、修改数据和审核数据等。此外，亦可以主要题名、记录编号、期数、建立者、审核状况等项目来查询已建档之各笔数据。

（三）达悟歌谣与庶民文化

该计划网页的设计是以交互式网页功能为主要特色，并将达悟歌谣分成六类，每种类型皆包含主题说明、歌谣影音、文献数据及照片数据，供公开检索播放。网页之设计包括"首页"、"歌谣类别选项页面"、"歌谣快速点选页面"以及"单一歌曲细项点选页面"等不同的层次，目的在以活泼、易用的方式让网路阅听人得以被吸引，并能方便的使用。

	歌谣类别选项页面：依据歌谣的主题，提供与小米、船、落成、女性孩子、宗教、捕鱼与其他等七类歌谣内容的连结。
	歌谣快速点选页面：提供各主题的主题说明、照片数据、文献数据以及歌谣目录的呈现与链接。
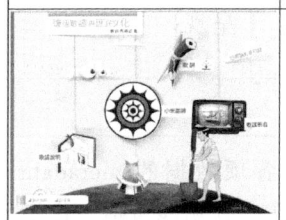	单一歌曲细项点选页面：提供各首歌谣的歌词内容（达悟语拼音和汉语释意）、歌谣说明（文字说明与声音解说）和歌谣影音（歌谣音乐与相关影像数据）等三个部分的连结。

歌词内容页面	歌谣说明页面	歌谣影音页面

六、计划之成果与回馈

（一）计划成果

建置至今（至 2010 年 12 月底），各项数据的数字化对象及其 metadata 的建置成果数量如下：

表 2：建置成果数量

类型		数字化数量		Metadata 笔数		备注
		2005—2007 年	2008—2010 年	2005—2007 年	2008—2010 年	
单本书刊	数量	4 本	17 本	4 笔	17 笔	扫瞄各书之封面、内页与封底，metadata 建档以一本书为单位
	合计	22 本		22 笔		
期刊（单篇文献）	兰屿双周刊	383 期	42 期	5500 笔	580 笔	扫瞄各版面，每期 4 版各则内容的全文建档
	兰恩通讯	60 期	20 期	540 笔	180 笔	扫瞄各版面，每期 8 版各则内容的全文建档
	兰青通讯	39 期	—	195 笔	—	扫瞄各版面，每期 4 页各则内容的全文建档
	飞文季刊	—	27 期	—	212 笔	扫瞄各版面，每期 4 版各则内容的全文建档
	小计	482 期	89 期	6235 笔	972 笔	etadata 的建档以各期内的各则文章或报导为单位
	合计	571 期		7207 笔		
广播节目	嘎发发旦嫩	63 集	—	63 笔	—	MP3 转档，每集 60 分钟内容全文建档
	黑潮传递	72 集	—	72 笔	—	MP3 转档，每集 60 分钟内容全文建档
	开口说达悟	107 集	—	107 笔	—	MP3 转档，每集 5 分钟内容全文建档
	岛屿人岛屿事	—	21 集	—	21 笔	MP3 转档，每集 60 分钟内容全文建档
	打开兰图	—	31 集	—	31 笔	MP3 转档，每集 60 分钟内容全文建档
	A NA 兰屿	—	17 集	—	17 笔	MP3 转档，每集 60 分钟内容全文建档
	小计	242 集	69 集	242 笔	69 笔	etadata 的建档以一集为单位
	合计	311 集		311 笔		

(续表2)

类型		数字化数量		Metadata 笔数		备注
		2005—2007年	2008—2010年	2005—2007年	2008—2010年	
静态影像	数量	50张	3500张	50笔	3366笔	瞄,包括传统照片与幻灯片
	合计	3550张		3416笔		
动态影像	数量	113卷	185卷	113笔	126笔	档,包括VHS、DV、Hi8等,每卷60—90分钟内容全文建档
	合计	298卷		239笔		
歌谣		—	173首	—	173笔	录音带转档 内容全文建档 Metadata的建檔以一首为单位
笑话		—	180则	—	180笔	录音带转档 内容全文建档

类型		数字化数量		Metadata 笔数		注
		2005—2007年	2008—2010年	2005—2007年	2008—2010年	
笑话插画		—	50则	—	—	其Metadata与笑话之Metadata相同
教堂	360度教堂环景照片	—	2座	—	60笔	实地拍摄
	360度导览	—	1座	—	10笔	实地拍摄

(二) 互惠与回馈

本计划所取得的数位典藏内容,几乎全都是由当地人无偿提供给本计划使用、并公开在网站中供人浏览。然而,本计划也察觉到,许多兰屿的文史工作者,当他们在采集歌谣、笑话或传统故事等数据时,也会遇到知识产权的问题,往往也需要携带礼物送给这些耆老或其他当地人士。鉴于互惠性(reciprocity)是田野工作时重要的一个面向,本计划常常思考"建置这样的数据库到底是谁受惠?"、"我们在兰屿能回馈些什么?"及"我们还能做些什么?"等问题。在计划执行过程中,本计划除将各方提供的资料数字化并烧录一份光盘给资料提供者保存外，还透过以下方式进行回馈：

（1）募款与赞助：协助天主教文化研究协会出版"飞文季刊"，到目前共募得4年，每年3万元的款项来支付季刊的印刷费；此外，计划主持人自费捐款1万元，赞助渔人教会的巴丹岛宣教活动；而计划主持人亦加入兰恩之友，每月自费捐款1千元给兰恩文教基金会。

（2）购买数位化所需设备：提供兰恩文教基金会无线网路基地台，并协助架设；此外，于兰恩文教基金会更新计算机室时捐赠两部计算机。2009年兰屿广播电台起火，计划团队则捐款15 000元协助电台的重建。对于一些当地文史工作者提供录音笔，方便其在田野从事资料采集工作；购买一部幻灯片扫瞄机给当地摄影专家自行进行幻灯片扫瞄。

（3）服务与咨询：相关服务包括提供兰屿电台改善计划的专家咨询意见；协助兰恩文教基金会与其他文史工作者解决计算机软硬件问题；代为复制DVD资料；代为寻找出版社，进行书籍出版工作；帮忙修复断裂和发霉的VHS录影带或幻灯片，以及提供有关著作权问题之咨询。

（4）其他：至兰屿进行田野工作时住宿在文史工作者经营的民宿，并租用其箱型车作为交通工具；邀请当地文史工作者担任工作坊讲员，提供咨询费用；拜访当地人所赠送的水果、酒、或其他礼物。

七、计划之局限、瓶颈与困境

在成果推广方面，本计划虽已建置多个网站来呈现计划成果和提供使用者使用，但这些丰富的数字化成果主要还是以数据库方式，亦即较为被动的方式提供应用。而在加值应用部分虽已有部分尝试，如以专题或主题方式集结和呈现各类型数据，省却用户的检索时间，但仅能择取极少部分的成果来做呈现。由于受限于既有的经费与人力因素，本计划对这些数字化成果的加值应用部分实有力有未逮之感,并未规划和设计更多元的加值应用活动,如数字学习、知识网、电子书或游戏等,因而无法更加扩大本计划数字化成果的传播与推广效用,也无法更有效地增加大众对这些数字化内容的亲近性。

此外,在"原住民传统智慧创作保护条例"(以下称"原创条例")通过之后,有关著作权的问题便成为一个难以解决的问题。目前本计划所产制的数字化对象,都是经由数据产制或拥有者的授权后始进行数字化工作。然而,依据"原创条例",如歌谣、图腾或文物等类数据的智能创作权可能是属于全族或各部落所拥有,不能由单一个人将其智能创作权授予本计划使用,因此本计划对于这些数据的进一步使用或加值应用亦会受到限制,亦即无法将已有的数字化对象完全授予第三人使用,进行进一步的加值活动。

最后,本计划虽然致力于以参与式发展的方式来延续数据库的生命,不因政府经费补助之终止而受到影响,然而目前部分文史工作者的参与常因时间与信息或数字能力等因素而延误或暂停各项数据的输入,影响参与式传播的实质效果。事实上,重视当地人的利益、尊重当地人的需求、培养当地人的信息素养与行动力,并且肯定当地人的智慧与知识体系,在参与式传播的过程中是同等重要的。本计划的未来发展是必须倚靠兰屿当地人的自觉与投入,才有继续运作的可能,外来的研究者能扮演的角色顶多是推动者与协助者。外力的帮助往往是一时的、过渡的且无法长久,唯有当地人士才是真正的主体,真正重要的行动者。因此,虽然兰屿媒体与文化数位典藏计划虽由交通大学和淡江大学组成的团队所建立的,也树立起一定的规模,但唯有兰屿当地人的参与不间断,有新的活水注入,实践参与式传播的精神,这个计划才有成功和永续发展的机会。

结语

"兰屿媒体与文化数字典藏"历经多年的时间而形成,其建置之目的是希望透过数字典藏的机制来保存兰屿原住民的珍贵媒体数据与庶民文化制品,借此再现兰屿岛上的原住民文化,并提高达悟(雅美)族人创作作品的应用与传播,并对兰屿的文化保存和宣扬产生积极正面的意义。针对当地文史工作者、教会组织与数据拥有者等所提供的各项媒体与文化数据,进行数字化保存与再现的工作,除可以另一种方式有效地保存和延续这些数据的存在外,亦希望能够借此建构兰屿原住民部落的自我认同,并促进族群文化的交流,让外界(非达悟或雅美族)能有更多元的管道认识和了解兰屿原住民的社会、生活、文化与历史。

事实上,在执行计划的过程中也感受到一些严峻的挑战与问题,如兰屿文化消失的危机,亦即当兰屿与外来文化的接触愈多时,其传统文化消逝的速度也愈快,而如何加快保存传统文化的脚步便成为相当重要的议题。此外,数位落差普遍存在于部落之中,计算机软硬件设备不足、教育资源与教师能力落后、以及家庭与文化价值观念的不支持,都是阻碍数字教育和发展的因素;而当地文史工作者的投入意愿与时间的限制问题;外来参与培力者的角色与持续性的挑战;以及不稳定的政府政策与资源投入的问题等亦都将会影响"兰屿媒体与文化数字典藏"的持续发展。虽然阻碍发展的因素很多,困难与挑战也都持续存在,但本计划在与兰屿原住民的协力合作与参与发展下,已展现良好的成果,希望在未来依然能够持续获得兰屿当地社会的支持及政府资源的投入,逐渐实践以弱势族群的发声为关怀,以参与式传播的精神为依归,以及创造兰屿原住民文化的保存价值与传播意义等目标。

数位典藏之权利盘点

陈晓慧*

摘要：权利盘点，目标在厘清数字典藏品之权利关系，为数字典藏品应用的基石。鉴于数字典藏之权利，涉及实体典藏品本身、以及数字典藏二个层次，且其上所涉及权利、利益种类繁多，而从事盘点之数字典藏工作人员，均非专业法律人士，因此应将法律逻辑设计为简单的选单，让盘点易于执行，并得转换为数据库，利于权利状态之更新与利用管理。本论文，将提出国家数字典藏计划，如何设计盘点表、利用盘点表、办理盘点工作坊、制定盘点手册与标准流程，逐步推动权利盘点制度，使智慧财产权管理概念，能够落实于数字典藏日常业务中，以奠定文化创意产业之基石。自2010年起的权利盘点制度，将进入E化，以提升作业效率，并得与在线典藏品展示系统结合成为在线交易平台。此项E化发展，也在本论文中，进行说明。

关键词：智慧财产权　权利盘点　数位典藏　智慧财产权管理　盘点专家系统　盘点数据库　在线授权

一、缘起

2002年起执行之"数字典藏国家型科技计划"，早期主要是为了妥善保存国家珍贵文物资源，并进一步充分运用，而将全国珍贵

---

* 台湾科技大学科技管理研究所助理教授。本文感谢国科会数位典藏与学习之学术与社会应用推广计划——盘点暨法律咨询团队计划（第二年）[99－2631－H－002－039－]研究经费赞助。唯本文属作者个人看法，不代表该计划本身。本文之网页浏览，至2011.02.21均为有效。

典藏品进行数字化,并建立数据库,透过网络媒体的特性,与全民分享国家资源。❶

随着网络应用技术的进步,各类数字典藏计划也从单纯数字化、建置数据库,演进成为"参与式媒体/典藏/档案/数据库"(participatory media/archives),亦即善用 Web 2.0 的概念,强调"使用者产制内容"(user‐generated content),借由 search、rss、tag、rating、voting 及 comments 等功能元素,让使用者参与数据的生产与典藏,使典藏数据得以动态更新。❷

随着典藏数据的大量累积,2008 年开始之"数字典藏桥接计划",再将"全民分享"之概念,由教育、公开展示的领域,扩展到"商业应用与营销推广"。希望从原创、设计、制造到推广、营销,为本国家型科技计划典藏素材从商用筛选、新创商品开发到国际授权展售,建立一套可兹延用之典藏素材商用化筛选机制及国际授权商业推广模式,作为未来大幅推动数字典藏产业加值应用之成功典范。❸

当数字典藏计划之成果应用可能性,由"藏诸名山"而"放诸四海"时,❹ 计划本身是否取得该应用所需具备的权利,就成为不得不考虑的要项,而不能仅以著作权法上"合理使用"规定,充作护身符。

因此,2007 年起"数字典藏成果盘点执行计划"(下称盘点计

---

❶ 第一期"数字典藏国家型科技计划"[EB/OL].http:∥wiki.teldap.tw/index.php/数位典藏国家型科技计划.

❷ 赵柏强.众智与众志的想像:数位典藏、公民新闻与创用 CC 结合的可能性[EB/OL].http:∥creativecommons.org.tw/blog/archives/000042.html

❸ 桥接计划简介[EB/OL].http:∥www.teldapbridge.org.tw/teldap/bridge/siteplan.php.

❹ 藏诸名山、放诸四海:数位典藏的收放之间[C/OL].为数位典藏与学习之学术与社会应用推广分项计划、数字典藏国家型计划成果盘点计划所主办之学术研讨会,2008-12-01.http:∥www2.ndap.org.tw/newsletter/news/read_news.php?nid=2377.

划），为了达成下列目的而启动：❶

（1）清查数字典藏国家科技型计划成果之智慧财产权的状态。

（2）了解除典藏之外，为进行计划成果之研究、教育、文化或商业应用，所需之权利是否具备。

（3）如为应用计划成果（例如上网、授权他人使用），经盘点确认欠缺权利时，建请计划单位自行决定停止应用，或取得应用所必须之权利。

（4）盘点内容，可能涉及依据与他人之契约或国家法律规定之业务或公务机密，因此，请将盘点表列管为机密性资料。

（5）唯受盘点之数据，并不妨碍著作权法合理使用之规定（详见"著作权法"第44～65条，例如第三人仍得依该法第51条之规定，为个人或家庭非营利之目的，在合理范围内，重制已公开发表之著作），也不妨碍依其他法律应提供数据之规定或自由。

二、要盘点什么？

依据上述目的，应盘点之权利，主要系智慧财产权（即著作权、商标权、专利权、营业秘密）。然而，数字典藏计划涉及之典藏内容种类繁多，❷ 有涉及业务或公务机密之资料，有涉及原住民族之资料，❸ 有涉及古物保存者，在利用时，分别受到不同法规的限制，亦需注意，因此一并纳入权利盘点范围。

盘点之标的，则依据数字典藏生成、利用之生命周期，即由素材，产生数字化成果（称为数字财产），再加以利用，而规划为九

---

❶ 数位典藏成果盘点表格——填表说明［S］．第四版．2008-11-07：8页；以及数位典藏成果盘点表 step by step［G］．2009-04-29：1.

❷ 关于数位典藏计划所涉及的主题，请见：数位典藏联合目录主题小组列表［EB/OL］．http：//catalog.digitalarchives.tw/dacs5/System/Catalog/Catalog.jsp

❸ 原住民族传统智慧创作保护数位网．1996～1998年度相关数位典藏计划概览［EB/OL］．http：//indigenous.teldap.tw/tw/itic-column/tce-project-visit/83-96-98overview.html.

项，构成盘点表的九个字段，分述如下：❶

（1）数位资产❷：分为五大类，共计盘点 12 项权利与利益，详如表 1。

表 1：数位资产分类表

类别	细项（4.1）
人类智慧创作保护	著作权、专利权
工业财产保护	营业秘密、商标权
原住民保护	原住民权益（分为"生物多样性知识"与"传统智能创作"）
人格权	隐私权、姓名权、肖像权
机关财产权	古物、单纯数字化数据、首次发掘事实资料、制版权

制表人：陈晓慧

（2）用以建置数位财产的素材，有无近用限制（3）
（3）数字财产现在（7）与未来利用状态（9）
（4）数字财产争议状态（8）

以上括号中之号码，即为盘点表的字段代码，整个盘点表架构，如下图 1。❸

---

❶ 陈晓慧．盘点计划说明简报［R］．2008－03－21．
❷ 相对于数位化成果，称之为"数位财产"，在此将数位化成果所受之法律上权利与利益，称为"数位资产"。
❸ 数位典藏成果盘点表格——填表说明［S］．第四版．2008－11－07：13；数位典藏成果盘点表 step by step［G］．2009－04－29：10．

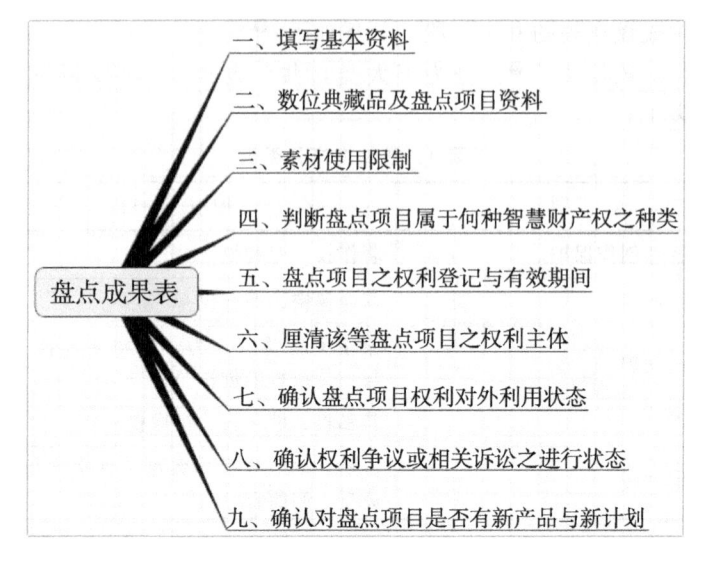

```
盘点成果表
├── 一、填写基本资料
├── 二、数位典藏品及盘点项目资料
├── 三、素材使用限制
├── 四、判断盘点项目属于何种智慧财产权之种类
├── 五、盘点项目之权利登记与有效期间
├── 六、厘清该等盘点项目之权利主体
├── 七、确认盘点项目权利对外利用状态
├── 八、确认权利争议或相关诉讼之进行状态
└── 九、确认对盘点项目是否有新产品与新计划
```

图 1：盘点成果表架构 制图：陈晓慧

三、为何要盘点？——5S 管理

在推动权利盘点之过程中，欠缺动机，为一主要的问题。其他常见之数据量庞大、人力不足、经费不足、时间不够、支持不足等问题，基本上都可视为动机不足问题的衍生物，因为这些问题与计划没有配置适当资源有密切关系。是故，如何建立动机，即属根本且重要。

在动机建立上，常见告知以不利益的方式，即让计划了解，若执行时不注意他人权利，会产生侵权纠纷，并引用相关之侵权案例为左证。然而，在案例引用时，宜注意极端之案例，可能引发非预期效果：比如产生恐惧、恐慌，使计划单位不愿意将数字化成果公开或授权他人使用，此时无利于达成数字典藏计划提供全民近用之目标。又比如，计划单位会觉得侵权诉讼为偶发之意外事件，无须投入日常工作资源，只需以紧急应变资源处置，此时即偏离盘点须定时、定期举办之基本精神。

因此，除选择适当的案例，告知以不利益回避的重要性外，建立盘点正面的意义与价值，在推动上更为重要。盘点计划引用现场管理上5S理论，建立"管理＝质量形象＝信誉＝价值：物质与精神的长远快乐：一)"的论述，❶ 定位权利盘点，为数字典藏从业人员现场的质量、信誉、价值、快乐守则，即由建立从业者日常工作中保护权利的好习惯，来确保数字化成果，透过良好的权利文件、档案管理制度，无权利不明或具瑕疵之质量，即可产生良好的信誉，从而可以创造自己、机构与全民的价值与快乐。

传统上5S之意义与例子，可整理如表2。

表2：5S 示意

日语	中文	中文	英文	典型的例子
Seiri	整理	整理	Tidiness	清除不要的东西，将东西就定位
Seiton	整顿	整顿	Orderliness	常用的物品随手可得，文件很快可以找到
Seiso	整扫	清扫	Cleanliness	负责个人的清洁区域
Seiketsu	整洁	整洁	Standardized clean—up	物品的储存清楚、干净，感觉很清爽
Shitsuke	躾	纪律/教养	Discipline	每天都做5S

来源：Changhua Healthcare Quality❷

盘点计划转化后，适用于数字典藏之论述为：❸

一、提升、培养每个人自我管理数字财产好习惯，创造永恒的微笑：一)

二、整理：

---

❶ 陈晓慧．盘点计划说明简报［R］．2008—03—21．
❷ Changhua Healthcare Quality［EB/OL］．http：//www.qi.org.tw/tqm/5s/5s_c.asp．
❸ 陈晓慧．盘点计划说明简报［R］．2008—03—21．

(1) 取得该取得的权利，放在定位。
(2) 定位收藏权利不完整的数字财产，定期检视。
(3) 放弃不必要的授权金给付。
(4) 将不必要的权利，以最慷慨的方式授权大众利用。
(5) 将权利已经过期的数字财产，对大众提供。
三、整顿：
(1) 建立 Metadata database。
(2) 建立 IP management database。
(3) 建档管理：契约、法律争讼文件、相关单行法规、机构内部行政规章等法律文件。
四、清扫：
(1) 维护安全（避免法律风险）。
(2) 持续改善（更新权利状态、填补权利漏洞、备份数字财产、更新规格）。
五、清洁：建立数字财产管理标准。"

四、如何盘点？

（一）成果盘点表

良好的盘点，需借助数据库系统，以便更新、查阅。然而在推动初期，为建构数据库，需搜集数据，因此，以 Excel 程序制作"成果盘点表"，进行盘点。该窗体设计上需具备几项要点：
(1) 未来能够易于转化为电子数据库，因此数据都需精确地分类、编号。
(2) 简单容易填写：为使盘点执行人员易于使用，因此设计下列方式作为辅助：❶
A. 对于各步骤的填写项目，标题附有简单说明，将鼠标移至

---

❶ 以下内容引自：数位典藏成果盘点表格——填表说明 [S]. 第四版. 2008－11－07；9 以下；数位典藏成果盘点表 step by step [G]. 2009－04－29：2 页以下。

三、非物质文化遗产的保存与运用 289

储存格上方储存格右上方有小红点标注者,即会出现黑底白字的批注说明,鼠标移开批注说明便会消失,填写前可先行阅读。

即利用 Excel 字段批注功能,说明字段之填写时应注意事项。

B. 填写内容的方式包含"封闭式"与"开放式":

(A)"封闭式"字段以"白色"标注,由本表提供"下拉式选项"让填表者选择,若无适合的选项,填表者亦可自行输入内容。

(B)"开放式"字段以"绿色"标注,由填表者依实况填写内容。若要在储存格输入内容,鼠标在储存格上以左键连续点击两下后可输入。

即尽可能将法律规定,设计成选择式窗体,以选择代替填写。关于每一选项之意义,则另外制作"选项说明"工作表,于填写步骤3、4、6、7、8"下拉式选项"时,如对选项有不明之处,可参阅"选项说明"工作表,将鼠标移至选项上方即会出现批注说明。

C. 自动带出字段内容

即利用宏,将可对应字段的答案,自动带出。特别是针对,无关联的字段,自动带出"不用写"。此乃因为,本表同时使用于盘点多种不同的权利与利益,但每盘点一种特定权利时,并非所有字段均具有意义,因此,对于无关联之字段,有必要自动带出"不用写"。

(3) 法律信息之补充:盘点执行人员并非具有智慧财产权法专业,因此必须将法律必要信息,设计成容易查阅、阅读的窗体或公式,为此共制作了下列五个工作表:

A. "各类著作之著作权种类"表

为填写关于步骤6"6.4.4.1权利范围"之著作权种类,可参考"各类著作之著作权种类"表。

B. "雇用或受聘关系"表

对于步骤6如何判断雇用或受聘关系的判断,及其著作财产权之的权利归属,可参考"雇用或受聘关系"工作表。

C. "著作权存续期间计算公式"表

填写步骤五"5.3.1著作权"有效期间时,可至"著作权存续期间计算公式"工作表进行试算，填入变量数据后，工作表会自动算出著作权存续期间。

D. "6.5依法律规定使用之代码"表

为填写"6.5依法律规定使用"，编列法律上合理使用、强制授权或特许实施、以及其它无庸取得权利人地位或权利人同意，即可使用权利之条文代码。可依据代码表，填写"6.5依法律规定使用"。

E. "被诉讼风险期计算公式"表

如保护期间未届满前，执行机关（计划）已使用该权利，则该机关（计划有被追诉法律责任的风险。可依照"成果盘点表"第四步骤4.1栏所填之权利类型，填入盘点项目第一次公开使用日期，即"成果盘点表"5.3.3栏之内容，以算出'被诉讼风险期'。

但古物、首次发掘事实数据、单纯数字化数据，之损害赔偿时效，依当事人所主张之请求权不同而有不同，是以无法以公式试算，须建议另咨询法律专家。

盘点计划，并制作"盘点填表说明手册"，可协助执行人员按步就班地填写。同时办理工作坊、部落格、会客室，[1] 提供基础知识、个案研究、实地辅导等各种辅助方式。

（二）分析标的权利

盘点表之首要问题，在于判断受盘点标的上，到底受到哪些权利保护。此时需考虑到每一个数字典藏的产制流程中所属的权利：由典藏素材，经由数字化，产出数字化图文件或影像文件。

1. 盘点标的之单位：数位典藏品

首先，就典藏素材而言，可能是受著作权保护的一首歌、一幅画、一个录像；也可能是单纯的器物如一个动物标本、一个古代陶器、一个手术刀；也可能是一封信、一份公文、一个原住民族故事

---

[1] 盘点暨法律咨询团队计划博客［EB/OL］. http://iprclearance2.blogspot.com/.

或发音。在盘点时，我们将这些称之为"素材"、"实体典藏品"。

之后，经由数字化，通常会产生数字化图文件、影像文件、数据库。则将之称为"数典藏品"。每个数字典藏品，在制作、入藏时，各典藏单位通常会给予文件名。为了利于未来国际交换，建议命名时宜符合国际规范，对此可以参考国家图书馆所编定之"数据数字化与命名原则规范"。❶ 而在盘点时，我们将这个文件名称之为"数字财产编号"。此"数位财产编号"应单一、专属、永久、固定，以利日后长治久安智权管理制度之建立。

在实际执行上，遇到几项问题：

（1）实体典藏品、数字典藏品之混淆

权利盘点之标的为数字化产出，即"数位典藏品"。但各典藏单位，本为博物馆、图书馆，系以实体物为典藏标的，因此，可能产生对所谓"数字典藏品"的认知误差。

在总计划办公室设计之"数字典藏品清单"即以"实体典藏品"或"所数字档案所典藏之内容"为统计单位，而与权利盘点时，必须以单笔"数字档案"为统计单位产生差异。

有些单位，认为"数字财产编号"制度，与其原制度相抵触。事实上，如果数字化时，每项数字化档案，有特定之档名，即为此处所称之"数位财产编号"。在此仅是建议档名命名原则需统一，且每项档名为该档案所专属、永久、固定。换言之，"数字财产编号"本质上是一项档案命名原则。

（2）数据库如何计算数字典藏品

数字化成果，常以数据库的型态呈现。则所谓"数字典藏品"，是指整体数据库、或数据库的各项内容？由于数据库性质差异很大，基本原则在于如何最能符合市场需求。

由于权利盘点主要在解决未来市场运用时，是否有权利从事授

---

❶ 下载网址：http://www.ncl.edu.tw/ct.asp? xItem = 1234&ctNode = 1341&mp=2.

权、让与或提供使用，因此，相关领域之消费者、研究者有其"使用便利性"、"交易可能性"之最小单位，即应列为一个数字典藏品，来进行权利盘点。

> 例如：中研院语言典藏计划，包含二项子计划。第一子计划又包含五种语汇、语料数据库。第二子计划则包含一种。
>
> 依据"使用便利性"，由于消费者或研究者，并不需要六种数据库均同时使用，可仅使用单一数据库。因此，最小单位，即为该单一数据库，请将单一数据库之名称分别填入 2.1 栏。共需填入六种。

当然，上例之单一数据库的每一个数字档案，都可以在市场上从事交易。但是，以语汇、语料数据库而言，从事综合性查阅、检索、使用，比单笔数据引用更符合该领域研究者、使用者习惯，因此，仍宜以单一数据库为一个"数字典藏品"。之后，仍必须针对数字典藏品之每一数字档案进行盘点，因此，即使有人仅需要使用单一语汇档案时，仍然可以了解权利状态。

只是，如果不先以"数字典藏品"之整体概念，汇整每项数字档案之关连，则日后，能否于语汇数据库授权、让与时，得知共有多少笔数字档案属于该数据库，即有疑问。

综上所述，固然每一数字档案的权利都会被清点，但盘点之重点，在于市场上需要的商品，权利必须清楚。因此，个别档案若组合成一项商品时，个别档案与该商品之关连性，必须在盘点完成后，能够查知。

（3）加值产出也需盘点

数字档案，可能被加值制成 DVD、Webpage、书籍等，则由于都可以作为交易的标的物，所以都必须单独列为"数字典藏品"。总之，凡是计划产出或计划加值之数字典藏品，均需进行盘点。其型态可能是数据库、DVD、website、book、礼物等等。

2. 数位典藏品上的权利：盘点项目

确认盘点标的"数字典藏品"之后，要析分每项数字典藏品上的权利，在此称为"盘点项目"。

方法是分析"数字典藏品"的工作流程，分别填入下列项目：

（1）凡是在工作流程中使用涉及自己或他人受智慧财产权保护之素材。例如自己或他人之著作、商标、专利或营业秘密等。但使用他人制作之计算机程序完成工作，不属于本项情况，例如使用 Office Word 程序，制作文字文件，不必登录该 Office Word 程序。

（2）创作过程中使用虽非涉及他人智能财产，但依法应取得许可之素材。例如古物；来自原住民族之对象、作品等。唯素材之使用限制，非来自于他人智能财产权，而是来自于业务上机密、国防机密等法令要求者，不列入盘点项目，而另于素材限制字段中填写。

（3）虽不属于上列二种情况，但应属于本机关财产之素材或产出，包含。（a）首次发现之事实。例如：新物种、新古物、新考古物。（b）计划之产出：不受任何权利保护之数字化图档等。

以上，确认盘点项目之后，即可依据智能财产权法律规定，盘点权利人、授权状态、侵权状态等。

实务上对"盘点项目"所产生的问题是，一般人会以为一个档案仅受单一权利、利益之保护，无法了解：同一笔数字档案，受到多重权利或利益保护时，应该分别盘点。也就是权利盘点，对于每一种权利，都需盘点。

举例而言，数字典藏品"××文献数据库"中的盘点项目《台中地方治》一书，共有 299 页的数字影像文件，其中第 4 页，有苏××照片一张。此时，在盘点项目中应填写三列，因为苏××照片上同时会受到肖像权、姓名权之保护，如图：

2.1. 数位典藏品名称	2.2 盘点项目		
	2.2.1 盘点项目名称	2.2.2 盘点项目编号	2.2.3 附表序号
××文献数据库	台中地方治	B1911_02 B191102_300	2－300
××文献数据库	台中地方治 苏××照片	CPHO010004	4
××文献数据库	台中地方治 苏××照片	NAM_0001	4

图2：多重权利填写方式　　来源：盘点计划❶

在技术上，由于肖像权、姓名权是同一笔档案上的多重权利，而法律上不同权利可以分别授权、利用，因此，若肖像权、姓名权、摄影著作权（或扫瞄档之财产权）都使用相同之编号，届时，将无法区分权利状态，因此，在此，对于档案中内含的肖像权、姓名权应给予其他之编号，称之为"盘点项目编号"。

五、精确度与质量改善

进行权利盘点时，到底应该盘点到多精确呢？基本上，由于盘点是为了未来从事市场利用、交易做准备，因此，应该以未来能否在市场上，证明自己无权利瑕疵，来作为标准。且应该定期盘点，随时更新权利状态数据，建立机构内部长久、定期盘点机制。

透过盘点，会发现权利管理制度上改善的可能性，此时，参酌现场管理中的"改善提案制度"，应该鼓励、奖励执行人员提出的改良方案，万丈高楼平地起，涓滴成河，不以小善而不为，奖励每一个小的改善。

实际执行上的问题在于，执行数字典藏的机构、组织，多为学术研究单位，并没有未来市场交易的规划，最初可能只是为了保存

---

❶ 本文作者改编自：数位典藏成果盘点表格——填表说明［S］.第四版.2008－11－07：18－19；数位典藏成果盘点表 step by step［G］.2009－04－29.17－18.

三、非物质文化遗产的保存与运用

行将灭失的资料、或者为了研究便利,而从事数字化。而智能财产权法对于研究、保存,多有权利限制、合理使用之规定,数字化者不一定需要证明无权利瑕疵,因此,对于权利盘点欠缺诱因。

简言之,精准的权利盘点,也可以等到有需求时,再进行。对于一般仅提供内部研究、保存的数据库,其外部利用义务,若只有必须上传至"联合目录",因此,现阶段,可以仅针对联合目录之使用方式,进行盘点。联合目录现今均以低画质、不可放大的方式呈现图档,其他则注记实体典藏品典藏信息、以及授权联络信息。若实体典藏品为美术著作或摄影著作,且典藏机构为原件或合法重制物之所有人或经其同意之人,依据"著作权法"第57条,得公开展示该著作原件或合法重制物,此时无须取得授权,即可依据本条规定上传至联合目录公开展示之。若实体典藏品不是美术著作或摄影著作,则需判断是否符合"著作权法"第65条之规定,否则,仍须取得授权。本文认为,联合目录之使用,为公开展示利用国家经费完成之数字化成果,目的在使全民得知国家资源之讯息;实体典藏品入藏时,虽未表明是否授与未来得于网络上利用之权利,但仅以低画质、不可放大的方式呈现,有助于向参观人解说典藏品,也无碍于典藏品高画质重制物之利用市场,应可认为符合65条之规定。从而,现阶段若仅为于联合目录使用,是否从事权利盘点,并非重要。❶

唯联合目录曾一度全面以创用CC授权条款授权,❷ 此时,则应先确认授权人有权利从事创用CC授权,不能仅依合理使用规定,而为创用CC授权。❸

---

❶ 当然,合理使用之认定,可能法院有不同之见解,而引发诉讼争议。
❷ 创用CC授权条款,请见:http://creativecommons.org.tw/blog/。
❸ 关于盘点密度之建议方案,可请参见盘点计划所提出之"盘点SOP",可自盘点暨法律咨询团队计划博客/盘点出版品下载,http://iprclearance2.blogspot.com/。

六、作业时程

然若能于数字典藏计划启动前，即将权利盘点列入工作项目，评估所需人力、时间。并将权利盘点项目，列入后设数据中，于工作时一并完成填报。即可免除，未来使用需求现前时，临时无法搜集、汇整大量资料之困难。而此困难，正是经过 5 年之后，始开始进行权利盘点之各项计划，最主要之困难所在。且此一困难，也会随着时间经过，愈发明显，因为计划已结束、人员已流失、资料未经建文件或追踪不易，使大量具有价值的数字化数据，仅能以符合合理使用之有限范围内加以利用，实属遗憾。良好与理想之作业时程，可以参考盘点计划所提出之"盘点 SOP"。[1]

七、技术支持

权利盘点，利用科技作为辅助，将更有效率，有助于数据之更新、查阅。本计划所采用的科技辅助方式，包含建置专家系统、后设数据、可授权品展示平台。

八、专家系统

专家系统，即为盘点表之数字化数据库。目标在协助执行者进行盘点，整理盘点数据，并使管理者易于检视权利状态，便于从事权利之更新、加值与释出。

鉴于盘点数据属于机构内部之秘密数据，建置集中式数据库，有数据外泄的资安疑虑；且由于各机构之典藏品性质不同、多数亦已有自建的典藏系统，因此，在开发初期，本计划即采取开发一套雏型系统，再以技术移转或其他方式，交由各典藏计划自行客制化、与其既有系统连接、后续维运。

---

[1] 可自盘点暨法律咨询团队计划博客/盘点出版品下载，http://iprclearance2.blogspot.com/。

执行上，需先确认上述开发模式的可行性。为此进行各计划既有数据库的技术分析调查，以利未来系统衔接。调查结果显示，于数据储存模型方面，以使用关系型数据库模型占全体之92%为大宗；于数据库管理系统方面，以使用MySQL占全体之40%为大宗；于使用的程序语言方面，以使用Java语言占全体之44%为大宗；于前端使用者接口方面，以使用动态网页（Web UI）占全体之76%为大宗。因此，参照此调查结果，可选用关系型数据库模型、Java语言、Web UI作为开发平台，将数据库管理系统保持可移植性，兼容所有符合SQL标准的数据库管理系统。[1] 其次，需分析后设资料，原则有三：（1）降低填写难易度，排除需法律专业之判断，此时需完整提供法律判断所需信息。（2）发明简单的判断填写法则，以简单的提问，使计划得判断需要填写的模块。（3）符合国际上通用之后设数据标准。[2]

建置过程中，需将盘点数据汇入数据库，因此，需确认所填写数据之正确性。由于盘点计划开始之初，以培育执行人员之智慧财产权观念、建立盘点习惯为主，允许于数据无法确认、查询时，填写不知道。因此，所获资料正确性偏低，需另聘请法律专业人员，校订内容后，始能将资料汇入。

同时，需绘制系统流程图。即将判断权利类型、权利人、权利状态之法律逻辑，转换为计算机可判读之逻辑。此一过程，涉及程序人员与法律人员之良好沟通与配合。若执行人员同时具备程序与法律专长，可加速本流程图之绘制。

最后，使用者接口之设计，能符合简单、明确、美观、易于检索等需求，也是重要的发展目标。

---

[1] 1996年数位典藏成果盘点执行计划结案报告，参：六、建置盘点资料库。

[2] 为此，数位典藏国家型科技计划后设资料工作组陈亚宁、陈淑君、陈慧娉、沈汉聪，与盘点计划洪吉亮，共同提出《权利后设资料设计（Metadata）功能需书》初稿，2008—10—24。

图 3：典藏品基本数据与盘点项目之接口

（来源：盘点计划）

九、可授权品项选辑网站

盘点过程冗长，需建置诱因。而以网站呈现盘点后之权利清楚的数字典藏品，增加市场上对可授权数字典藏品之认识，即可透过促进需求，来诱导权利盘点之进行。另一方面，一个藏品丰富的可授权品项集中网站，也具备发展成在线授权平台的潜力。基于上述目的，盘点计划建置可授权品项选辑网站，鼓励各计划，将盘点后权利清楚之数字典藏品，选出至少 10 项展示于该网站。

选择标准是：有授权可能性。然各典藏机构，多为学研机构，并非了解市场需求，为此，依据藏品性质，分别对"一般类别"、"生物多样性类"、"档案类"，提出选择的建议标准。❶

以"一般类别"为例，有内容与技术二项标准：(1) 预定数字化的典藏内容应具有重要价值或是具有台湾代表性；(2) 适当的数字化方法与规格标准。

---

❶ 可授权品项评选建议标准，可自盘点暨法律咨询团队计划博客/盘点出版品下载，http://iprclearance2.blogspot.com/。

就第一项与内容相关之标准,再区分为时代意义、学术价值、审美价值、缺稀性、重要性、代表性与濒危程度等六个细项。个别的细项下再区分子项,如下表3。

表3 一般类别可授权品项评选建议标准细项

时代意义	(1)具有久远的历史年代;(2)特殊或重要时期的典藏内容
学术价值	(1)对台湾重要或特殊事件具有重要证据意义或提供历史性的理解;(2)与台湾重要人物或事件具有关连性;(3)对特定内容领域的学术研究具有决定性的影响
审美价值	(1)台湾重要艺术家或工匠的作品或著作;(2)具有不平常的技术或艺术技巧;(3)对艺术或美学发展的理解具有重要意义
稀缺性	(1)典藏内容或其副本现存的数量相当稀少;(2)没有一种相似的数字化副本已经存在别处
重要性	在特定内容领域所具有的知名度,具国家性或国际性的知名度
代表性	(1)具有特别的物理形式或特征的典藏内容;(2)代表台湾人文或技术发展的各种形式的重要例子;(3)对特定内容领域具有普遍的典型意义。
濒危状况	(1)原典藏品保存及毁损状态已经相当严重;(2)濒临消失的语言或物种

来源:盘点计划 　制表人:陈晓慧

就适当的数字化方法与规格标准,则区分为(1)是否有详订明确的数字化和后设数据的技术规格;(2)数字化的技术是否符合原始典藏品的性质或特色;(3)使用的技术规格是否有助于资源的整合与交换;(4)例如使用国家/国际标准规格。

在数据募集过程中,尚须对各计划说明数据之质量规格,以免所征集数据不符合网站之质量标准,使呈现出来的画质过于粗糙。且需针对数字典藏品系图文件、视听档、或者网站、数据库,分别制订之。❶

---

❶ 详细规划,参见前页注①。

此外，为了使授权能够顺利推动，除了建置本网站之外，也聘请律师事务所担任授权的法律咨询服务。此举亦有助于律师，关注数字典藏授权之发展，加速授权中介产业之建立。

结论

回顾 2007 年推动权利盘点计划推动本计划的目标，培养数字典藏从业人员具备管理数字财产之好习惯、建文件管理、建立数字财产管理标准等三项，基本上，应认为已经达成。在 2009 年度结案报告提及：2007 年度服务计划共计 139 件，2008 年度为 137 件。若以 2008 年度公开征选计划为例，共计 78 件，其中 60％，计 47 件缴交问卷，问卷统计结果显示，83％可依据计划时程执行盘点；96％已建立盘点流程制度；87％已建立文件管理制度。❶

2010 年度，完成专家系统，协助各计划建置自己的智能财产权管理数据库、整合在现有之典藏品管理系统中。在 2012 年数字典藏计划完结前，应可预期各计划，得独立以系统自主管理数字典藏品之智能财产权状态。

后续值得努力的方向在于，如何提升盘点对于营运管理之价值，即如何透过定期检视权利状态，从事授权；放弃不必要的授权金给付；将不必要的权利，以最慷慨的方式授权大众利用；将权利已经过期的数字财产，对大众提供。也就是分别由营利与非营利的模式，增益全民享用数字典藏资源的数量与质量，达到国家执行数字典藏计划之目标。

对于机构本身而言，则有维护权利安全，避免法律风险；持续改善，包含更新权利状态、填补权利漏洞、备份数字财产、更新规格等利益。

权利盘点，是数字典藏利用之基础盘石，2007 年开始时，会有现在已经很忙了，为何还要从事权利盘点的疑问。如果我们从事

---

❶ 盘点计划研究成果报告［R］.2010-03-31。

盘点前，能够思考权利盘点之价值，是属于下列四项的哪一个选项，也许会帮助计划执行单位有效做出决策：

（1）现在好、未来好；
（2）现在好、未来不好；
（3）现在不好、未来不好；
（4）现在不好、未来好。

确定进行权利盘点之后，逐步练习、试作、实作，就能达到目标。因此，从事权利盘点不是难不难的问题，而是有没有价值呢？❶

---

❶ 陈晓慧．盘点计划说明简报［R］．2008－03－21。

燕赵民间文化传承的法律保护机制研究[1]

胡云红[*] **杨　朝**[**] **胡海涛**[***]

摘要： 本文拟以 WIPO 政府间委员会所拟定的草案中的有关规定为基础，在对民间文化传承及其表现的界定、国际保护策略等问题加以探讨的基础上，分析我国对民间文化传承保护存在的不足，对我国、我省将来如何构建民间文化传承的法律保护机制提出建议。

关键词： 民间文化传承　知识产权　法律保护机制

河北省地处黄河中下游流域，是中华民族发祥地之一，也是全国唯一的兼有平原、草原、高原、山地、湖泊和海滨的省份。悠久的历史、灿烂的文化、优越的自然条件，孕育了绚丽多彩、形式多样的民间艺术。河北梆子、评剧等地方戏曲、西河大鼓、乐亭大鼓、等民间曲艺、以秧歌为主的民间歌舞、沧州武术、吴桥杂技等极具地方特色的民间文化传承艺术，在国内外都享有盛誉。这些文化、艺术从不同角度表现出的中华民族文化传统，是燕赵历史长河中源远流长的文化瑰宝。然而，随着经济全球化带来的社会变革和人类生存环境的改变，这些民间文化传承艺术正逐渐遭到自然或人为的损害，有的甚至陷于后继乏人、濒临消失的处境。虽然 2003

---

[1] 本文为 2010 年度河北省社会科学发展研究课题，项目编号：201004030。

[*] 胡云红，女，河北石家庄人，中国社会科学院法学研究所博士后流动站与最高人民法院中国应用法学研究所博士后工作站联合培养博士后，日本横滨国立大学法学博士，河北经贸大学法学院讲师。

[**] 杨朝，男，河北经贸大学党委办公室，讲师。

[***] 胡海涛，男，河北经贸大学法学院，副教授。

年10月联合国教科文组织通过了《保护非物质文化遗产公约》，对人类非物质文化遗产进行保护。但是，其对传统文化及其表现的保护通常仅限于政策性的保护措施，缺乏完整的、体系性的法律保护机制。与非物质文化遗产遥相呼应并紧密相关的另一重要课题，是世界知识产权组织（以下简称 WIPO）"与遗传资源、传统知识和民间文化传承有关的政府间委员会"中关于保护文化传承之表现（或称"传统文化之表现"）的讨论。非物质文化遗产属于传统文化表现中的一部分，属于国家文化遗产保护的范畴。而对民间文化传承表现的保护，则不仅仅局限于政策性保护措施，还有可能涉及商标法、版权法反不正当竞争法等诸多法律部门。如何从法律上保护民间文化传承表现，防止对其的恶意使用等问题，成为目前世界各国知识产权立法中亟待解决的问题。本文拟以 WIPO 政府间委员会所拟定的草案中的有关规定为基础，在对民间文化传承及其表现的界定、国际保护策略等问题加以探讨的基础上，分析我国对民间文化传承保护存在的不足，对我国、我省将来如何构建民间文化传承的法律保护机制提出建议。

一、民间文化传承的界定

"民间文化传承"这一术语，译自 WIPO 官方文件中的"expressions of folklore"一词。我国学者将其翻译为"民间文学艺术"、"民间文学艺术表现形式（表达）"、"民间文学艺术作品"等。而日本官方文件中将其称为"民间文化传承、"民间文化传承"或"民族文化财产"。对"expressions of folklore"一词的不同翻译，反映了学者对其的不同理解。因此，明确界定"expressions of folklore"这一术语的内涵，区分民间文化传承与民间文学艺术、民间文学艺术作品和民间文学艺术表现形式，是确定民间文化传承表现的范围、构建其法律保护机制的前提。

（一）民间文化传承表现的内涵

"传承"一词在汉语词典里的意思是"更替继承"，一般指承接好的方面。"民间文化传承"在日语中是指"某一民族或社会团体所拥有的自古继承下来的的习惯、风俗、信仰、传说、技术及知识等向后世传递，或者是指被继承和传递的事物。"民间文化传承既包括民间仪式、技艺、表演等行为的传承，也包括神话、叙事诗、传说和民俗语言等口头传承。按照民间文化传承的性质，可以将其分为以下几种：(1) 社会传承，包括与村庄的构成、家族、亲族相关的传承、与人的诞生、成年、结婚、死亡等有关的礼仪习俗；(2) 生活传承，包括与衣食住、生产、交通、交易、一年的惯例行事等相关的传承；(3) 信仰传承，指与祭祀、庆典等传承；(4) 文化传承，指技艺、民间疗法与民间信仰、口头传承、方言、民俗语言等。

因此，"民间文化传承"这一术语的外延非常广，不仅涉及巫术、占卜、禁忌、祈愿等心理现象，还涉及谜语、故事、传说、歌谣、舞蹈以及其他的民间文学艺术、娱乐游戏等；此外，在物质文化层面，还涉及衣食住行等消费生活、农林牧渔等生产生活和惯例行事、婚丧嫁娶等仪式。❶

笔者认为，民间文化传承是一个相对的概念，在国内层面，民间文化传承特指某一民族或特定社会团体中世代传承下来的有形和无形文化财产。而在国际层面，民间文化传承这一概念的外延还可以扩展至某一国家所特有的民族文化财产。

有关民间文化传承保护的国际讨论，始于1967年《保护文学艺术作品伯尔尼公约》（以下简称《伯尔尼公约》）。在修订《伯尔尼公约》的外交会议上，曾探讨了保护民间文化传承（folklore，中文译为"民俗"）的可能性。该探讨之结论体现在伯尔尼公约第15条第4项之（a）中，即"对作者身份不明但有成分理由假定该作者是本联盟某一成员国国民的未发表作品，该国法律有权指定主管当局代表该作者并据此维护和行使作者在本联盟各成员国内的

---

❶ 柳田国男．民间伝承论 [M]．日本：伝统と现代社，1980．

权利。"

1982年，在WIPO与联合国教科文组织共同制定的《保护民间文化传承，防止非法利用以及其他侵害行为示范条款》（一下简称《示范条款》）中，列举了民间文化传承的范围，即（1）口头表达形式的民间故事、民间诗歌及民间谜语；（2）音乐表达方式如民歌及器乐；（3）活动表达方式如民间舞蹈，民间游戏，宗教仪式；（4）物质形态的民间艺术品、建筑艺术、民间绘画剪纸等。但该法并未获得世界上大多数国家的采纳。

其后，WIPO的"与遗产资源、传承知识及民间文化传承有关的政府间委员会"（以下简称IGC）曾就民间文化传承的保护问题进行过多次讨论。在讨论过程中，由于不少参加国对于"folklore"这一用语提出异议，❶ 因此现在的IGC文书中，主要以TCEs/EoF（"TCE"是"Traditional Cultural Expressions"（传统文化表现）的缩略语；"EoF"是"Expressions of Folklore"（民间文化传承表现）的缩略语）来表示民间文化传承表现。

根据世界知识产权组织2006年第10次IGC会议文件中的定义，"TCEs/EoF"，是指"为某一地域、社会或个人所开发、维持的，具有传统艺术遗产的特征和要素，反映该地域传统艺术趋势的有形及无形文化财产。包括民间传说、民间诗歌、民谣、民族乐器、民族舞蹈、民族戏剧、仪式的艺术形式和其他民族艺术的制作

---

❶ Folklore一词是英国学者汤姆斯（W. J. Thoms）于1846年将Folk（民众）和Lore（知识）合二为一创造的，最早由日本学者将其翻译为"民俗"，后来也为我国民俗学界所采用。Folklore是植根于群体意识和精神在社会中的口头和非文字化传承活动，它可以泛指基于一定自然和社会条件（如种族、血缘、地域、文化水平、生活状况）所结成的某一群体在长期共同的社会生活中所创造、维系并且形成为传统的一切风俗习惯，即民俗，也可以特指其中可作为这种口头和非文字化传承活动典型表现的民间文学或口承文艺。因而，它在民俗学上的使用同样是有层次的，可以指作为一级学科的"民俗学"，也可以指作为二级学科的"民间文学"或"民俗文艺"。

物。"❶ 其具体表现形式包括：（1）口头表达，如故事、史诗、传说、诗歌、谜语及其他口头表达；话语、符号、名称及标记；（2）音乐表达，如歌曲和器乐；（3）动作表达，如舞蹈、游戏、庆典、仪式及其他表演；（4）有形表达，如艺术作品、特别是绘画、设计图、彩绘（包括人体彩绘）、雕刻、雕塑、陶瓷、陶器、镶嵌艺术、木雕、金属作品、珠宝、编织工艺、针织作品、织物、玻璃艺术作品、地毯、礼服、手工艺品、乐器及建筑形式。

（二）民间文化传承表现与民间文学艺术

"民间文学艺术"这一术语的内涵，在我国法学界没有一个明确的界定。一般认为，它是"民间文学"与"民间艺术"的结合。《辞海》中对民间文学下的定义，是指群众集体口头创作、口头流传，并不断集体修改、加工的文学。用文字记录下来的历代民间文学，大多经过文人的整理、加工、修改，有的得到提高，有的被篡改。而我国有的学者认为，"民间文学属于文学的一个特殊类别，是与作家文学、通俗文学相并行的一门独特的语言艺术。"❷ 有的学者则认为，"民间文学是劳动人民的口头创作，它在广大人民群众当中流传，主要反映人民大众的生活和思想感情，表现他们的审美观念和艺术情趣，具有自己的艺术特色。"❸ 一般认为，民间文学的范围包括民间散文作品（包括神话、传说、民间故事、歇后语等）、民间韵文作品（包括民歌、民谣、民间长诗、谚语、谜语、俗语、绕口令等。）和民间说唱作品（包括民间曲艺、民间小戏。曲艺又有评书、鼓词、弹词快板、相声、快书等。）

而"艺术"一词的理解，中外解释也不近相同。西洋所谓的艺术（Art，拉丁文称为 Ars），大致与"技术"意义相近。古希腊哲

---

❶ 世界知识产权组织. WIPO 著作权与邻接权条约解说及著作权与邻接权用语解说 [M]. 2007.

❷ 刘守华. 民间文学教程 [M]. 湖北：华中师范大学出版社，2010.

❸ 钟敬文. 民间文学概论 [M]. 上海：上海文艺出版社，1980.

学家亚理斯多德（Aristotle）认为，艺术是自然的模仿。看待模仿自然是一种艺术。到 15、16 世纪文艺复兴时代，仍把制作一件器物、一幢房屋、一尊雕像、一条船、一件衣服等工作所需的技术称为艺术。我国古文中对"艺"字也有多种解释，有"种植"、"技术"或"才能"之意。《辞海》（台湾中华书局）中有如下的定义："艺术（art）：1. 广义：凡含技巧与思虑之活动及其制作，如机械、工匠、建筑、房屋之类，皆称艺术；义与技术相当。2. 狭义：指含美的价值之活动，或其活动之产物；意义与美术（fine art）同。"故广义上的民间艺术是指在民间技术与思虑活动及其制作。而狭义的民间艺术是指民间美术等具有美的价值之活动。

因此，可以看出，民间文学大体上与"TCEs/EoF"中的"口头表达"和"音乐表达"相对应，而广义的"民间艺术"大体与"TCEs/EoF"中的"有形表达"相对应。但宗教仪式、民间庆典、民间舞蹈等"动作表达"则不属于严格意义上的"民间文学艺术"的范畴。所以，笔者认为，"民间文学艺术"或"民间文学艺术表达"都不能完全涵盖世界知识产权组织文件中的"TCEs/EoF"这一术语。

（三）民间文化传承与民间文学艺术作品

根据《著作权法实施条例》第 2 条规定："作品，是指文学、艺术和科学领域内具有独创性并能以某种有形形式复制的智力成果。"因此，独创性和可复制性是作品的基本构成要素。而民间文化传承（表现）的最大特点就是某一社会团体或区域所共有的文化财产，既包括传统的、没有独创性的民族文化财产，也包括在传统文化、技艺基础上形成的创新性成果，即作品。故"民间文学艺术作品"这一术语的内涵要小于"民间文学艺术（表达）"，更不能涵盖民间文化传承（表现）。

（四）民间文化传承与民俗

"folklore"一词是 1846 年英国学者威廉姆·约翰·托马斯创

造，日本学者将其译为"民俗"。民俗学成立于欧洲近代产业革命以后。19世纪英国的民俗学的研究范围包括"神话、传承、制度、习惯"等民间生活的方方面面。但后来，逐渐演变为传说、民谣、故事等以口头传承为中心的研究。而芬兰等国家的民俗学专门以研究古代故事为中心。这种倾向在俄罗斯、美国等也非常显著，其民俗学一般是指对口头传承进行研究的学问。[1] 日本学者将民俗学定义为："以自古在民间文化传承下来的风俗、习惯、传说、民间故事、歌谣、生活用具、房屋建筑等有形、无形的民俗资料为基础，阐明认为传承下来的各种现象的历史变迁，通过该研究对现在的文化生活做一相对说明的学问"。[2] 民俗学研究的对象主要包括（1）生活（衣食住、民间家庭和民间用具）；（2）风俗习惯（家庭制度、社会制度、生老婚丧嫁娶等礼仪、社会集团、生产与产业、四季的仪式、庆典、游戏技艺、竞技、娱乐等）；（3）传说、歌曲、民间谚语（传说、民曲、民谣、谚语、谜语、谚语诗歌、俚语谚语）；（4）信仰（神道、佛教、灵魂与来世、妖怪变化、预兆与占卜、魔术、疾病与民间疗法）等。"

我国民俗学者将民俗区分为：（1）生产习俗：渔猎、农业、畜牧业、手工业、建筑、商业等方面的习俗；（2）生活习俗：衣、食、住、行、医、用、语言、产育、婚姻、丧葬、寿诞、礼仪、节日等方面的习俗；（3）文化习俗：民间口头文学、美术、舞蹈、音乐、游艺、竞技等方面的习俗；（4）组织制度：村落、家族、姓氏、社团等方面的习俗；（5）精神信仰：图腾崇拜、神灵信仰、祝咒、禁忌、预兆和占卜等方面的习俗。

可见，"民俗"是一个涵盖群体生活方方面面的宽泛概念，不能体现出群体文化创造的内涵。而从民俗学的角度看，国际社会所致力于保护的"expressions of folklore"只限于民俗文化中属于感

---

[1] 福田アジオ. 日本民俗大辞典 [M]. 东京：吉川弘文馆，2000：641.
[2] http://ja.wikipedia.org/wiki/%E6%B0%91%E4%BF%97%E5%AD%A6。

性范畴的审美创造形态。因此，民间文化传承只是民俗中的一部分，包含于民俗之中。

(五) 民间文化传承的特点

通过民间文化传承的含义及其与其他相似概念的区别可以看出，民间文化传承具有以下特点：

(1) 民间文化传承是一个民族或地域的人民共同智力劳动的结晶。即它是某一区域或某一民族共同的文化财产，是该区域或民族人民在长期生产、生活过程中所形成的智力性成果，反映着该区域或民族的特色，体现着他们共同的风俗习惯、精神信仰和民族品质。

(2) 民间文化传承具有延续性和传承性。即民间文化传承是某一区域或民族长期、持续流传下来的传统文化知识和技艺，具有时间上的连续性和内容上的传承性。

(3) 民间文化传承主体的特殊性。即由于民间文化传承具有区域或民族上的共同性，因此，其传承主体不仅仅局限于某一特定的人或团体，而是整个区域或民族的人民。故其所带来的经济利益应当由该区域或民族的人民共同享有。

需要指出的是，民间文化传承是一个区域或民族所特有的传统文化财产，因此，当该文化财产属某一国家特有时，国家也可以作为主体对其主张权利并防止对其的不当利用。此外，民间文化传承不仅包括过去的创造，也包括以传统知识、技艺为基础，融入现代要素而创作的具有创新性和民族特色的作品。[1]

二、关于民间文化传承国际保护的讨论

(一) 相关讨论的背景

《伯尔尼公约》第15条第4项之(a)被很多学者认为是保护民间文学艺术的暗示性条款,并认为民间文学艺术显然符合该条款所规定的条件。

1976年,世界知识产权组织(WIPO0)与联合国教科文组织(UNESCO)一起为发展中国家的著作权保护制定了《发展中国家著作权保护突尼斯示范条款》(以下简称《突尼斯示范条款》)。因为意识到在发展中国家,民间文学艺术已形成其文化遗产中的一个重要部分,而且它容易受到经济利用的影响,WIPO与UNESCO认为这些国家应该从中受益,所以建议发展中国家给予民间文学艺术与著作权法对普通作品一样的保护。《突尼斯示范条款》对此采用的是著作权保护模式,但又根据民间文学艺术的特点规定了与传

---

[1] Secretariat of WIPO, Intergovernmental Committee on Intellectual Property and Genetic Resources, Traditional Knowledge and Folklore, 2006, p13-14: The individual, therefore, plays a central role in the development and recreation of traditional cultural expression. In recognition of this, the description of the subject matter in Article 1 includes expressions made by individuals. In order to determine what is or what is not a TCE or EoF (民间传承の表现の省略), it is therefore not directly relevant whether the expression was made collectively or by an individual. Even a contemporary creative expression made by an individual (such as, for example, a film or video or a contemporary interpretation of preexisting dances and other performances) can be protected as a TCE/EoF, provided it is characteristic of a community's cultural and social identity and heritage and was made by the individual having the right or responsibility to do so in accordance with the customary law and practices of that community. In so far as the beneficiaries of protection are concerned, however, the primary focus of these draft provisions is on communal beneficiaries rather than on individuals. Communities are made up of individuals, and thus communal control and regulation of TCEs/EoF ultimately benefits the individuals who make up the relevant communities (see further Article 2 "Beneficiaries").

统著作权法不同的保护条件和保护内容。

在1996年WIPO审议通过《世界知识产权组织版权条约》（以下简称WCT）和《世界知识产权组织保护表演者和录音录像制作者条约》（以下简称WPPT）之际，通过了开始探讨关于制定保护民间文化传承的国际条约的合意。其后，在2000年的WIPO一般会议中，决定设置专门探讨遗传资源，传承知识以及民间文化传承的政府间委员会（IGC）。至今，该委员会已经进行了多次相关探讨。

（二）WIPO·IGC研讨背景

有关民间文化传承的讨论，主要集中在如何平衡对传承文化的保护和保存以及对既存文化的自由利用上。同时，对于传承文化的保护，还应该强调对民族尊严的保持。例如，从著作权法的特性和目的来看，已经进入公有领域的传承文化，即使对其进行新的演绎利用，或者为了商业目的而进行"复制"或"表演"等其他形式的利用，都不需要征得任何人的许可。

然而，有观点认为，在某一地域的社会中被传承，并且对于该地域的人员来讲具有很高的精神价值的仪式或者音乐等，如果被用于商业或在该区域内超出其利用形态的不当改编，并且将改编后的作品流传于世的话，不仅会损害那些民间文化传承的价值，而且还可能伤害到该区域人民的民族尊严。另外，也有人担忧，对民间文化传承不加限制地利用可能导致某一区域社会的秘密仪式被该社会成员之外的人不恰当地公布于众，或者高技术的传承手工艺被外部人员廉价批量生产，从而对其传统价值造成损害。

在IGC的讨论中，主要设计如何保护传承文化表现并制止对其的不当使用；如果保护的话，以何种方法保护比较恰当；即将其作为知识产权来保护，亦或作为文化财产来保护以及如何定义保护对象等一系列问题。

（三）IGC的讨论结果

在IGC的讨论中，以发达国家为中心的一部分国家建议"灵活"选择与民间文化传承保护有关的各种制度,强调尊重"包容性与灵活性原则",构筑本国文化与习惯结合的"包容性"保护制度。而一部分发展中国家则在基本上支持"包容性与灵活性原则"的同时,要求构建具有法律上约束力的保护框架。因此,会议过程中各种各样的主张被反复提及,直到今天也未能达成一致结论。

(四)关于民间文化传承保护的主要论点

在有关民间文化传承的国际研讨中,对于保护的最终目标,国际上尚未达成合意。根据WIPO事务局的有关资料,民间文化传承保护的政策性目的包括:

(1) 禁止对民间文化传承的不当使用;
(2) 对传承文化保护的贡献;
(3) 对文化多样性的贡献;
(4) 促进区域社会的发展和合法的商业活动;
(5) 排除与民间文化传承的使用有关的无许可主张;
(6) 强化确实性、透明性及相互信赖性等。

在IGC迄今为止的讨论中,一部分发展中国家认为民间文化传承也是一种具有财产价值的物质,因而要求给与拥有民间文化传承的区域社会一定的经济补偿。对于此种主张,以发达国家为主的部分国家,虽然承认民间文化传承的重要性,但从既存知识财产制度的整合性观点出发,对于已经进入公有领域的民间文化传承赋予其与经济利益相关的权利,持消极态度。可以说,对于民间文化传承的保护,是发展中国家与发达国家的博弈之论。因此,有效保护传统文化,实现其经济价值,是保护民间文化传承的根本宗旨。

三、我国民间文化传承之保护现状

1997年我国颁布了《传统工艺美术保护条例》、1998年国务院办公厅转发科技部和卫生部《人类遗传资源管理暂行办法》;2004年《民族民间传统文化保护法》草案提交全国人大常委会审议;2005年11月,由文化部起草的《非物质文化遗产保护法》已报送国务院法制办。2005年国务院办公厅颁布了《关于加强我国非物质文化遗产保护工作的意见》，提出了加强非物质文化遗产保护的基本方针，即保护为主、抢救第一、合理利用、传承发展。此外，国家版权局起草的《民间文学艺术作品保护条例》以及国家中医药管理局起草的《中医药保护法》等也在起草中。

除国家层面的立法外，地方立法也开始重视对民间文化传承的保护。如2000年云南省颁布的《云南民族民间文化传承保护条例》是我国第一部保护民间文化传承的地方性法规。2003年和2006年贵州省和宁夏回族自治区相继颁布了《贵州省民间文化传承保护条例》和《宁夏回族自治区非物质文化遗产保护条例》。其后，福建、广西、江苏、浙江等省也颁布了保护民间文化传承的相关法规。而河北省一直未见出台类似法规。

四、河北省民间文化传承发展现状

（一）民间文化传承种类繁多、异彩纷呈

河北省地处黄河中下游流域，是燕赵文化的发祥地。孕育着种类繁多、异彩纷呈的各种民间文化传承。其中包括以河北梆子、保定老调、安国老调、平调落子、新颖调、横歧调、哈哈腔、四股弦剧、评剧、唐剧、唐山皮影、保定皮影、南辛庄木偶戏、固义摊戏、丝弦戏、坝上二人台、海兴南锣等为代表的土生土长的地方戏曲有26个，以西河大鼓、乐亭大鼓、任丘大鼓、晋州龙鼓、赞皇旗鼓、安国架鼓、高邑腰鼓、常山战鼓、藁城金钹战鼓、沧州木板大鼓、木板书、十不闲以及单弦、平书、相声、数来宝、快板书、三句半等为代表民间曲艺有30余种，以河北吹歌为代表的民间歌舞，以邢台市广宗的太平道乐、巨鹿道教音乐班打醮科仪音乐、廊坊市固安县屈家营音乐会、军卢村义和团音乐为代表的乡村古乐，以定窑、磁窑、邢窑和黑陶和滕氏布糊画、花丝、花丝首饰、花丝摆件等为代表的民间工艺，以沧州的八极拳、劈挂拳、燕青拳，邯郸永年的杨式、武式太极拳，廊坊的八卦掌、邢台的梅花拳、深州

的形意拳为代表的民间武术和著名的吴桥杂技等，都是燕赵2000多年历史渊源流传下来的宝贵财富。

（二）民间文化传承在经济增长中发挥着越来越重要的作用

在经济飞速发展的今天，以燕赵民间文化传承为主的文化产业也在河北省的经济增长中发挥着巨大的作用。据了解，文化产业在河北省新的主导产业体系中发展速度跃居首位，迅猛增长的态势势不可挡。2006年河北省文化产业增加值达到234.8亿元，比上年增长43.5%（当年价），占全省GDP的2.01%，2007年全省文化产业增加值为302.9亿元，增长29%。2007年河北文化产业对经济增长贡献率达到了3.1%，其吸纳就业人员达到69.4万人。文化产业正逐步成为经济增长新亮点。从发展速度看，河北省文化产业的增长率已经超过钢铁等其他主导产业的年增长率，成为新的"领跑"产业，迅猛增长的态势已经显现。

因此，保护燕赵民间文化传承及其表达不仅是文化发展与传承的需要，更是河北省现阶段发展经济的需要。只有构建完善的法律保护机制，才能使民间文化传承最大限度地发挥其文化价值和经济价值，才能更好地激励传承人，使燕赵文化绵绵不断地流传下去。

五、民间文化传承现有保护的不足

虽然20世纪90年代以来我国先后颁布了保护传统工艺美术、非物质文化遗产等法规，一些地方政府也先后出台了保护民间文化传承遗产等地方性法规，我国《著作权法》也明确规定了对民间文学艺术作品的保护。但目前的保护工作存在着以下不足：

（一）《著作权法》对民间文化传承保护的范围具有局限性

因为《著作权法》着重强调对作品的保护，而作品一般须具有创新性特点。因此，《著作权法》所保护的民间文学艺术作品仅限于以民间文化传承为基础创作的作品，对于不具有创新性的民间文化传承则不能加以保护。这远远不能满足对民间文化传承全面保护的需要。其次，《著作权法》强调对作者的保护，著作权人一般都是特定的人和单位，而民间文化传承是整个区域或民族劳动人民智慧的结晶，很难将其归属于特定的人所有。故如用《著作权法》对其进行保护，将难以判断其权利归属，从而使这种保护架空。再次，民间文化传承是一个民族或区域在长期的文化生活中流传下来的具有一定民族或地方特色的知识和技艺，对其的保护也应当通过一种长期的机制，防止任何对这种文化传承的歪曲、篡改和不当利用。而《著作权法》对作品的保护是有一定期限的。一旦期限届满，作品就进入公共领域，任何人都可以随意加以利用，不必向原作者或其继承人支付任何费用。因此，《著作权法》对民间文化传承的保护无论从范围上还是时间上都具有很大的局限性。

(二) 保护体系上的重叠交叉、零散混乱

虽然国务院等部门颁布保护传统工艺美术、非物质文化遗产、传统中医药等相关的法规和部门规章，涉及民间文化传承的一部分，但不能涵盖其全部内容，并且这些法规与部门规章的保护对象的范围有重叠交叉之处，容易造成理解上的混乱和实际操作上的困难。

(三) 原则性规定较多，而具体保护措施上的规定较少

就目前国务院和地方政府所颁布的各类保护民间文化传承的法规来看，多强调对文化财产的收集、整理、认定等原则性规定，而对于认定后运用何种法律机制、采取何种手段进行保护的规定却尚付阙如。多数学者对民间文化传承保护的立法建议，也集中在如何在著作权法的框架下对民间文化传承进行特殊保护，缺乏一整套体系性的法律机制保护措施。这将极大地影响到民间文化传承经济价值的发挥。

笔者认为，应当根据民间文化传承的特点和性质，对其分门别

类。综合运用知识产权制度、反不正当竞争制度以及对传承人的奖励、激励机制，对每一类别的民间文化传承进行具体的保护，构建出一套完整的民间文化传承保护机制。不仅可以克服目前法律法规中规定零散，不易操作的缺陷，还可以系统、有效地保障民间文化传承发挥其经济价值，促进经济增长。

六、民间文化传承法律保护机制的构筑

（一）明确民间文化传承的范围

鉴于目前我国有关民间文化传承的立法中存在着保护对象交叉重叠的现象。笔者建议，应统一对民间文化传承这一术语的界定，明确其范围。具体而言，可在将来的立法中参照世界知识产权组织和联合国教科文组织颁布的《示范条款》中所规定的范围，这样可使我国相关立法与国际保护一致，有利于统一民间文化传承国际保护的认识。

（二）权利主体

笔者认为，民间文化传承涵盖的范围广，涉及的主体也比较多，因此可以将其权利主体分为团体型主体、创作型主体、传承型主体主体三类。

团体型主体，是指某一区域或民族的全体人民。他们是这一区域或民族民间文化传承的共同所有人，因此，对其享有权利。对于团体型主体，其权利的行使可以通过该团体的代表或者是集体管理组织，甚至地方或国家的特定文化行政管理机关行使。在某些情况下，国家也可以成为团体型主体。

创作型主体，是指以民间文化传承为基础，对其进行创新性改进或创作而形成新的成果的人。这类主体既可以是该区域或民族的成员，也可以是非成员。

传承型主体，包括文学、艺术民间文化传承的表演者和传统工艺、技艺、祭祀等仪式的传承者。

（三）权利内容

1. 赋予文学、艺术、科学领域内的民间文化传承以类似著作权的权利

如对诸如民间故事、民间诗歌及民间谜语等口头表达，民歌等音乐表达、舞蹈、游戏、杂技、魔术、民间仪式等动作表达的编排等，可以赋予它们类似著作权的权利，包括人格权利和财产权利。

赋予民间文化传承所有人以人格权利，主要是为了防止对民间文化传承进行商业利用时的歪曲、篡改，从而伤害到该区域或民族人民的感情。因此，笔者认为，应赋予民间文化传承的团体型主体和传承型主体以署名权、修改权；赋予创新型主体发表权、署名权、修改权。发表权，是指创新型主体对其民族文学艺术作品所享有的将作品公之于众的权利。署名权，即任何人对某一区域或民族的文化传承进行利用时，应标明该区域或民族的称谓。修改权，是指任何人未经权利主体的同意，不得随意对民间文化传承中的文学、艺术作品进行修改、篡改，以保障民间文化传承的民族性。

财产性权利中，应当包括复制、发行、出租、展览、放映、广播、网络传播、摄制、改编、翻译、汇编等一系列权利。任何对民间文化传承中文学、艺术性传承的商业化利用，都应当取得权利主体的许可，并支付报酬。

另外，也应当参照邻接权制度赋予民间文学、艺术、祭祀仪式等的表演者以人格权利和相应的财产权利。

2. 赋予标志性民间文化传承以类似商标权的权利

即把区域或民族的传统符号、标志等表现形式，通过商标注册对其进行半永久的保护。如加拿大的"阿波利基尼"就是从传统的工艺品到食品、服装以及旅游服务等行业进行广泛的商标注册，从而达到保护部落民间文化传承的目的。或者通过禁止他人将已经登录的民间文化传承符号、标志作为商标进行注册的方式，防止对民间文化传承符号的不当利用。

3. 赋予传统工艺品等有形民间文化传承以地理标志的权利

即对雕刻、陶瓷、陶器、镶嵌艺术、木雕、编织工艺、玻璃艺术等具有区域或民族特色的有形民间文化传承,通过赋予其地理标志权,以保护特定区域或民族的传统工艺品,防止他人滥用;同时还可以起到宣传该区域或民族的作用,促进其经济发展和增长。

4. 赋予对有形民间文化传承的生产或设计方法以类似专利权的权利

即对于诸如制作雕刻、雕塑、陶瓷、陶器、镶嵌艺术、木雕、金属作品、珠宝、编织工艺、针织作品等有形的民间文化传承的传统工艺、方法和设计的保护,可以通过赋予其创造者类似发明、实用新型和外观设计等专利权的排他权利,以防止他人的不当利用,促进传统工业的产业化发展。同时,对于制作有形民间文化传承的生产方法、技艺上的新的发明创造,也应当赋予其类似专利权的排他性权利,以促进对传统工艺的改进和发展。

5. 赋予民间文化传承整理人、传承人以报酬请求权

民间文化传承的搜集和整理工作是一项浩大的工程,需要深入到各区域、民族人民的生活之中。因此,应当赋予其整理人以报酬请求权,激励对民间文化传承的抢救和保存工作。另外,由于许多民间文化传承地处偏远少数民族聚集地,或者因其他原因而导致后继乏人,濒临失传、消失的危险。因此,有必要建立一套对民间文化传承人的奖励和激励机制,在保障其正常生活的基础上,使传承人担负起传承和宣传民间文化传承的重任。

6. 建立民间文化传承的合理使用机制

虽然民间文化传承为特定的区域或民族的人民所有,但在赋予其所有人权利的同时,还应当注重对民间文化传承的普及和开发。因此,有必要对权利人的权利加以限制,以满足社会公共利益的需求和促进民间文化传承的普及。笔者认为,在尊重民间文化传承署名权等人格利益的前提下,应积极鼓励对民间文化传承的商业目的之外的利用。这样不仅有利于民间文化传承的普及和发展,也有利于弘扬民族文化,发挥其社会价值。

此外，还应当通过反不正当竞争制度等对模仿民间文化传承及其表现的行为加以规制，从而形成对民间文化传承保护的一个整体的、系统的法律保护机制，为民间文化传承提供全方位的法律保障。

（四）保护期限

由于知识产权具有时间性和地域性特点，而民间文化传承的形成、发展和保护需要一个长期的、缓慢的过程。因此笔者认为，单纯运用知识产权制度不能满足保护民间文化传承的需要。因此，只能在赋予民间文化传承的权利主体以类似知识产权的基础上，对其进行无期限的保护，才能达到保护、保存民间文化传承的初衷。因此，不应对民间文化传承设定保护期限。

除了运用上述类似知识产权制度的保护方式外，还可以结合反不正当竞争等法律制度，对民间文化传承的假冒等行为进行遏制。同时，还应当建立民间文化传承的普及、开发以及人才培育制度，加强行政性指导的作用，对民间文化传承的申报、认定以及开发、利用等进行引导，从立法和行政两方面对民间文化传承进行全面的保护。

结语

总之，民间文化传承的保护、开发和利用，不仅仅关系当地方文化产业的发展和民族特色的保持，也关系到整个国家文化产业的发展和经济的增长。加强对民间文化传承的保护，建立一套完善的法律保护机制是我省乃至我国亟待解决的问题。对民间文化传承的法律保护机制的建立上，应结合其区域性、民族性特点，在明确界定其范围的基础上，分门别类地赋予各项传承以特定权利并建立相应的保护机制，以达到弘扬民族文化、促进产业发展的目的。同时，地方政府的文化主管机关也应充分发挥其行政指导功能，引导本区域、民族人民对其文化传承的搜集、整理和保护工作，全方位地为民间文化传承的保护和发展提供服务。

附录1：非物质文化遗产法律保护研究报告[1]

李明德　管育鹰

非物质文化遗产的保护，是近年来国内外广泛讨论的一个问题。在这方面，联合国教科文组织于2003年缔结了《非物质文化遗产保护公约》，中国也在长达数年的时间里讨论了非物质文化遗产的保护问题，并在在2011年2月由全国人大常委会通过了《非物质文化遗产法》，于2011年6月1日起实施。本研究报告将系统梳理国际上有关非物质文化遗产保护的相关学说和立法实践，探讨非物质文化遗产的概念和保护模式，非物质文化遗产保护与知识产权保护的关系，我国非物质文化遗产保护的理论与实践。报告将在相关讨论的基础上，提出有关非物质文化遗产保护的立法建议。

一．非物质文化遗产及其相关概念

（一）非物质文化遗产（intangible cultural heritage）

根据联合国教科文组织于2003年缔结的《非物质文化遗产保护公约》，"非物质文化遗产"是指被各社区、群体，有时是个人，视为其文化遗产组成部分的各种社会实践、观念表述、表现形式、知识、技能以及相关的工具、实物、手工艺品和文化场所。根据公约，"非物质文化遗产"涵盖了非常广泛的内容，例如口头传统和表现形式，包括作为非物质文化遗产媒介的语言；表演艺术；社会实践、仪式、节庆活动；有关自然界和宇宙的知识和实践；传统手

---

[1] 本文是中国社会科学院重点项目"非物质文化遗产保护法律研究"的最终报告。

工艺。❶

关于非物质文化遗产的概念和范围,《中华人民共和国非物质文化遗产法》也有如下的规定:"本法所称非物质文化遗产,是指各族人民世代相传并视为其文化遗产组成部分的各种传统文化表现形式,以及与传统文化表现形式相关的实物和场所。包括:(一)传统口头文学以及作为其载体的语言;(二)传统美术、书法、音乐、舞蹈、戏剧、曲艺和杂技;(三)传统技艺、医药和历法;(四)传统礼仪、节庆等民俗;(五)传统体育和游艺;(六)其他非物质文化遗产。"❷

根据以上的定义,非物质文化遗产属于信息、知识一类的智力活动成果,不同于有形的物质。大体说来,人类在其漫长的历史中,通过生产活动和社会活动,产生了丰富而多彩的有关自然、社会、宗教和生产活动的知识,以及有关语言文字、文学艺术、宗教仪式、医疗卫生、生产技艺等方面的知识。这些广泛的知识、信息或者智力活动成果,都可以纳入非物质文化遗产的范围。非物质文化遗产,不同于承载着这类知识、信息或者智力活动成果的物质,例如岩石、金铜器皿、生产工具、宗教祭祀物品、建筑物和纸张等等。

根据与物质载体的关系来看,非物质文化遗产可以分为两大类。一类是世代相传、尚没有体现在物质载体上的内容。例如口头传说,宗教仪式,节庆活动,表演艺术,音乐舞蹈,医药知识,生产工艺等等。另一类则是在世代传承的过程中,体现在了物质载体上。例如体现在岩石、金铜器皿、生产工具、乐器、兵器、建筑物和甲骨、竹简、纸张上的非物质文化遗产。在后一种情形下,相关的有形物品,还可以同时得到文物法律的保护。例如,《中华人民

---

❶ UNESCO: Convention for the Safeguarding of the Intangible Cultural Heritage, article 2.

❷ 《中华人民共和国非物质文化遗产法》第 2 条。

共和国非物质文化遗产法》规定："属于非物质文化遗产组成部分的实物和场所，凡属文物的，适用《中华人民共和国文物保护法》的有关规定。"❶

根据相关的定义，"非物质文化遗产"虽然可以纳入智力活动成果的范围，但是又不同于现代知识产权法律所保护的作品、技术发明、工业品外观设计和商业标识。按照现代知识产权法律，受到保护的作品应当是具有原创性的新作品，受到保护的技术发明应当符合新颖性、创造性和实用性的标准，受到保护的工业品外观设计应当符合原创性和创造性的标准，受到保护的商业标识可以指示商品或者服务的来源，并且具有一定的商誉。而非物质文化遗产，则是世代相传的各种传统文化表现形式，以及与传统文化表现形式相关的实物和场所。或者说，非物质文化遗产更多地是指过去的或者传统的智力活动成果，而知识产权所保护的则是现在的或者新的智力活动成果。当然，从智力活动成果的共性来看，现代的知识产权法律又与非物质文化遗产密切相关，甚至可以通过著作权法、专利法和商标法，在某种程度上间接保护非物质文化遗产。例如，不得将非物质文化遗产中的技术方案申请为专利。又如，使用非物质文化遗产创作文学艺术作品，应当支付一定的费用。

(二) 其他相关概念

"非物质文化遗产"具有非常广泛的含义，涉及各种传统的文化表现形式，例如口头文学、传统技艺等等。这样，非物质文化遗产就与通常所说的民间文艺表达和传统知识发生了重合。在这里，有必要说明非物质文化遗产与民间文艺、传统知识的关系。

关于民间文艺（folklore），又叫传统文化表达（traditional cultural expression），世界知识产权组织的相关文件曾经提出过不同的定义。例如，在1982年由世界知识产权组织和联合国教科文组织制定的《保护民间文学艺术表现形式、防止不正当利用及其他

---

❶ 《中华人民共和国非物质文化遗产法》第2条。

侵害行为的国内法示范法》(简称"82年示范法")中,民间文艺被界定为"指由具有传统文化艺术特征的要素构成,并由(某一国家的)一个群体或者某些个人创作并维系,反映该群体传统文化艺术期望的全部文艺产品"。[1] 具体说来,民间文艺包括:

(1) 口头表达形式,如民间故事、民间诗歌、民间谜语等;

(2) 音乐表达形式,如民歌及器乐;

(3) 活动表达形式,如民间舞蹈、民间游戏、民间宗教仪式;

(4) 有形表达形式,如民间艺术品、民间乐器、民间建筑;等等。

后来,世界知识产权组织于 2000 年成立了"知识产权与遗传资源、传统知识和民间文艺政府间委员会"(以下简 IGC),以讨论产生于遗传资源的获取和惠益分享、传统知识(不论是否与遗传资源有关)、民间文艺保护中的知识产权问题。在相关的文件中,政府间委员会不再使用"民间文艺"的概念,而是使用了"传统文化表达"的术语。但是,有关传统文化表达的定义未变,仍然是指,"由具有传统文化艺术特征的要素构成,并由(某一国家的)一个群体或者某些个人创作并维系,反映该群体传统文化艺术期望的全部文艺产品"。不过,关于传统文化表达的内容,则在表达上有一些不同。具体说来,传统文化表达包括以下内容:

(1) 言语表达,例如民间故事、民间诗歌和谜语;语言方面,如文字、标志、名称、符号及其他标记;

(2) 音乐表达,如民歌和器乐;

(3) 行为表达,如民间舞蹈、游戏和艺术形式或仪式,不论其是否浓缩为某种物质形式;

(4) 有形表达,例如民间艺术作品,尤其是绘画、设计、素

---

[1] Model Provisions for National Laws on the Protection of Expressions of Folklore Against Illicit Exploitation and Other Prejudicial Actions, Section 2; UNESCO & WIPO, 1982.

描、雕刻、雕塑、陶瓷、镶嵌、木艺、金属饰品、珠宝、筐篮编织、手工艺、刺绣、纺织、织毯、服饰；乐器、建筑形式。❶

关于传统知识，相关的国际组织文件也提出过不同的定义。例如，世界知识产权组织在2001年发布的一份有关传统知识保护的报告中指出，传统知识是指"以传统为基础之文学、艺术或科学作品；表演；发明；科学发现；外观设计；符号、名称与象征；未公开信息；以及工业、科学、文学、艺术领域或其他一切以传统为基础的创新与创作"。在传统知识的概念中，"以传统为基础"是核心要素，它指"知识体系、智力创造和创新活动、文化表达形式通常都是代代相传的，其被认定为系某个特定人群或居住区域所固有，并随着环境的变化而不断演进。"❷又如，《生物多样性公约》第8条，也对传统知识下了一个定义，是指"采用传统生活方式的土著和本地社区的与生物多样性的保护和可持续利用有关的知识、创新与实践"。❸《生物多样性公约》组织在相关文件中还对传统知识做了进一步的解释。根据解释，传统知识是指全世界的土著和本地社区的知识、创新与实践，它从经过数世纪而获得的实践发展而来，适应了本地的文化与环境，它通过口头方式代代相传。它往往是集体拥有的，而且采取了故事、歌曲、民间文艺、谚语、文化价值、信仰、仪式、社区规则、本地语言和农业实践（包括植物物种和动物品种的培育）。特别在诸如农业、渔业、健康、园艺业和林业等领域，传统知识主要具有一种实用的属性。❹

---

❶ See *"The Protection of Traditional Cultural Expressions/Expressions of folklore: Overview of Policy Objectives and Core Principles"*, WIPO/GRTKF/IC/7/3.

❷ See *Intellectual Property Needs and Expectations of Traditional Knowledge Holders: WIPO Report on Fact—Finding Missions on Intellectual Property and Traditional Knowledge* (1988—1999), WIPO, 2001. p. 25.

❸ Convention on Biological Diversity, article 8 (j).

❹ CBD, Article 8 (j): *Traditional Knowledge, Innovations and Practices: Introduction*.

根据以上有关"民间文艺"的定义和范围，以及有关"传统知识"的定义和范围，我们可以得出两点结论。第一，民间文艺与传统知识在很多内容上市交叉的。我们或许可以说，对于大体相同的非物质文化遗产，"民间文艺"是从表达的视角加以界定，而"传统知识"则是从技能、技艺或者知识的角度加以界定。第二，无论是民间文艺还是传统知识，都可以纳入更为广泛的"非物质文化遗产"的范围之内。或者说，民间文艺的内容和传统知识的内容，在很大的程度上与非物质文化遗产的内涵相重合。与此相应，在讨论非物质文化遗产保护的时候，必然会涉及到民间文艺和传统知识的保护。

与民间文艺和传统知识相关，还有一个"遗传资源"的概念。例如，世界知识产权组织于 2001 年成立的政府间委员会，其名称就是"知识产权与遗传资源、传统知识和民间文艺政府间委员会"。又如，世界贸易组织于 2001 年发布的"多哈宣言"，也在第 19 条中要求"TRIPS 协议理事会"研究协议与《生物多样性公约》的关系，以及协议与传统知识和民间文学保护之间的关系。❶ 其中的《生物多样性公约》就涉及了对于遗传资源的保护。这些都表明，"遗传资源"的保护，与传统知识、民间文艺的保护，或者非物质文化遗产的保护，具有密切的关系。

根据《生物多样性公约》，"遗传材料"是指来自植物、动物、微生物或其他来源的任何含有遗传功能单位的材料。"遗传资源"是指具有实际或潜在价值的遗传材料。❷ 根据公约，各缔约国可以自行决定基因资源的管理，可以将基因资源规定为财产，可以规定利用基因资源和与此相关的传统知识的条件。公约还特别规定，基因提供者享有知情权和利益共享权。如果他人利用有关基因资源做

---

❶ World Trade Organization: Ministerial Declaration, Ministerial Conference, Fourth Session, Doha, 9—14 November 2001.

❷ Convention on Biological Diversity, article 2.

出发明时,基因提供者有权知悉;如果他人就该发明获得专利权或其他权利,则基因的提供者可以分享由此而产生的收益。[1]

从表面上来看,遗传资源与非物质文化遗产的关系较远。因为,遗传资源更多地是一种客观的存在。然而在事实上,遗传资源的保护仍然与非物质文化遗产密切相关。首先,人类在漫长历史中形成的关于遗传资源的知识,包括保存、维护和利用遗传资源的知识,都可以纳入传统知识的范围。其次,遗传资源保护中的主权原则、知情同意原则和惠益分享原则,又为传统知识和民间文艺的保护,或者非物质文化遗产的保护提供了思路。事实上,很多人提出的管与民间文艺保护中的利益分享机制,传统知识保护中的利益分享机制,都或多或少收到了遗传资源保护方式的启发。

二、国际上有关非物质文化遗产保护的探讨

(一)非物质文化遗产保护的缘起

在漫长的人类社会发展进程中,人类通过适应和改造自然,逐步发展到了今天的阶段。在这个过程中,人类通过自己的劳动,包括自己的体力劳动和智力劳动,创造了丰富多彩的非物质文化遗产。石器的制作,岩画的创作,刻画符号和文字的发明,口头传说和文学表达,各种宗教仪式和舞蹈,音乐和乐器,美术作品,生产工具和相应的工艺产品,医疗工具和医药产品,建筑物和建筑装饰,以及各种有关自然、人类社会和文化传统的知识等等。这种种非物质文化遗产,既是各个地区的人民对于相关技能、经验和知识的总结,又在人类社会的发展中起着非常重要的作用。事实上,就一个特定区域的人类社会而言,每一代人都是在前人技能、经验和知识的基础上,从事相关的生产活动和社会活动,并且有所创新,有所进步。

人类在农业社会中,发展速度相对缓慢,大量的非物质文化遗

---

[1] See Convention on Biological Diversity, article 15.

产也得以传承下来。[1] 大体说来，每一代人都继承了前人的非物质文化遗产，并在此基础上或多或少有所进步。然而，自从西欧率先进入工业社会以后，人类社会的发展速度突然加快，而且有越来越快的势头。一方面，工业社会创立了新的全然不同于农业社会的传统，包括自己的非物质文化遗产。另一方面，工业社会的迅速发展，又破坏了大量的农业社会遗留下来的非物质文化遗产。这种状况，甚至在工业发达社会也引起了广泛的关注，试图在一定程度上保存和维护某些非物质文化遗产。例如，日本曾经在1950年颁布了《文化财产保护法》，由国家提供对于非物质文化遗产的保护。1975年，日本又大幅度修订了《文化财产保护法》，完善了有关保护非物质文化遗产的法律制度。根据规定，有关保护非物质文化遗产的保护，主要包括认定制度和振兴制度。按照认定制度的有关规定，由专门的国家机关对重要的非物质文化遗产（包括所谓的"人间国宝"）加以选择和认定，然后指定传人或保护单位。在振兴非物质文化遗产方面，主要采取由国家向传人或保护单位发放特别补助金、国家拨款更新和制作有关的器具、资料等措施振兴非物质文化遗产。[2] 仿效日本的先例，韩国也在2000年颁布了《文化财富保护法》，主要针对"无形文化财"，即非物质文化遗产的指定问题进行了规定。韩国还设立了专门的"文化财厅"以及"重要无形文化财传授会馆"，专门负责保护并传授"文化财"。[3] 除了日本和韩国，还有一些发达国家也采取了维护非物质文化遗产的措施。例如，美国和加拿大建立了印第安人保留区，欧洲国家也加大了维护古迹的力度。

到了第二次世界大战以后，发端于西欧的工业文明，迅速向亚

---

[1] 这里所说的农业社会，大体从人类的采集、渔猎开始，一直延续到工业社会以前。

[2] 参见日本《文化财产保护法》。

[3] 参见韩国《文化财富保护法》。

洲、非洲和拉丁美洲等传统的农业区域蔓延。随着工业文明的到来和发展,一方面传统的非物质文化遗产迅速消失或者遭受破坏,引起了人们的恐慌。另一方面,西方发达国家的各种人员,纷纷来到亚非拉的农业区域,或者考察,或者掠夺,攫取了大量的非物质文化遗产。在此基础之上,很多人或者创作出了可以获得版权的作品,或者做出了可以获得专利的发明,并且获得了大量的经济利益。大体说来,随着工业文明的冲击,亚非拉地区的非物质文化遗产面临着迅速消亡和不当利用的双重危机。

面对日益消失的农业社会遗留下来的非物质文化遗产,无论是西方发达国家的有识之士,还是亚非拉地区的人民,都深刻地认识到,传统的非物质文化遗产是全人类的宝贵财富,应当加以维护和保存。人类的工业文明离不开农业社会遗留下来的非物质文化遗产支撑。利用传统的非物质文化遗产,不仅可以维持文化的多样性,而且可以繁荣文学艺术作品的创作,可以做出意想不到的技术发明。而在另一方面,发达国家的人员利用亚非拉地区的非物质文化遗产,或者创作可以获得版权的作品,或者做出可以获得专利的发明,也引起了广大发展中国家和最不发达国家人民的警惕。很多人提出,可以针对非物质文化遗产规定特殊的民事权利,一方面防止他人未经许可而使用属于自己的非物质文化遗产,另一方面则在许可他人使用的同时获得必要的经济利益。

大体说来,自 20 世纪下半叶开始的有关非物质文化遗产的保护,就是围绕着保存和保护而展开的。其中的保存,更多地带有行政的特色。其中的保护,则更多地带有民事权利的特色。当然,"保存"与"保护"又是相辅相成的。例如,行政保护中有关非物质文化遗产的"登记",有利于民事权利的行使。又如,在非物质文化遗产上设定一定的民事权利,又有力地推动了相关国家、社区和部落对于非物质文化遗产的保存。

(二) 国际上有关民间文艺保护的探讨

国际上有关非物质文化遗产的保护,最先开始于对于民间文艺的保护。1967年，非洲国家突尼斯经过多年的讨论，率先将民间文学艺术作品纳入《突尼斯著作权法》，开创了以著作权法保护民间文艺的先河。随后，临近的非洲国家摩洛哥（1970年）、阿尔及利亚（1973年）塞内加尔（1973年）、肯尼亚（1975年）等国相继效仿，以著作权法保护民间文艺。到目前为止，世界上在著作权或版权法或地区性版权条约中明文保护民间文学作品的，已超过50个国家，其中非洲国家占大多数。❶

到了1977年，非洲地区的法语国家又在中非首都班吉通过了一个《成立非洲知识产权组织（AIPO）的班吉协定》（以下称《班吉协定》）。❷《班吉协定》在7个附件中全面规定了对于专利、实用新型、商标、外观设计、商号、制止不正当竞争、版权和文化遗产的保护。其中的"附件七"，具体规定了著作权与文化遗产的保护。根据规定，文化遗产包括"一切由非洲的居民团体所创作的、构成非洲文化遗产基础的、代代相传的文学、艺术、科学、宗教、技术等领域的传统表现形式与产品"。同时，"附件七"还将民间文学艺术界定为"由团体或个人创造并保存的、被认为是满足这些团体愿望的、以传统艺术遗产特有因素构成的产品，包括民间故事、民间诗歌、民歌、民族器乐、民间舞蹈、民间娱乐活动及宗教仪式的艺术表达形式及民间艺术产品"。根据规定，对这些民间文艺进行商业利用者就此向国家的集体权利管理机构支付一定的使用费；对民间文艺开发利用人所收取的费用的一部分应当用于公用福利及文化事业。❸

在非洲国家以著作权法保护民间文艺的同时，联合国教科文卫

---

❶ 参见世界知识产权组织文件 WIPO/GRTKF/IC/18/inf/7，2011年5月。

❷ Bangui Agreement Relating to the Creation of an African Intellectual Property Organization, Constituting a Revision of the Agreement Relating to the Creation of an African and Malagasy Office of Industrial Property, 1977. 该协定于1982年2月生效。

❸ 郑成思. 知识产权保护实务全书[M]. 北京：中国言实出版社，1995：54—57.

组织还与世界知识产权组织一道，就民间文学艺术的保护举行了一系列的讨论会议。这些会议围绕民间文学艺术的全面保护和知识产权的保护（民事意义上的保护），进行了深入而广泛的讨论。经过讨论，两个国际组织在民间文学艺术与知识产权保护的问题上达成了一致，即先推出一个具体的关于民间文学艺术知识产权保护的国际文件，然后再缔结有关民间文学艺术保护的国际公约。

到了1982年，联合国教科文卫组织和世界知识产权组织在相关讨论的基础上，共同提出了一个《发展中国家著作权保护突尼斯示范法》。❶ 这个示范法，一方面建议发展中国家给予民间文艺表现形式普遍的著作权保护，另一方面根据民间文学艺术的特点规定了与传统著作权法不同的保护条件和保护内容，如族群权利、不要求固定性和原创性、提供永久性保护、特定条件下"付费公有领域制度"、通过邻接权对传统艺术表演者提供保护等。《发展中国家著作权保护突尼斯示范法》在民间文艺的保护方面，产生了深远的影响。亚洲、非洲和拉丁美洲的很多发展中国家，纷纷借鉴和采纳示范法的相关规定，在本国著作权法框架内建立起对民间文学艺术作品的特殊保护机制。❷

值得注意的是，自20世纪60年代到80年代，国际上有关非物质文化遗产保护的探讨，仅限于民间文艺的保护，而没有涉及更为广泛的传统知识。同时，有关民间文艺的保护，又是从设定私权或者民事权利的角度进行讨论。显然，这是发展中国家和相关国际组织对于民间文艺为他人不当利用所作出的反应，同时也显示了发端于西方发达国家的知识产权制度，尤其是版权制度对于民间文艺保护的影响。

---

❶ WIPO & UNESCO: Tunis Model Law on Copyright for Developing Countries, 1976.

❷ 例如，中国1990年通过的《著作权法》第6条规定了对于民间文学艺术作品的保护。

（三）联合国教科文组织与《非物质文化遗产保护公约》

自 1982 年《突尼斯示范法》提出以后，国际上有关非物质文化遗产保护的讨论，发生了重大的变化。一方面，相关的讨论不再局限于民间文艺，而是将更为广泛的传统知识的保护纳入了讨论的范围。一些国际组织，甚至在传统知识保护的基础上，进一步讨论了遗传资源的保护。另一方面，就非物质文化遗产的保护而言，联合国教科文组织和世界知识产权在保护的模式上也分生了重大的分歧。前者在相关的讨论和文件中，更加侧重于非物质文化遗产的行政性保护，而后者则继续侧重于设定民事权利的讨论，探讨通过私权模式保护非物质文化遗产（民间文艺、传统知识）和遗传资源。

先来看联合国教科文组织的讨论。自 1985 年以后，联合国教科文组织开始从维护（safeguarding）的角度，探讨民间文艺的保护问题。到了 1989 年，联合国教科文组织在相关讨论的基础上，提出了一份保护民间文学艺术的国际规范性文件，即《保护传统文化和民间文学艺术建议案》。❶ 在此之后，联合国教科文组织创立了一个名为"非物质文化遗产"的项目，不再局限于民间文艺的保护问题。与此相应，联合国教科文组织的工作重心，也从先前的"民间文学艺术"的保护转向了"非物质文化遗产"。在此基础之上，联合国教科文组织开始了缔结一项具有约束力的保护非物质文化遗产国际公约的努力。联合国教科文组织逐步认识到，面对非物质文化遗产的迅速消失，既有的关于文化遗产保护和民间文艺保护的国际文件都不能有效保护非物质文化遗产，因而有必要制定一个维护非物质文化遗产的国际公约。这样，联合国教科文组织又把保护的重点，从设定民事权利的"保护"（protection）转向了要求主权国家或者政府对于非物质文化遗产的"维护"（safeguarding）。

---

❶ 参见 UNESCO 网站，http://portal.unesco.org/culture/en/ev.php－URL_ID=12779&URL_DO=DO_TOPIC&URL_SECTION=201.html。

或者说，对于非物质文化遗产的保护，主要应当依赖行政性的维护，而非民事权利的保护。

在相关讨论的基础上，到了2001年11月，联合国教科文组织大会第32届会议通过了《非物质文化遗产保护公约》。这是世界上第一个专门保护非物质文化遗产的国际公约。值得注意的是，公约所使用的保护，不是与知识产权相关的"保护"（protection），而是具有维护含义的"保护"（safeguarding）。这表明，公约对于非物质文化遗产的保护，不是赋予私权或者知识产权的保护，而是一种行政性的"维护"。根据公约的第1条，制定本公约的宗旨是：保护非物质文化遗产；尊重有关群体、团体和个人的非物质文化遗产；在地方、国家和国际一级提高对非物质文化遗产及其相互鉴赏的重要性的意识；开展国际和组合提供国际援助。根据公约的第2条，"保护"是指采取措施，确保非物质文化遗产的生命力，包括对于遗产各个方面的确认、立档、研究、保存、保护、宣传、弘扬、承传（主要通过正规和非正规教育）和振兴。❶ 在对于非物质文化遗产的"维护"方面，公约还特别设计了一种国际保护制度，即由一个政府间委员会发布一个具有代表性的非物质文化遗产名录。其具体做法是，成员国首先遴选本国非物质文化遗产中的代表性样本，在获得政府间委员会的认可之后，纳入代表姓名录之中。❷ 显然，这个做法是典型的行政性保护做法。

应当说，从行政性的角度"维护"非物质文化遗产，而非从赋予私权的角度"保护"非物质文化遗产，符合联合国教科文组织的宗旨，即维护和保持文化的多样性。在这方面，联合国教科文卫组织早在2001年11月举行的第31届会议上，就发表了《世界文化多样性宣言》。❸ 宣言指出，对于自然界而言，文化多样性与生物

---

❶ 参见《世界非物质文化遗产保护公约》第1条和第2条。
❷ 参见《世界非物质文化遗产保护公约》第5条～第9条。
❸ UNESCO：Universal Declaration on Cultural Diversity, 2001.

多样性一样重要。宣言还从文化多元化、人权保障、创新能力培养及国际社会的团结与和谐等几个方面论述了文化多样性的重要性，并提出了落实文化多样性目标的行动方案。到了 2005 年 10 月，联合国教科文组织又通过了一个《保护和促进文化表现形式多样性公约》。❶ 文化多样性和非物质文化遗产具有极为紧密的关系。在联合国教科文组织看来，非物质文化遗产是文化多样性的熔炉（mainspring）和真实反映。显然，采取措施保护非物质文化遗产，将同时使文化多样性得到保护和促进。与此相应，缔约方可以确定其领土上哪些文化表现形式（即文化表达）属于面临消亡、受到严重威胁、或是需要紧急保护的特殊情况。就这些得到确定的文化表现形式而言，缔约方可以采取一切恰当的措施加以保护和保存。

（四）世界知识产权组织

世界知识产权组织一直致力于从赋予私权的角度，保护非物质文化遗产。1982 年的《发展中国家著作权保护突尼斯示范法》，就在很大的程度上反映了世界知识产权从著作权的角度保护民间文学艺术的努力。自《突尼斯示范法》之后，虽然联合国教科文组织将关注的重心转向了以行政性的措施保护非物质文化遗产，世界知识产权组织仍然持续努力，以赋予私权的方式保护民间文艺、传统知识和遗传资源。

1998 年，世界知识产权组织成立了"全球知识产权部"，以确认潜在的包括传统居民和社区在内的知识产权的受益者。在1998～1999 年间，为了调查传统知识持有人的需要和期待，世界知识产权组织在世界各地从事了九次有关传统知识、创新和文化的事实发现工作。在从事上述工作的同时，世界知识产权组织不断考虑利用已有的知识产权制度保护传统知识、创新和文化的可能性问题。随着有关民间文艺保护的讨论，很多发展中国家还提出了对于传统知

---

❶ UNESCO：Convention on the Protection and Promotion of the Diversity of Cultural Expressions，2005.

识和遗传资源的保护问题。到了 2000 年，世界知识产权组织成立了一个"知识产权与遗传资源、传统知识和民间文学艺术政府间委员会"。根据世界知识产权组织秘书处的建议，政府间委员会讨论的主题是，"产生于遗传资源的获取和惠益分享、传统知识（不论是否与遗传资源有关）的保护、民间文学艺术表达的保护中的知识产权问题"。

迄今为止，政府间委员会已经举行了十八次会议。初期的讨论，主要是围绕传统知识和民间文学艺术表达的知识产权保护或消极保护问题而展开。例如，直接适用版权法的规定保护民间文学艺术表达、在专利申请中披露传统知识的来源、将传统知识作为现有技术并使专利审查员在专利审查过程中能够获得从而阻止就传统知识寻求获得专利权，等等。然而，自 2002 年 6 月的第三次会议开始，政府间委员会将讨论的重心移向了传统知识和民间文学艺术表达的特殊权利保护或积极保护问题。

根据政府间委员会的讨论，就传统知识和民间文学艺术表达的知识产权保护而言，现有的版权法、商标法和反不正当竞争法可以在一定的程度上为民间文学艺术表达提供保护。现有的商业秘密法能够为未公开的传统知识提供充分的保护。然而，除了商业秘密法之外，现有的知识产权制度，尤其是专利法，很难为传统知识提供保护。这主要是因为，很多传统知识已经处于公开的状态。但是，专利法可以起到消极保护的作用，防止他人不正当地利用有关的传统知识。例如，要求在专利申请中披露传统知识的来源；将按照某种标准进行登记或记录的传统知识视为现有技术，使专利审查员能够据之判断与传统知识有关的请求保护的发明是否具有新颖性。在这方面，为了使传统知识能够在专利审查中为专利审查员所获得并与请求保护的发明进行比照，在政府间委员会的努力下，已有一些关于知识产权与遗传资源关系的建议受到关注，比如以符合属于现有技术的法律标准的方式而出版或记录传统知识，以及确保这些信

息可以为检索单位和专利审查员获得。❶

政府间委员会还深入研究了以特殊权利保护传统知识和民间文学艺术表达的可能性。根据相关的讨论,可以在民间文艺和传统知识之上设定特殊的民事权利,一方面防止他人未经许可而利用民间文艺和传统知识,另一方面则可以让民间文艺和传统知识的持有人获得一定的利益。通过特殊权利的设定,将有利于公平合理地利用民间文艺和传统知识,并且合理分配由此而产生的利益。在设定特殊权利方面,政府间委员会还提出了一系列关于传统知识和民间文学艺术表达特殊权利保护的目标和原则,包括一般指导性原则和具体实质性原则或规定。这些目标和原则,特别是实质性原则,为有关地区和国家建立传统知识和民间文学艺术表达特殊权利保护制度提供了基本依据和重要参考。❷

(五)《生物多样性公约》大会和世界贸易组织

在非物质文化遗产的保护方面,除了联合国教科文组织和世界知识产权组织,还有两个国际组织,即《生物多样性公约》大会和世界贸易组织,值得一说。

《生物多样性公约》是国际社会为了应对全球生物多样性消失的挑战而在生物多样性的保护和利用等方面开展国际合作的法律文件。该公约是在联合国环境规划署的主持下,经政府间谈判而达成的具有法律约束力的国际协定。《生物多样性公约》的宗旨是维护生物多样性,就合理利用遗传资源设定法律机制。不过,公约从保护遗传资源的角度,也提出了保护与之相关的传统知识的法律机制。例如,公约第8条第10款规定,依照国家立法,尊重、保存和维持土著和当地社区体现传统生活方式而与生物多样性的保护和可持续利用相关的知识、创新和做法并促进其广泛应用,在此等知识、创新和做法的拥有者认可和参与下并鼓励公平地分享因利用此

---

❶ 参见 IGC 文件 WIPO/GRTKF/IC/18/10,2011 年 4 月 14 日。
❷ 参见 IGC 文件 WIPO/GRTKF/IC/18/4 REV.,2011 年 4 月 14 日。

等知识、创新和做法而获得的惠益。❶

《生物多样性公约》于1993年12月生效。在此之后，又召开过数次缔约方大会。在第四次缔约方大会上，成立了一个专门的工作小组，落实有关传统知识的问题。从特别工作组已开展的工作看，有关传统知识、创新和做法的保护，是特别工作组着力考虑的问题。特别工作组认为，保护传统知识、创新和做法的法律制度，包括知识产权制度、保护与生物多样性有关的传统知识的特殊制度、关于遗传资源的获取中的事先知情同意原则、合同制度、习惯法等。其中，与生物多样性有关的传统知识的特殊制度，又是工作组探讨的重点。根据缔约方大会第七次会议的决定，该特殊制度的基本内容包括：宗旨、目标和范围；与生物资源和遗传资源有关的传统知识的权属；有关的定义；决定事先知情同意、共同商定条件以及公平分享惠益的程序和要求；传统知识持有人的权利和授予权利的条件；授予的权利；传统知识、创新和做法的登记或记录；管理与传统知识的保护和惠益分享安排有关的程序性或行政性事务的国家主管部门；权利的实施和救济等。此外，除了保护传统知识的特殊制度之外，缔约方大会以及特别工作组还就专利申请中披露传统知识的来源和传统知识数据库等方面的问题积极开展有关的工作。❷

世界贸易组织是当今最有影响力的国际组织之一。其中的《与贸易有关的知识产权协议》（TRIPS协议）则全面规定了对于知识产权的保护。早在1999年，世界贸易组织的发展中国家成员，就向TRIPS协议理事会提交了修改TRIPS协议第27.3（b）条的建议，包括在该条中增加有关保护土著和当地社区的传统知识和创新的规定。2001年11月，世界贸易组织通过的《多哈部长宣言》中指示TRIPS协议理事会，应当重点研究TRIPS协议与遗传资源、

---

❶ Convention on Biological Diversity, article 8 (j).
❷ 参见CBD文件UNEP/CBD/COP/7/21，2004年。

传统知识和民间文学艺术保护的问题。[1]

在多哈会议之后，世界贸易组织的有关成员单独或联合向 TRIPS 协议理事会提交了有关传统知识和民间文学艺术保护的观点和建议[2]。根据这些成员的意见，传统知识和民间文学艺术的利用未经持有或创作和控制它们的土著居民或社区的授权，也未与土著居民或社区分享因它们的利用而产生的惠益。为了解决该问题，可以有两个途径。其一，运用已有的知识产权制度保护传统知识和民间文学艺术；其二，建立特殊保护制度保护传统知识和民间文学艺术。

按照 WTO 成员所表达的观点，已有的知识产权制度，包括版权和邻接权、专利权、不正当竞争和商业秘密、外观设计、商标和地理标志，可以在某种情形下发挥保护传统知识和民间文学艺术的作用；但已有的知识产权制度并不能为传统知识和民间文学艺术提供充分的保护。主要理由有，知识产权保护个人的财产权，但传统知识和民间文学艺术具有集体性；传统知识和民间文学艺术经历了长时间的发展，而且代代相传，其并不符合知识产权所要求的新颖性或独创性；社区经常共同持有传统知识，以至于很难决定名义上的持有者；社区缺少足够的利用知识产权的教育、意识和资源等。鉴于上述困境，只有创设了财产权的传统知识保护制度才能确保传统知识的有效保护，从而实现公平和可持续发展等价值。

三、非物质文化遗产保护的两种模式

国际上有关非物质文化遗产保护的探讨，也反映了非物质文化遗产保护上的两种模式，即行政的保护模式和设定民事权利的保护

---

[1] World Trade Organization: Ministerial Declaration, Ministerial Conference, Fourth Session, Doha, 9—14 November 2001.

[2] 参见 WTO 文件 WT/CTE/M/3, 1995 年 7 月 18 日, 阿尔及利亚、印度的建议。

模式。当然,这里所说的两种保护模式,并非截然分离。例如,行政保护模式中的登记和公告,有助于民事权利的保护。又如,在非物质文化遗产上设定民事权利,又有利于推动非物质文化遗产的行政保护。具体到某一个国际公约或者国际组织的文件,可能既有行政保护的内容,又有民事保护的内容。下面分别论述。

(一) 行政保护模式

在非物质文化遗产的保护方面,所谓行政模式,是指为了避免非物质文化遗产的流失、消失和破坏,由主管政府部门采取行政措施积极、主动地保护非物质文化遗产。例如政府部门建立非物质文化遗产的名录体系、传承制度和保障制度等。

大体说来,联合国教科文组织通过的《非物质文化遗产保护公约》主要反映了行政保护的模式。因为,公约所说的"保护"是与行政保护有关的"维护"(safeguarding),而不是与民事权利有关的"保护"(protection)。根据公约第2条的相关定义,"保护"是指采取措施,确保非物质文化遗产的生命力,包括这种遗产各个方面的确认、立档、研究、保存、保护、宣传、弘扬、承传(主要通过正规和非正规教育)和振兴。❶ 显然,这里所说的确认、立档、研究、保存和振兴等等,以及通过正规和非正规的教育普及有关非物质文化遗产的知识,都是行政机关应当承担的责任。

事实上,《非物质文化遗产保护公约》的主要条款,都是围绕着行政保护而设定的。例如,公约的第三部分是"在国家一级保护非物质文化遗产"。就缔约国而言,主要有以下的规定:

根据第11条,缔约国应当采取必要的措施,确保其领土上的非物质文化遗产得到保护。成员国应当动员各群体、团体和有关非政府组织参与,确认和确定其领土上的各种非物质文化遗产;

根据第12条,为了确保其非物质文化遗产得到保护,缔约国

---

❶ UNESCO: Convention for the Safeguarding of the Intangible Cultural Heritage, article 2.

应当拟定一份或者数份非物质文化遗产的清单，并且定期加以更新；

根据第13条，缔约国应当采取其他措施，确保其领土上的非物质文化遗产得到确认和保护。这些措施包括：制定有关非物质文化遗产保护的总政策，并纳入缔约国的工作；指定或建立一个或数个主管保护其领土上的非物质文化遗产的机构；鼓励开展有效保护非物质文化遗产，特别是濒危非物质文化遗产的科学、技术和艺术研究以及方法研究；采取适当的法律、技术、行政和财政措施，传承、弘扬和利用非物质文化遗产；

第14条规定了教育、宣传和能力培训，要求缔约国采取必要的措施，使非物质文化遗产在社会中得到确认、尊重和弘扬；不断向公众宣传对这种遗产造成的威胁以及根据本公约所开展的活动；促进保护表现非物质文化遗产所需的自然场所和纪念地点的教育；

根据第15条要求，缔约国在开展保护非物质文化遗产活动时，应努力确保创造、保养和承传这种遗产的群体、团体，有时是个人的最大限度的参与，并吸收他们积极地参与有关的管理。❶

此外，《非物文化遗产保护公约》在第二部分"公约的机构"中，设立了一个"政府间非物质文化遗产委员会"。根据相关的做法，在非物质文化遗产的保护方面，先由缔约国政府遴选自己领土上的典型的非物质文化遗产，然后向"政府间非物质文化遗产委员会"申报，由后者加以认定后公布。显然，由缔约国政府遴选典型的非物质文化遗产，也属于行政保护的范畴。

除了《非物质文化遗产保护公约》，其他一些国际公约或者国际组织的文件，也提出了一些非物质文化遗产保护中的行政措施。例如，《生物多样性公约》中有关传统知识、创新和做法的登记或记录，以及设立国家主管部门，管理与传统知识的保护和惠益分享

---

❶ See Convention for the Safeguarding of the Intangible Cultural Heritage, articles 11—15.

安排有关的程序性或行政性事务，都带有行政保护的性质。又如，世界知识产权组织的政府间委员会，在有关遗传资源、传统知识和民间文艺保护的讨论中，提出成员国出版或者记录传统知识，以及确保这些信息可以为检索单位和专利审查员获得，也属于行政保护的范围。

除了国际组织，一些国家也从行政保护的角度出发，颁布了保护非物质文化遗产的法律。例如，日本于 1950 年颁布《文化财产保护法》，由国家提供对于非物质文化遗产的保护。根据 1975 年修订后《文化财产保护法》，有关保护非物质文化遗产的保护，主要包括认定制度和振兴制度。其中的"认定"，是由专门的国家机关对重要的非物质文化遗产（包括所谓的"人间国宝"）加以选择和认定，然后指定传人或保护单位。其中的"振兴"，则国家向非物质文化遗产的传人或保护单位发放特别补助金，以及由国家拨款更新和制作有关的器具、资料等，达到振兴非物质文化遗产的目的。❶ 韩国仿效日本，于 2000 年颁布了《文化财富保护法》，也规定了保护非物质文化遗产的行政措施。在这方面，韩国还设立了专门的"文化财厅"以及"重要无形文化财传授会馆"，专门负责保护并传授"文化财"。❷

（二）民事权利保护的模式

在非物质文化遗产的保护方面，民事法律保护是指为了阻止未经授权或许可而利用非物质文化遗产，从法律上认可非物质文化遗产的创作者或传承者所享有的民事权利或者针对非物质文化遗产为非物质文化遗产的创作者或传承者创设一种特殊的民事权利，以便通过民事权利的行使和救济达到保护非物质文化遗产的目的。

1. 相关国家组织和国际公约的探讨

国际上通过民事权利保护非物质文化遗产，最早可以追溯到

---

❶ 参见日本《文化财产保护法》。
❷ 参见韩国《文化财富保护法》。

1967年的《突尼斯著作权法》,这是以著作权法的方式保护民间文艺。在此之后,1977年的《班吉协定》,1982年的《发展中国家著作权保护突尼斯示范法》,都从著作权的角度规定了对于民间文艺的保护。例如,根据《班吉协定》的附件七,对民间文艺进行商业性利用者,应当向国家的集体权利管理机构支付一定的使用费。由此而收取的费用,应当将其中的一部分应当用于公共福利事业和文化事业。❶ 又如,《突尼斯示范法》一方面建议发展中国家给予民间文艺表现形式普遍的著作权保护,另一方面根据民间文学艺术的特点规定了与传统著作权法不同的保护条件和保护内容,如族群权利、不要求固定性和原创性、提供永久性保护、特定条件下"付费公有领域制度"、通过邻接权对传统艺术表演者提供保护等。❷

在有关非物质文化遗产民事权利的保护方面,世界知识产权组织一直扮演者积极的角色。上述的《发展中国家著作权保护突尼斯示范法》,就是由世界知识产权组织和联合国教科文组织联手推出的。在此之后,联合国教科文组织转向了非物质文化遗产的行政性保护模式的探讨上,而世界知识产权组织仍然致力于探讨民间文艺、传统知识和遗传资源的民事权利保护方式。到了2000年,世界知识产权组织成立了一个"知识产权与遗传资源、传统知识和民间文学艺术政府间委员会",就遗传资源、传统知识和民间文艺的民事权利保护问题,主要进行了两个方面的探索。❸

一是利用现有的知识产权制度保护非物质文化遗产。例如,直接适用版权法保护民间文学艺术表达。又如,要求在专利申请中披露遗传资源和传统知识的来源,将传统知识作为现有技术以防止他

---

❶ 郑成思. 知识产权保护实务全书[M]. 北京:中国言实出版社,1995:54—57.

❷ WIPO & UNESCO: Tunis Model Law on Copyright for Developing Countries, 1976.

❸ See WIPO, *The Protection of Traditional Cultural Expressions/Expressions of Folklore: Draft of Objectives and Principles*. WIPO/GRTKF/IC/10/4.

人就传统知识寻求获得专利权。再如，利用商业秘密法保护尚未公开披露的遗传资源和传统知识。

二是在非物质文化遗产上设定特殊权利。具体来说，对于已经登记或公告的非物质文化遗产而言，相关社区可以阻止正在发生的未获许可、事先和知情同意的以下行为：复制、出版、改编、广播、公开表演、向公众传播、发行、出租、向公众提供和录制非物质文化遗产；任何对于非物质文化遗产的利用及对其进行改编，这种利用和改编未以适当的方式承认社区作为非物质文化遗产的来源；任何对于非物质文化遗产的歪曲、篡改和其他改变，或其他与非物质文化遗产相关的贬损性行为；就非物质文化遗产或其改编申请获得或行使知识产权（以上行为专门针对的是除了文字、标志、名称和象征物之外的非物质文化遗产）；任何对于非物质文化遗产或其派生物的利用，或就非物质文化遗产或其派生物获得或行使知识产权，这些利用贬低、冒犯了相关社区或错误地指示出与相关社区具有联系，或者使社区遭受了蔑视或屈辱（以上行为专门针对文字、标志、名称和象征物的非物质文化遗产）。对于未经登记或公告的非物质文化遗产而言，也应当采取类似的法律规定和措施，予以保护。对于那些尚处于保密状态的非物质文化遗产，还应当提供充分和有效的法律和实际措施，以便确保社区能够阻止未经授权披露、随后利用秘密的非物质文化遗产，以及就非物质文化遗产获得和行使知识产权。

在非物质文化遗产的保护方面，《生物多样性公约》关于遗传资源和相关传统知识的保护，也属于民事权利的保护。例如，公约第 15 条规定了遗传资源获取方面的知情同意原则和惠益分享原则。[1] 又如，公约第 8 条第 10 款规定，对于生物多样性有关的传统知识，应当依照国家立法的原则，促进传统知识的公平利用，促

---

[1] Convention on Biological Diversity, article 15.

进相关惠益的平等分享,进而达到创新和发展的目的。❶ 在此基础上,《生物多样性公约》缔约方大会第七次会议还确定了与遗传资源相关的传统知识的特别权利的保护。这个制度包括:与生物资源和遗传资源有关的传统知识的权属;有关的定义;决定事先知情同意、共同商定条件以及公平分享惠益的程序和要求;传统知识持有人的权利和授予权利的条件;授予的权利;传统知识、创新和做法的登记或记录;管理与传统知识的保护和惠益分享安排有关的程序性或行政性事务的国家主管部门;权利的实施和救济等。❷

此外,世界贸易组织自 2001 年多哈宣言之后,也积极探讨了遗传资源、传统知识和民间文艺的民事权利保护。根据相关的讨论,一方面可以利用现有的知识产权制度,保护非物质文化遗产。例如,通过版权和邻接权保护民间文艺,通过专利申请的披露制度保护遗传资源和传统知识,通过商业秘密法保护尚未披露的遗传资源和传统知识。另一方面,则是就遗传资源、传统知识和民间文艺设定特别权利,让其持有者享有排他性的权利,可以通过知情同意和许可的方式获得一定的经济利益,可以有效地防止他人未经许可而利用相关的遗传资源、传统知识和民间文艺。❸

2. 有关国家的法律规定和探讨

除了相关国际组织和国际公约对于非物质文化遗产的民事权利保护的探讨,一些国家,例如巴西、秘鲁、印度、巴拿马和印度等等,也在相关的立法中规定了对于非物质文化遗产的民事权利保护。

巴拿马于 2000 年推出了一部名为《为保护和维护原住民文化特性和传统知识而管理原住民集体权利的特别知识产权制度》的法律。可以看出,这部法律建立了关于传统知识的特别知识产权保护

---

❶ Convention on Biological Diversity, article 8 (j).
❷ 参见 CBD 文件 UNEP/CBD/COP/7/21,2004 年。
❸ 详细的讨论,参见本报告第二部分第五小节。

制度，其权利的主体也是原住民集体权利。根据规定，原住民社区就知识财产和传统知识享有集体权利，可以阻止第三方就传统知识和传统文化表达申请获得知识产权。在受保护的客体方面，该法第3条至第5条对此进行了细致和具体的规定，例如原住民社区的传统服饰、乐器、音乐和舞蹈、口头表达、传统艺术等等。此外，该法第7条至第9条还明确规定了传统知识的登记问题。按照该法规定，登记由传统的原住民首领或机构提出请求。登记程序的设置相当简便，登记不收任何费用，也无须律师提供服务。

巴西于2001年一个第2.186—16号临时措施，在其中的第三章规定了对于土著和当地社区拥有的传统知识的保护。临时措施第8条规定，土著与当地社区与遗传遗产有关的传统知识应当获得保护，使其免于非法使用和利用以及其他有害行为。国家认可土著和当地社区针对传统知识的利用而享有的决定权；受本临时措施保护的传统知识包括巴西的文化遗产，而且须在管理委员会控制或具体立法规定的簿册中记录；本临时措施授予的保护不得解释为阻碍对于土著和当地社区传统知识的保存、利用和开发。临时措施第9条规定，应确保创造、开发、持有或保存与遗传遗产有关的传统知识的土著和当地社区享有以下权利：(1)在所有出版物、使用、利用、开发和公开中说明传统知识的获取原产地；(2)阻止未经授权的第三方，利用或从事与传统知识有关的实验、研究或调查；公开、广播或重复广播含有或构成传统知识的数据或信息；(3)取得从第三方对传统知识的经济利用中所产生的收益。另外，临时措施创设了一个独立的规定，该规定的内容为，为本临时措施的目的，任何与遗传遗产有关的传统知识可以由社区拥有，即使仅有的唯一社区成员拥有该知识。

秘鲁于2002年颁布《原住民集体知识保护法》，建立了关于传统知识的特殊权利保护制度。根据规定，受保护的客体是与生物资源有关的原住民集体知识，而集体知识则是指原住民及社区所开发的与生物多样性的性质、用途和特征有关的且不断累积和代代相传的知识。在具体的规定上，该法区分了两种不同的集体知识，即受保护的集体知识和处于公有领域中的集体知识。就后者而言，利用者无须获得授权，但是应当向原住民发展基金支付一定比例的因有关产品的商业化所得的销售收入。这种规定显然是建立在"向公有领域付费"的理论基础之上。对于受保护的或未公开的集体知识而言，拥有集体知识的原住民或其代表机构享有如下权利：原住民有权阻止未经原住民同意及以不适当的方式披露、获取和利用集体知识；原住民有权阻止具有合法使用集体知识权限的第三人未经授权披露集体知识；原住民有权申请主管机关将集体知识登记于非公开的数据库之中；对于为科学、商业或产业目的而申请使用集体知识，原住民代表机构有权决定是否授予事先知情同意；对于以商业或产业目的而申请使用集体知识，原住民代表机构有权签订关于利用集体知识的许可合同。另外，该法还规定了就利用原住民集体知识而签订的许可合同的最低条款，其中就包括向原住民支付有关费用的条款，这实际上是一种关于惠益分享的安排。

印度于2002年颁布了《生物多样性法》。这部法律虽然没有涉及传统知识保护的问题，但是规定了获取印度拥有的与生物资源有关的传统知识所应当遵循的程序，以及因利用此类知识所产生的惠益的分享问题。在《生物多样性法》之外，印度积极采取其他方面的措施保护本国的传统知识。这些措施主要包括：对传统知识进行登记、建立一个关于传统知识的数字图书馆、创设一个由发明人记录创新的制度、制定一个关于传统知识的特殊权利保护制度。传统知识的登记有助于防止对于传统知识的不当利用和阻止授予基于公有领域的传统知识的发明专利权。建立关于传统知识的数字图书馆可以使专利审查员鉴别潜在的破坏新颖性的现有技术。以上这两种措施都属于传统知识的消极或防御性保护措施。创设一个由发明人记录创新的制度能够使传统知识的持有人为传统知识的保存、保护和维持所作出的贡献得到认可，并使其与有关的发明人分享因传统知识利用所产生的惠益。

此外，我国台湾地区也于 2007 年 12 月 7 日通过了一部《原住民族传统智慧创作保护条例》，其主要内容是通过建立一种登记公告制度，对原住民族的传统文化表达进行类似版权的"智慧创作专用权"保护。其权利内容除了署名、发表、禁止歪曲等精神权利外，还有授权他人使用的经济权利，使用智慧创作获得的收入纳入"原住民发展综合基金"，用于促进原住民文化发展之目的。值得注意的是，尽管内容基本上是一种建立在登记公告基础上的类版权制度，台湾这一法律的制定依据却是其《原住民族基本法》，而不是任何已有的知识产权法律。当然，该《条例》的通过也引起诸多质疑，比如将登记作为保护前提条件、主客体认定的困难、商业化对传统文化的负面作用，等等❶。

3. 有关民事权利保护的理论

从目前国际学术界讨论的情况看，非物质文化遗产特殊民事权利的理论依据还存在较大的争议。一些国际、地区和国家关于非物质文化遗产保护的示范文件和立法建立在不同的理论依据之上，这些理论依据包括排他性财产权理论、合理报酬或补偿责任理论、事先知情同意理论等。

先来看排他性财产权理论。排他性财产权理论，更多地参照了传统的有关知识产权的理论，它的内容为通过创设排他性的财产权利以使相关的社区能够阻止对于非物质文化遗产的不当利用。一般而言，这种排他性财产权利被集体性地持有。WIPO 和 UNESCO 在 1982 年推出的《保护（民间文艺）、防止不正当利用及其他侵害行为的国内法示范法条》第 3 条明确设定了一项排他性权利。巴拿马在 2001 年颁布的关于传统知识保护的立法明确使用了"原住民集体权利"的概念。

排他性财产权利理论的支撑点在于：如果在民间文艺和传统知识上设定排他性的财产性权利，作为民间文艺和传统知识来源的社

---

❶ 林开世. 一个法案保护了什么？[J] 创刊号. 人类学视界，2008，(1).

区或群体的利益就能够得到充分的尊重和保护，因为在权利主体的利益没有被满足的条件下，非传统意义上的利用者将不会被允许利用民间文艺和传统知识。但是，应当引起注意的是，由于许多民间文艺和传统知识在过去往往是在特定地域的社区或群体内被共同持有并无偿地使用，如果在民间文艺或传统知识上设定排他性财产权利就会与其原有的持有和利用状态产生冲突。因此，在采取设立排他性权利对民间文艺和传统知识进行保护时，不得产生如下后果，限制民间文艺和传统知识在传统社区内进行的传统意义上的传播；损害对民间文学艺术和传统知识在精神上的分享和进行集体的管理；在相似或相同的民间文艺的创作者或传统知识的持有者之间制造矛盾；导致民间文艺的创作者或传统知识的持有者产生不当的使用倾向；鼓励将与传统知识相关的遗传资源进行非持续性的利用；导致基于或者针对民间文艺或传统知识建立的传统和习惯制度或社会组织瓦解；不当地限制获取和利用传统知识以及相关的遗传资源，以使它们的保存受到威胁；增加传播和保存民间文艺和传统知识的费用；以个人所有取代共同的管理；允许传统意义上的持有者以外的人对民间文艺或传统知识获得所有权。

再来看合理报酬或补偿责任理论（向公有领域付费）。这种理论具体表现为所谓的"现在使用、此后付费"，即对于非物质文化遗产的利用无需取得有关社区或所有者的许可，但这种利用并不是免费的，后续的补偿仍是必须的。需要指出的是，补偿责任理论并未在非物质文化遗产上创设一种排他性财产权。《班吉协定》（1993年修订）针对已进入公有领域的民间文艺并未创设任何排他性权利，根据该协定的规定，他人如欲使用进入公有领域的民间文艺，其应向国家的集体管理组织作出支付使用费的承诺，因（民间文艺）的利用所收集的使用费应当用于福利和文化方面的目的。

补偿责任理论的支撑点在于：已经有一部分民间文艺或传统知识进入了公有领域或广为传播，在这一部分民间文艺或传统知识之上创设排他性财产权利既无必要也不具可能，但是，在利用这一部分民间文艺或传统知识时，无需获得相关社区或持有人的许可，但是应当向相关社区或持有人支付一定的使用费，而且必须尊重相关社区或持有人的文化和精神利益以及指明有关民间文艺或传统知识的来源。需要指出的是，依据补偿责任理论所建立的非物质文化遗产特殊权利保护法律规范应当明确其所适用的民间文艺或传统知识的类别。根据上文的论述，未登记或公告而且不具有特殊重要性和价值的民间文艺可以被纳入这一类别之中。

最后来看事先知情同意理论。事先知情同意理论，主要适用于获取生物或遗传资源的情形，某些地区和国家立法要求传统知识的获取也应当服从事先知情同意原则。值得注意的是，根据事先知情同意原则的要求，传统知识的持有人也可能被授予颁发事先知情同意的权利，例如某些立法将排他性财产权利作为一种使事先知情同意原则得以发生效力的方式。2002年的《传统知识和文化表达的太平洋地区框架》规定，文化表达的利用需要获得传统知识所有人的事先知情同意。

（四）关于两种保护模式的简评

国际上有关非物质文化遗产的保护，是从寻求民事权利的保护入手的。例如，《突尼斯著作权法》、《发展中国家著作权保护突尼斯示范法》，都从著作权的角度，提供了对于民间文艺的保护。随后，世界知识产权组织有关遗传资源、传统知识和民间文艺的保护，《生物多样性公约》对于遗传资源和相关传统知识的保护，以及世界贸易组织有关遗传资源、传统知识和民间文艺与TRIPS协议的讨论，都是从民事权利的保护入手的。在有关民事权利的保护方面，相关的国际组织和国际公约，除了探讨非物质文化遗产与现有的知识产权制度的关系，还探讨了设定特别权利的问题。

然而，以民事权利的方式保护非物质文化遗产，又涉及极为复杂的权利主体、权利客体、权利保护期限等方面的问题。例如，按照现有的知识产权制度，权利的主体都是个人（自然人或法人），而非物质文化遗产的持有者往往是社区、部落或者民族。又如，按照现有的知识产权制度，受到保护的客体如作品、技术发明、外观设计和商业标识，都是特定的和可以感知的。而非物质文化遗产，无论是其中的民间文艺表达形式，还是传统知识，其内容和形式都是不断变迁的，难以界定为特定的东西。再如，按照现有的知识产权制度，无论是著作权、专利权还是商标权，都有特定的保护期限。而非物质文化遗产，从其不断变迁的角度来看，很难设定具体的保护期限。除此之外，按照现代的知识产权制度，权利人许可或者转让的权利，其客体都是确定的。他人未经许可利用受保护的客体，包括可以给予的法律救济，都是确定的。而在非物质文化遗产的情形下，持有人如何发放许可，他人未经许可而利用，以及如何给予法律救济，都是较为模糊的。以上是有关现有知识产权制度与非物质文化遗产保护的关系。即使是在非物质文化遗产生设定特殊的权利，也必须解决权利的主体、权利的客体、权利的保护期限和可以给予的法律救济等问题。而这些问题的解决，又会涉及更为广泛而复杂的民事法律理论问题。

由于以民事权利的方式保护非物质文化遗产，不仅涉及与现有知识产权制度复杂而广泛的关系，而且涉及更为复杂而广泛的民事法律制度和理论的问题，因而难以达成共识。这样，国际上有关非物质文化遗产民事权利保护的讨论虽然非常广泛，投入的人力和花费的时间虽然很多，但并未形成具有约束力的国际公约或者国际性文件。

与之形成鲜明对比的是，有关非物质文化遗产的行政性保护，国际上的相关讨论虽然开始较晚，但很快达成共识并形成了《保护非物质文化遗产国际公约》一类的具有约束力的国际性文件。这显然是因为，非物质文化遗产的行政性保护，仅仅涉及国家或者政府的行为，操作起来比较简单。例如，相关机构的设立，非物质文化遗产的调查，重大非物质文化遗产名录的认定和公布，传承人和传承场所的确定，培训和教育项目的确定，相应资金的提供等等，以及开展国际援助，都可以通过主管机关的行政行为加以落实。[1]

这样，就非物质文化遗产保护的两种模式而言，行政性模式由于简单易行，无论是在国际层面上，还是在国内法的层面上，都获得了广泛的认可。然而，行政保护的模式虽然可以在短时间内解决"抢救"的问题，但无法有效解决"利用"的问题。所以，从非物质文化遗产的利用、弘扬和传播来看，以及相关利益的分享来看，还要加强民事保护模式的探讨，以求达成更广泛的共识，进而缔结具有约束力的国际公约或者国际性文件。

四、我国对于非物质文化遗产的保护

（一）我国有关非物质文化遗产保护的讨论

中国具有广袤的地域和众多的民族，再加上五千年不间断的文明历史，拥有丰富多彩的非物质文化遗产。其中，不仅有汉民族在漫长的历史时期中创造的有关文学艺术、科学技术、人文地理、农耕种植和医药卫生等方面的非物质文化遗产，还有各个少数民族在不同的地理区域和和历史时期创造的丰富的非物质文化遗产。这是中华民族的宝贵文化财产，也是我们持续向前发展的精神源泉。

然而，进入20世纪以后，尤其是改革开放以后，在商品经济和市场力量的冲击之下，人们的生活方式和思想观念迅速变化，产生于农业社会的非物质文化遗产渐渐失去了原有的存在土壤和社会环境，不计其数的非物质文化遗产已经消失或者处于随时都可能消亡的濒危状态。同时在另一方面，随着市场经济的迅速发展，我国的非物质文化遗产也在遭受不正当的利用。一些外国人随着旅游、考察、学术研究和经商来到中国，利用民间文艺、传统知识和遗传资源，开发各种产品，获得相应的版权、专利和觉得经济利用。至于韩国于2005年11月以"江陵端午祭"申报"人类口头和非物质

---

[1] 参见联合国教科文组织《保护非物质文化遗产国际公约》的相关条款，以及《中华人民共和国非物质文化遗产法》的相关条款。

三、非物质文化遗产的保存与运用　351

文化遗产代表作",❶ 美国好莱坞以中国民间诗歌"花木兰"为素材而拍摄动画片等等,也都牵动着每一个中国人的心。近年来,国内的一些商业性公司也纷纷深入农村和边远地区,免费利用各地的非物质文化遗产,开发旅游项目和旅游产品。而且,无论是外国人还是中国人对于相关非物质文化遗产的商业性使用,又在某种程度上造成了对于非物质文化遗产的损害。

中国的学术界早在20世纪80年代制定《著作权法》之时,已经开始了有关民间文艺保护的讨论。与此相应,1990年10月通过的《著作权法》(1991年6月开始实施),也在第6条原则规定了对于民间文学艺术作品的保护,授权国务院制定相关的保护条例。20世纪90年代,文化部开始了民间文学艺术作品保护条例的制定工作。为了配合这一工作,中国社会科学院知识产权中心的主任郑成思教授,翻译了国家上有关民间文艺保护的立法文件,包括《突尼斯著作权法》、《发展中国家著作权保护突尼斯示范法》等等。

伴随着世界知识产权组织有关遗传资源、传统知识和民间文艺保护的讨论,伴随着世界贸易组织《多哈宣言》要求TRIPS协议理事会讨论遗传资源、传统知识和民间文艺与TRIPS协议关系的讨论,以及联合国教科文组织、联合国粮农组织相关讨论和《生物多样性公约》的缔结,中国学术界再次掀起了有关非物质文化遗产保护的讨论,发表了一系列有关遗传资源、传统知识和民间文艺保护的文章。到了2002年6月,中国社会科学院知识产权中心组织了"基因资源、传统知识和民间文艺保护研讨会",拉开了国内大规模讨论这个问题的序幕。这次研讨会的论文和成果,纳入了《知识产权文丛》第八卷中(中国方正出版社,2003年版)。2005年6月,中国社会科学院知识产权中心与台湾清华大学、贵州师范大学合作,再次举办了"基因资源、传统知识和民间文艺保护研讨会"。

---

❶　颜菁．俯首拥抱端午节,横眉冷对端午祭[N]．北京青年报,2005-12-13(B4)．

来自海峡两岸的专家学者围绕会议的主题，结合国内外的相关研究成果，深入讨论了基因资源、传统知识和民间文艺保护中的问题。相关的论文纳入了《知识产权文丛》第十三卷中（中国方正出版社2006年版）。2010年11月，中国社会科学院知识产权中心再次与台湾清华大学合作，在湖南大学、湖南省文化厅和中共炎陵县委、炎陵县政府的支持下，在湖南省炎陵县举办了"非物质文化遗产保护中的法律问题研讨会"。来自海峡两岸的学者，再次就非物质文化遗产保护的理论和实践问题，进行了深入的讨论。在中国法学会知识产权法研究会组织的2007年会、2008年会和2009年会上，都设定专门主题，讨论了遗传资源、传统知识和民间文艺的保护。

有关遗传资源、传统知识和民间文艺保护的代表性著作，主要有管育鹰的《知识产权视野中的民间文艺保护》（法律出版社2006年）；严永和的《论传统知识的知识产权保护》（法律出版社2006年）；张小勇的《遗传资源的获取和惠益分享与知识产权》（知识产权出版社2007年）；张耕的《民间文学艺术的知识产权保护研究》（法律出版社2007年）；黄玉烨的《民间文学艺术的法律保护》（知识产权出版社2008年）。

就在中国学术界热烈讨论非物质文化遗产的民事权利保护的同时，文化部门也开始了有关非物质文化遗产保护的行政性立法的工作。伴随着这一工作的开展，一些学者也开始研究非物质文化遗产的行政性保护的理论与实践。例如王鹤云发表了"保护民族民间文化的立法模式思索"一文，[1]探讨了以行政模式保护非物质文化遗产的相关问题。又如，黄玉烨的《民间文学艺术的法律保护》，[2]也探讨了以公权力方式保护非物质文化遗产的可能性。

在非物质文化遗产的保护方面，关于行政模式的探讨，远远不

---

[1] 王鹤云.保护民族民间文化的立法模式思索[C]//郑成思.知识产权文丛（第8卷）.北京：中国方正出版社，2002.

[2] 黄玉烨.民间文学艺术的法律保护[M].北京：知识产权出版社，2008.

如关于民事模式的探讨那样热烈。但是就立法的实践来看，有关行政保护的立法实践则是远远走在了民事立法的前面。这显然是因为，随着市场经济的迅速发展，传统的非物质文化遗产正在迅速消失，采取行政性的抢救措施迫在眉睫。同时，以行政性的模式保护非物质文化遗产，也具有简单易行的特点，不像民事措施那样要考虑许多方面的因素。

（二）我国非物质文化遗产保护的行政措施

新中国成立伊始，党和政府就采取了积极的措施，抢救和保护珍贵的非物质文化遗产。具体说来，20世纪50年代，国家民族委员会组织力量，一方面抢救了一大批我国各民族的传统民歌，另一方面又对各少数民族的民间文化进行记录调查，出版了《国家民委民族问题五种丛书》和《中国少数民族社会历史调查资料丛刊》等。同时，国家采取措施，积极扶持传统工艺美术行业生产，保护了一大批传统工艺品种，命名了二百余名"工艺美术大师"。国家还成立了"振兴京剧指导委员会"、"振兴昆曲指导委员会"，使这些传统剧种从资料保存、剧目保留、人才培养得到了一定的加强。

自1978年改革开放以来，中央和地方各级政府继续采取措施，尤其是加大财政支持的力度，抢救、挖掘和整理各种非物质文化遗产。例如，文化部、国家民委、中国文联共同发起了"十部中国民族民间文艺集成志书"[1]（"文化长城"）的编纂工作。截至2004年底298部省卷已全部完稿，已出版224卷（近4亿字），全部出版工作于2006年完成。通过对民族民间文化艺术的抢救、发掘、整理和研究，不仅保存了大量珍贵的文化资源，也造就了一支有相当学术积累的科研队伍，为非物质文化遗产保护工作，奠定了坚实的基础。

与此同时，中央和各级地方政府，还展开了大规模的抢救各类

---

[1] 十部《中华民族民间文艺集成志书》的现况见：民族民间文艺集成志书编纂完成［N］．人民日报，2004-12-11（2）．

非物质文化遗产的活动。例如，2003年初，文化部、财政部联合国家民委、中国文联共同实施"中国民族民间文化保护工程"，成立了专门的领导小组和专家委员会。几年来，"保护工程"采取试点先行、以点带面的工作方式，在全国范围内逐步推开，并取得了积极进展，初步评选出二批全国保护试点名录共39项，各省市也确定了一批保护试点名录。

又如，由中国民间文艺家协会组织，中共中央宣传部、中国文学艺术界联合会、国家民族事务委员会、国家文化部等单位共同主办了"中国民间文化遗产抢救工程"，其主要任务是面向全国各个民族与特色区域进行文化遗产的考察和记录其资料等工作，采用文字、摄影、电视等方式记录，并陆续将其制作成电视片播映或编辑成图书出版。全国及各地民间文艺家协会的5000余名会员都将参与这一工程[1]。

自2005年始，文化部在全国组织开展非物质文化遗产普查工作，即"地毯式摸家底"行动，并运用现代科技手段建立档案和数据库。为全面了解和掌握各地各民族非物质文化遗产资源的种类、数量、分布状况、生存环境、保护现状及存在问题，文化部下发了《关于开展非物质文化遗产普查工作的通知》；为抢救和保护珍贵和濒危非物质文化遗产，2005年7月，文化部下发了《关于申报第一批国家级非物质文化遗产代表作的通知》，目前已从全国31个省、区、市及相关部门提交申报国家非物质文化遗产的1315项名录中确定518个推荐项目并进行了公示，以便报国务院审批公布。

随着国际上有关非物质文化遗产保护活动的进行，中央政府也采取相应的措施。例如自2000年开始，联合国教科文组织展开了"人类口头和非物质遗产代表作"项目的申报，每两年宣布一次"代表作"。我国政府积极组织申报并取得了明显成效。其中，2001

---

[1] 陈蓬. 中国民间文化遗产抢救工程启动［EB/OL］中国网，［2002－01－30］. http://www.china.org.cn/chinese/2002/Jan/102995.htm.

年 5 月我国的昆曲艺术名列第一批 19 个代表作名单之中；2003 年 11 月我国的古琴艺术又名列第二批 28 个代表作名单之中；2005 年第三批"代表作"中，中国新疆维吾尔木卡姆艺术和中国、蒙古国联合申报的"蒙古族长调民歌"榜上有名。

2003 年 10 月，第 32 届联合国教科文组织大会上通过了《保护非物质文化遗产公约》。我国自始至终积极参与了《公约》制订工作的全部过程。2004 年 8 月，经全国人大常委会批准，我国正式加入了《公约》。这意味着我国已将非物质文化遗产的保护列入立法议程。

在此背景之下，国务院办公厅于 2005 年 3 月发布了《关于加强我国非物质文化遗产保护工作的意见》。这是国家最高行政机关首次就我国非物质文化遗产保护工作发布的权威指导意见。这一意见明确了当前我国非物质文化遗产保护工作的目标、指导方针和基本原则；提出要建立国家级和省、市、县级非物质文化遗产代表作名录体系，逐步形成有中国特色的非物质文化遗产保护制度；要求地方各级政府发挥主导作用。同时，《国家级非物质文化遗产代表作申报评定暂行办法》作为该意见的附件颁发，意味着国家即将启动第一批国家级非物质文化遗产代表作名录的申报工作。同年 12 月，国务院发布《关于加强文化遗产保护的通知》，确定每年六月的第二个星期六为我国"文化遗产日"。

以上这些措施，为建立和完善我国非物质文化遗产法律保护制度铺平了道路。

（三）保护非物质文化遗产的行政法规

我国《宪法》第 22 条规定："国家发展为人民服务、为社会主义服务的文学艺术事业、新闻广播电视事业、出版发行事业、图书馆博物馆文化馆和其他文化事业，开展群众性的文化活动。国家保护名胜古迹、珍贵文物和其他重要历史文化遗产。"这是制定非物质文化遗产法律法规的宪法依据。

又据我国《民族区域自治法》第 39 条规定："民族自治地方的

自治机关自主地发展具有民族形式和民族特点的文学、艺术、新闻、出版、广播、电影、电视等民族文化事业，加大对文化事业的投入，加强文化设施建设，加快各项文化事业的发展。民族自治地方的自治机关组织、支持有关单位和部门收集、整理、翻译和出版民族历史文化书籍，保护民族的名胜古迹、珍贵文物和其他重要历史文化遗产，继承和发展优秀的民族传统文化。"这是民族自治地区制定非物质文化遗产法规的依据。

显然，上述的《宪法》规定和《民族区域自治法》的规定，既是行政性保护的立法依据，也是民事保护的立法依据。这里仅涉及行政性的立法。

国务院于1997年颁布的《传统工艺美术保护条例》，属于最早的有关非物质文化遗产保护的行政性法规。根据规定，制定《传统工艺美术保护条例》的宗旨是保护传统工艺美术，促进传统工艺美术事业的发展。其中的"传统工艺美术"，是指百年以上，历史悠久，技艺精湛，世代相传，有完整的工艺流程，采用天然原材料制作，具有鲜明的民族风格和地方特色，在国内外享有声誉的手工艺品种和技艺。根据条例的规定，国务院负责传统工艺美术保护工作的部门负责全国传统工艺美术保护工作。地方各级人民政府应当加强对传统工艺美术保护工作的领导，采取有效措施，扶持和促进本地区传统工艺美术事业的繁荣和发展。❶

根据条例，对于传统工艺美术的保护，则是一种非常广泛的行政性保护措施。例如，条例规定了传统工艺美术品种和技艺实行认定制度，由专门的专家委员会予以评审、认定和公布。对于获得了认定的传统工艺美术，国家采取如下的保护措施：搜集、整理、建立档案；征集、收藏优秀代表作品；对其工艺技术秘密确定密级，依法实施保密；资助研究，培养人才。又如，传统工艺美术品种中的卓越作品，经国务院负责传统工艺美术保护工作的部门聘请专家

---

❶ 参见《传统工艺美术保护条例》第1～6条。

组成评审委员会进行评审后，由国务院负责传统工艺美术保护工作的部门命名为中国工艺美术珍品。再如，对于那些成就卓越，在内外享有声誉的技艺精湛、自称流派的传统工艺美术制作的人员，经专家委员会的评审，可以授予中国工艺美术大师称号。❶ 除此之外，该条例还特别规定，国家鼓励地方各级人民政府根据本地区实际情况，采取必要措施，发掘和抢救传统工艺美术技艺，征集传统工艺美术精品，培养传统工艺美术技艺人才，资助传统工艺美术科学研究。对于制作经济效益不高、艺术价值很高并且面临失传的工艺美术品种的企业，各级人民政府应当采取必要措施，给予扶持和帮助。❷

2002年10月由全国人大常委会通过的《文物保护法》，也与非物质文化遗产的保护密切相关。例如，《文物保护法》的宗旨是，继承中华民族优秀的历史文化遗产，促进科学研究工作，进行爱国主义和革命传统教育，建设社会主义精神文明和物质文明。又如，受到国家保护的文物包括：（1）具有历史、艺术、科学价值的古文化遗址、古墓葬、古建筑、石窟寺和石刻、壁画；（2）与重大历史事件、革命运动或者著名人物有关的以及具有重要纪念意义、教育意义或者史料价值的近代现代重要史迹、实物、代表性建筑；（3）历史上各时代珍贵的艺术品、工艺美术品；（4）历史上各时代重要的文献资料以及具有历史、艺术、科学价值的手稿和图书资料等；（5）反映历史上各时代、各民族社会制度、社会生产、社会生活的代表性实物。再如，对于文物的具体保护方式则是由国家主管部门加以认定和公布。其中的不可移动的文物，划分为全国重点文物保护单位，省级文物保护单位，市、县级文物保护单位；其中的可移动的文物，划分为珍贵文物和一般文物等等。❸

---

❶ 参见《传统工艺美术保护条例》第9～13条。
❷ 参见《传统工艺美术保护条例》第16～17条。
❸ 参见《文物保护法》第1～3条。

就非物质文化遗产的行政性保护而言，最重要的恐怕还是《非物质文化遗产法》的制定。早在1998年，文化部与全国人大教科文卫委员会就在国内外立法调研的基础上，组织起草了《中华人民共和国民族民间传统文化保护法》（草案）。按照当时的草案，"民族民间传统文化"基本上相当于我们正在讨论的"非物质文化遗产"。这个草案的核心内容是对非物质文化遗产采取行政性的保护措施，比如通过认定、立档、保存、研究、宣传、弘扬、传承和振兴等措施保护非物质文化遗产，将非物质文化遗产保护纳入政府与工作规划，等等。值得注意的是，这个草案还含有一些民事保护的条款，为非物质文化遗产的综合性保护留下了原则性的或衔接性的规定。

就在文化部和全国人大教科文卫委员会讨论《民族民间传统文化保护法》的同时，云南省、江苏省、贵州省、福建省、广西壮族自治区等相继颁布了民族民间（传统）文化保护的地方性行政法规。这些地方发行的法规，为全国性行政性保护立法的制定提供了有益经验。由此也可以看出，相对与非物质文化遗产的民事性保护而言，我国关于非物质文化遗产的行政性保护的立法研究和经验都比较成熟。

随着国际上《保护非物质文化遗产公约》的缔结和中国于2004年加入这个公约，上述《民族民间传统文化保护法》，也在名称上相应地更改为《非物质文化遗产保护法》。至于在具体的内容上，则沿袭了原有草案的主要条文。例如，在很长的一段时间里，《非物质文化遗产保护法》一直沿袭了有关民事保护的原则条款。然而，随着讨论的深入，尤其是加入《保护非物质文化遗产公约的》的紧迫性，以及"抢救"非物质文化遗产的紧迫性，立法者逐步放弃了民事保护的原则条款，转而以行政保护为主。与此相应，原来的《非物质文化遗产保护法》，也在名称上变成了《非物质文化遗产法》。从题目上删除"保护"二字，也反映了立法宗旨的变化。

在相关讨论的基础上，文化部提出了《中华人民共和国非物质文化遗产法（草案）》，提交国务院讨论。2010年8月，国务院第115次常务会议讨论通过了《非物质文化遗产法（草案）》，然后提交全国人大常委会审议。2011年2月，全国人大常委会审议通过了《中华人民共和国非物质文化遗产法》，于2011年6月1日起实施。

根据规定，《非物质文化遗产法》调整的非物质文化遗产包括：传统口头文学以及属于其组成部分的语言，传统美术、书法、音乐、舞蹈、戏剧和曲艺，传统技艺、医药和历法，传统礼仪、节庆等民俗，传统体育、游艺和杂技以及其他非物质文化遗产。至于具体的保护方式，则是行政性的。例如，国家对非物质文化遗产采取认定、记录、建档等措施予以保存，对体现中华民族优秀传统文化，具有历史、文学、艺术、科学价值的非物质文化遗产采取传承、传播等措施予以保护。又如，行政机关开展非物质文化遗产调查的职责和境内外合作进行非物质文化遗产调查的审批。再如，国务院和省、自治区、直辖市政府分别建立国家和地方非物质文化遗产代表性项目名录，对具有历史、文学、艺术、科学价值的非物质文化遗产项目予以保护。❶

（四）保护非物质文化遗产的民事立法

就非物质文化遗产的保护而言，民事性的立法规定，最早的是1990年10月由全国人大常委会通过，自1991年6月开始实施的《中华人民共和国著作权法》。根据其第6条的规定："民间文学艺术作品保护的保护办法由国务院另行制定。"到了2001年10月，全国人大常委会修订著作权法，仍然沿袭了《著作权法》第6条的规定。

进入21世纪以后，随着国际上有关遗传资源、传统知识和民间文艺保护的讨论，国内学术界也展开了热烈的讨论。尤其是在我

---

❶ 参见《非物质文化遗产法》相关条款。

国知识产权法律以世界贸易组织 TRIPS 协议为准，大幅度提高了知识产权保护水准的背景下，如何通过现有的知识产权法律制度保护遗传资源、传统知识和民间文艺，更加成了很多人关注的焦点。与此相应，很多讨论遗传资源、传统知识和民间文艺的论著纷纷问世，很多研讨会也以遗传资源、传统知识和民间文艺保护作为主体。

到了 2008 年国务院公布《国家知识产权战略纲要》，对相关的讨论做了反映。例如，《国家知识产权战略纲要》第 7 条规定，遗传资源、传统知识和民间文艺应当得到有效保护和合理运用。又如，《纲要》第 8 条规定，适时做好遗传资源、传统知识、民间文艺和地理标志等方面的立法工作。除此之外，《国家知识产权战略纲要》还在在"专项任务"部分具体规定了有关遗传资源、传统知识和民间文艺的保护与利用。其中的第 33 条规定："完善遗传资源保护、开发和利用制度，防止遗传资源流失和无序利用。协调遗传资源保护、开发和利用的利益关系，构建合理的遗传资源获取与利益分享机制。保障遗传资源提供者知情同意权。"其中的第 34 条规定："建立健全传统知识保护制度。扶持传统知识的整理和传承，促进传统知识发展。完善传统医药知识产权管理、保护和利用协调机制，加强对传统工艺的保护、开发和利用。"其中的第 35 条规定："加强民间文艺保护，促进民间文艺发展。深入发掘民间文艺作品，建立民间文艺保存人与后续创作人之间合理分享利益的机制，维护相关个人、群体的合法权益。"[1]

为了落实《国家知识产权战略纲要》，相关的行政管理部门在修订《专利法》时，纳入了有关遗传资源的民事保护措施。根据 2008 年 12 月修订的《专利法》第 26 条规定，依赖遗传资源完成的发明创造，申请人应当在专利申请文件中说明该遗传资源的直接来源和原始来源；申请人无法说明原始来源的，应当陈述理由。这

---

[1] 参见《国家知识产权战略纲要》的相关条款。

是利用遗传资源的强制披露。从理论上说，专利法规定了遗传资源的强制披露，还应当有相应的配套措施。例如，要求相关的专利申请人，与遗传资源的提供者或者持有者签订惠益分享的合同。然而，到目前为止，尚没有这样的配套制度跟进。这样，有关遗传资源的民事保护和利益分享，仍然没有完全落实。

值得注意的是，在专利法的修订中，曾经将传统知识与遗传资源并列，要求依赖遗传资源和传统知识完成的发明创造，申请人应当在专利申请文件中说明来源。但由于传统知识的概念比较模糊，既涉及遗传资源，又涉及民间文艺，再加上相关利益集团的反对，最终未能写入修订的《专利法》中。这不能不说是一种遗憾。与此相应，知识产权学术界还将继续推动有关传统知识的立法，同时推动进一步落实遗传资源、传统知识和民间文艺保护中的惠益分享机制。

此外，随着国际上有关民间文艺保护讨论的深入，以及国内要求依据《著作权法》对民间文艺提供保护的呼声日益高涨，国家版权局也加紧了对于《民间文学艺术作品保护条例》的起草。事实上，中国《著作权法》早在1990年通过之时，就在第6条规定了民间文学艺术作品的保护办法由国务院另行制定。然而，时光流逝，至今已经过去了20余年，有关民间文学艺术作品的保护条例仍然没有出台。与之形成鲜明对比的是，同样是著作权法授权国务院制定的计算机软件保护条例、著作权集体管理条例和信息网络传播权保护条例，都已经纷纷出台。这不能不让人感叹民间文学艺术作品保护的艰难。

应该说，国家版权局在《民间文学艺术作品保护条例》的起草方面，态度是非常积极的。但在实际操作方面，却存在着一系列困难。

第一，著作权法第6条规定的是民间文学艺术"作品"的保护办法由国务院另行制定。然而在事实上，保护办法应当加以规范的是"民间文学艺术"，而非"作品"。如果是作品，则不论是否属于民间文学艺术作品，都可以获得著作权法的保护，不必另行制定保护条例。当然，基于现实的考虑，国家版权局起草的相关草案，都是以民间文学艺术"作品"作为出发点，延伸到"民间文学艺术"的保护。尽管这是一个不得已的办法，毕竟还可以操作下去。

第二，以著作权的方式保护民间文学艺术，必然涉及权利的主体、客体、保护期限，以及如何获得许可等问题。当国际上对有关的问题也在讨论之中，尚未有定论之时，让国家版权局的起草人员拿出成熟的方案，毕竟是很困难得。关于这一点，中国社会科学院知识产权中心的态度是，尽力吸收国际国内有关讨论的成果，尽快拿出《民间文学艺术作品保护条例》的草案。对于其中所涉及的主体、客体、保护期限和获得许可的方法等问题，成熟多少写入多少，不必等待所有的问题研究清楚。即使由此而形成的"民间文学艺术作品保护条例"不成熟，还存在这样那样的问题，也应当先通过和实施。然后在实施的过程中进一步发现问题、解决问题。如果等待所有的问题都研究清楚以后再制定《民间文学艺术作品保护条例》，则再过 20 年也难以完成。

值得欣慰的是，上述看法已经得到了理论界和实务界越来越多的人的支持。国家版权局也在 2007 年、2010 年初，分别拿出了两个《民间文学艺术作品保护条例》的草案，进过广泛讨论、调研，正在进一步的完善之中。同时，2011 年 2 月全国人大常委会通过《非物质文化遗产法》，从行政保护的角度规定了对于民间文学艺术的保护。这也促使相关机构加快了《民间文学艺术作品保护条例》的制定。据悉，国家版权局将在 2011 年底，向国务院法制办公室提交《民间文学艺术作品保护条例（草案）》。

（五）我国现行法律对于非物质文化遗产的保护

就非物质文化遗产的保护而言，我国现行的知识产权法律已经在某种程度了提供了民事权利的保护。

其中的《著作权法》原则规定了对于民间文学艺术作品的保护。如果正在起草的《民间文学艺术作品保护条例》得以顺利通过,则民间文艺会得到进一步的较为具体的保护。从保护表达的角度出发,《民间文学艺术作品保护条例》还有可能对于传统知识提供某种保护。当然,这种保护仅仅涉及传统知识的表达,而不涉及具体的技术、技艺和知识。

按照专利法的规定,申请专利的技术发明应当具有新颖性、创造性和实用性,申请专利法的外观设计应当具有新颖性和创造性。按照这些要求,如果申请人以传统知识和民间文艺来申请专利,则应当予以驳回。即使在专利审查的过程中没有被驳回,也可以在后续的无效程序中得到纠正。此外,2008年修订的《专利法》虽然通过强制披露的要求,提供了对于遗传资源的保护。但是,这种保护没有延伸到传统知识,这不能不说是一种遗憾。在未来有关专利法的修订中,有必要再次考虑通过强制披露和惠益分享的方式,对传统知识提供必要的保护。

此外,商业秘密法对于那些处于保密状态的民间文艺和传统知识,也可以提供有效地保护。当然,对于那些公之于众的民间文艺和传统知识,则不能通过商业秘密法给予必要的保护。在这方面,如果有关的传统知识和民间文艺是在部落或者社区的层面上处于秘密状态,如何界定秘密的范围,或者是否采取了合理的保密措施,也将是一个司法或者行政必须面对和慎重解决的问题。

关于民间文艺和传统知识的商标法和反不正当竞争法的保护,国内相关的讨论一直存在着误区。其中之一是,防止他人将传统知识和民间文艺中的字词、图形等等,作为商业标识来使用。但实际的情形是,构成商业标识的所有要素,包括文字、数字、字母、图形、颜色和三维标志,都是来自于公有领域。从知识产权的角度来看,即使是来自传统知识、民间文艺的字词、数字、字母、图形、颜色和三维标志等等,也不能为特定的人群专有起来。因为,知识产权法律从来不保护自然规律、客观事实等等。不过,当某人将来自传统知识和民间文艺的字词、数字、字母、图形、颜色和三维标志用作商业标识,直接或者间接表明自己的商品、服务或者经营,与特定的部落、社区和民族相关，与特定的传统知识、民间文艺或者非物质文化遗产相关，则可以通过制止不正当竞争的方式，加以纠正。

　　大体说来，我国现有的知识产权法律已经在某种程度上提供了对于非物质文化遗产的保护。《著作权法》第 6 条原则规定了对于民间文学艺术作品的保护。正在起草的《民间文学艺术作品保护条例》，将从民间文学艺术"作品"的角度，提供更为具体的对于民间文艺的保护。专利法有关专利申请的新颖性、创造性的要求，将从现有技术的角度防止他人将传统知识和民间文艺申请为发明专利、实用新型专利和外观设计专利。商业秘密法也将对于那些处于保密状态的传统知识和民间文艺，提供制止不正当竞争的保护。此外，商标法和反不正当竞争法也将从防止商品、服务和营业来源混淆的角度，对于传统知识、民间文艺提供制止不正当竞争的保护。

　　然而，就目前的状况来看，对于非物质文化遗产的民事权利的保护，仍然存在着很大的差距。《民间文学艺术作品保护条例》仍然没有出台，对于民间文艺的保护尚没有落实到具体的制度层面。至于传统知识的保护，则基本处于缺如的状态。虽然将来出台的《民间文学艺术作品保护条例》可以从表达的层面上对传统知识提供某种程度的保护，但传统知识中的技术、技艺和知识，则不能获得类似于民间文学艺术的保护。此外，商标法和反不正当竞争法对于来自于非物质文化遗产的商业标识的保护，包括防止在商品、服务和经营活动来源上的混淆，都是一种消极的保护，难以起到有效阻遏他人从商品、服务和经营活动来源的意义上，不当利用非物质文化遗产。

　　由此可见，在对于非物质文化的民事权利的保护方面，还需要学术界和实务界共同探讨，给予非物质文化遗产，包括遗传资源、传统知识和民间文艺，以切实有效的保护。一方面，我们应当密切关注国际上有关遗传资源、传统知识和民间文艺保护的讨论，一方面则要立足于中国的现实探索保护的方式。

结论

非物质文化遗产，包括其中的民间文艺和传统知识，是人类在漫长的农耕社会中创造、发展和传承下来的遗产。随着工业社会的到来，这种非物质文化遗产正在迅速地消亡。如何保存、维护和保护珍贵的非物质文化遗产，保障人类社会的可持续发展，成了全人类面临的一个严峻问题。

近几十年里，国际上关注广大发展中国家和最不发达国家的非物质文化遗产，主要有两个原因。一是西方发达国家的非物质文化遗产，其中的很多东西，已经随着工业社会的到来和社会生活方式的变迁而消亡了。这样，仍然保存于发展中国家和最不发达国际的非物质文化遗产，就成了全人类弥足珍贵的财产。二是发源于西方国家的知识产权制度的冲击。在漫长的人类社会中，每一代人所创造出来的文学、艺术、技术、技艺等等，从一开始就属于社会全体，人人可以使用。直到今天，在很多发展中国家和最不发达国家，仍然保留了这样的传统。然而，发源于西方发达国家的知识产权制度，则将文学艺术作品、技术发明、工业品外观设计和商业标识变成了私有财产，提供了著作权（版权）、专利和商标的保护。一些发达国家的个人甚至利用、抄袭来自发展中国家和最不发达国家的遗传资源、传统知识和民间文艺，获得专利、版权和商标的保护。这促使很多发展中国家和最不发达国家从知识产权的角度反思非物质文化遗产的保护。

基于以上两个原因，国际上有关遗传资源、传统知识和民间文艺的保护，或者对于其中的非物质文化遗产的保护，也呈现为两个方面。一是"抢救"，尽可能保存和维护已有的非物质文化遗产，防止其进一步消亡。这主要是由各个主权国家采取行政保护的措施。二是"保护"，将传统的非物质文化遗产与现有的知识产权制度衔接起来，赋予遗传资源、传统知识和民间文艺的所有人或者持有人，或者非物质文化遗产的所有人或者持有人，以一定的民事权利,让他们在有可能获取经济利益的同时,保存、维护、传承和发扬既有的非物质文化遗产。

中国地域广袤、民族众多,具有丰富的非物质文化遗产。如何在迅速走向市场经济的过程中,保存、维护和保护遗传资源、传统知识和民间文艺,保障社会经济文化的可持续发展,成了摆在中华民族面前的一个重大课题。

按照中国的传统,行政部门一直具有较强的力量,可以有效开展相关的工作。事实上,自新中国建立以来,行政机关在非物质文化遗产的抢救、保存和保护方面,已经做了大量的工作。最近通过的《非物质文化遗产法》,又为非物质文化遗产的行政保护提供了必要的法律基础。与此相应,中央和地方各级人民政府,尤其是文化主管部门,也会依据《非物质文化遗产法》的规定,以及其他法律法规的规定,采取各种必要的措施,继续做好非物质文化遗产的抢救、保存和维护的工作。

至于非物质文化遗产的民事保护,则一直是比较缺乏的方面。目前,我国的《著作权法》、《专利法》、《商标法》和《反不正当竞争法》,虽然已经在某种程度上提供了对于非物质文化遗产的保护。但是相对于非物质文化遗产商业性利用的现实而言,现有制度所提供的保护还是远远不够的。在这方面,我们一方面要加快《民间文学艺术作品保护条例》的制定,对于民间文艺和传统知识提供基于表达的保护。另一方面,还应当在专利法中规定对于传统知识的强制披露和与之相关的利益分享机制,在商标法中明确规定在造成商品、服务来源混淆的情况下,不得注册与非物质文化遗产相关的标记。

目前,在我国非物质文化遗产的保护方面,行政保护的方式已经远远走在了前面。我们应当继续做好民事权利保护方面的工作。在这方面,我们应当通过自身的实践和相关经验的总结,为国际上非物质文化遗产的民事保护做出自己的贡献。

参考资料

[1] 郑成思．知识产权文丛（第 8 卷）[M]．北京：中国方正出版社，2002．包括以下论文：

（1）郑成思：关于传统知识与两类知识产权的保护

（2）唐广良：遗传资源、传统知识及民间文学艺术表达国际保护概述

（3）张辰：论民间文学艺术的法律保护

（4）李顺德对传统知识、民间文学艺术、生物多样性等知识产权保护问题的探讨

（5）龙文：民俗表达及其客体问题

（6）韦之、凌桦传统知识保护的若干基本思路

（7）董炳和：论人类基因提供者分享基因专利利益的法律基础及模式

（8）王鹤云：保护民族民间文化的立法模式思索

（9）马秀山：试论民间文学艺术的知识产权保护

[2] 郑成思．创新之"源"与"流"[J]．人大复印资料，2002（8）．

[3] 严永和．论传统知识的知识产权保护[M]．北京：法律出版社，2006．

[4] 管育鹰．知识产权视野中的民间文艺保护[M]．北京：法律出版社，2006．

[5] 张小勇．遗传资源的获取和惠益分享与知识产权[M]．北京：知识产权出版社，2007．

[6] 张耕．民间文学艺术的知识产权保护研究[M]．北京：法律出版社，2007 年；

[7] 黄玉烨．民间文学艺术的法律保护[M]．北京：知识产

权出版社，2008年；

[8] 巴莫曲布嫫. 何谓'保护'?——写在《保护非物质文化遗产公约》生效之际［N］. 中国民族报，2006－04－28.

[9] 费安玲. 非物质文化遗产法律保护的基本思考［EB/OL］. 法大民商经济法律网，http://www.ccelaws.com/int/artpage/11/art_7194.htm.

[10] 朱兵. 我国非物质文化遗产的立法：背景、问题与思路［EB/OL］. 中国人大网，http://www.npc.gov.cn/zgrdw/common/zw.jsp?label=WXZLK&id=341407&pdmc=012602.

[11] 贾明如. 保护民族民间文化的法制建设与立法构想［J］. 中国版权，2002（1）.

[12] 赵蓉，刘晓霞. 民间文学艺术作品的法律保护［J］. 法学，2003（10）.

[13] 蒋万来. 从利益归属关系看我国民间文学艺术的法律保护［EB/OL］. 中国民商法律网，http://www.civillaw.com.cn/weizhang/default.asp?id=16643；

[14] 龙文. 论民间文学艺术的权利归属［D］. 黑龙江大学法律硕士学位论文，2004.

[15] 刘银良. 传统知识保护的法律问题研究［EB/OL］. 网址 www.chinalawedu.com.

[16] 崔国斌. 否弃集体作者观：民间文艺版权难题的终结［J］. 法制与社会发展，2005（5）.

[17] 卡罗斯科瑞尔. 传统知识与知识产权——与传统知识保护有关的问题与意见［M］. 日内瓦：联合国办公室（QUNO），2001：37.（国家知识产权局条法司文希凯主持翻译，2003－05－14.

[18] 卡马尔·普里文. 国家的法律对民间文学表现形式的保护［J］. 周林，冯晓东，译. 著作权，1993（4）.

[19] 杨红菊. 传统知识和遗传资源保护的国际节拍［N］. 中

国知识产权报，2005—06—08.

[20] 杨远斌. 遗传资源的知识产权保护分析 [J]. 知识产权，2005（4）.

[21]《中华人民共和国非物质文化遗产保护法（草案送审稿）》及说明.

[22] 文化部、版权局主办的"民间文学艺术法律保护座谈会"论文材料，2005.

[23] 关于加强文化遗产保护工作的通知. 国务院文件国发[2005] 42 号，2005—12—22.

[24] 世界知识产权组织表演和录音制品条约，1996.

[25] Tunis Model Law on Copyright for Developing Countries and Commentary，UNESCO & WIPO，1976.

[26] Model Provisions For National Laws On The Protection Of Expressions Of Folklore Against Illicit Exploitation And Other Prejudicial Actions"，UNESCO & WIPO，1982.

[27] Act No. 20：Special System for Registering the Collective Rights of Indigenous Peoples"，Republic of Panama，June 26，2000.

[28] Agreement Revising the Bangui Agreement of March 2，1977，on the Creation of an African Intellectual Property Organization"，Annex VII：Literary and Artistic Property，Bangui (Central African Republic)，February 24，1999.

[29] The Pacific Model Law for the Protection of Traditional Knowledge and Expressions of Culture"，2002.

[30] 生物多样性公约（CBD），1992.

[31] UNESCO. 保护非物质文化遗产公约，MISC/2003/CLT/CH/14、保护文化内容和艺术表现形式多样性公约，LT/CPD/2004/CONF.607/6、世界文化多样性宣言 C/44 Rev.2，2004.

[32] 秘鲁第 27811 号法案．官方公报，2002－08－10．（国家知识产权局战略制定工作领导小组办公室朱瑾译，文希凯校，2005－11）

[33] WIPO－IGC 相关文件（2001～2006）[EB/OL]．http：//www.wipo.int．

[34] 乌苏里船歌案．北京市高级人民法院（2003）高民终字第 246 号民事判决书．

附录2：《中华人民共和国非物质文化遗产法》

(2011年2月25日第十一届全国人民代表大会常务委员会第十九次会议通过)

目　　录

第一章　总　　则
第二章　非物质文化遗产的调查
第三章　非物质文化遗产代表性项目名录
第四章　非物质文化遗产的传承与传播
第五章　法律责任
第六章　附　　则

第一章　总　　则

第一条　为了继承和弘扬中华民族优秀传统文化，促进社会主义精神文明建设，加强非物质文化遗产保护、保存工作，制定本法。

第二条　本法所称非物质文化遗产，是指各族人民世代相传并视为其文化遗产组成部分的各种传统文化表现形式，以及与传统文化表现形式相关的实物和场所。包括：

（一）传统口头文学以及作为其载体的语言；
（二）传统美术、书法、音乐、舞蹈、戏剧、曲艺和杂技；
（三）传统技艺、医药和历法；
（四）传统礼仪、节庆等民俗；
（五）传统体育和游艺；
（六）其他非物质文化遗产。

属于非物质文化遗产组成部分的实物和场所，凡属文物的，适用《中华人民共和国文物保护法》的有关规定。

第三条 国家对非物质文化遗产采取认定、记录、建档等措施予以保存,对体现中华民族优秀传统文化,具有历史、文学、艺术、科学价值的非物质文化遗产采取传承、传播等措施予以保护。

第四条 保护非物质文化遗产,应当注重其真实性、整体性和传承性,有利于增强中华民族的文化认同,有利于维护国家统一和民族团结,有利于促进社会和谐和可持续发展。

第五条 使用非物质文化遗产,应当尊重其形式和内涵。

禁止以歪曲、贬损等方式使用非物质文化遗产。

第六条 县级以上人民政府应当将非物质文化遗产保护、保存工作纳入本级国民经济和社会发展规划,并将保护、保存经费列入本级财政预算。

国家扶持民族地区、边远地区、贫困地区的非物质文化遗产保护、保存工作。

第七条 国务院文化主管部门负责全国非物质文化遗产的保护、保存工作;县级以上地方人民政府文化主管部门负责本行政区域内非物质文化遗产的保护、保存工作。

县级以上人民政府其他有关部门在各自职责范围内,负责有关非物质文化遗产的保护、保存工作。

第八条 县级以上人民政府应当加强对非物质文化遗产保护工作的宣传,提高全社会保护非物质文化遗产的意识。

第九条 国家鼓励和支持公民、法人和其他组织参与非物质文化遗产保护工作。

第十条 对在非物质文化遗产保护工作中做出显著贡献的组织和个人,按照国家有关规定予以表彰、奖励。

第二章 非物质文化遗产的调查

第十一条 县级以上人民政府根据非物质文化遗产保护、保存工作需要,组织非物质文化遗产调查。非物质文化遗产调查由文化主管部门负责进行。

县级以上人民政府其他有关部门可以对其工作领域内的非物质

文化遗产进行调查。

第十二条 文化主管部门和其他有关部门进行非物质文化遗产调查，应当对非物质文化遗产予以认定、记录、建档，建立健全调查信息共享机制。

文化主管部门和其他有关部门进行非物质文化遗产调查，应当收集属于非物质文化遗产组成部分的代表性实物，整理调查工作中取得的资料，并妥善保存，防止损毁、流失。其他有关部门取得的实物图片、资料复制件，应当汇交给同级文化主管部门。

第十三条 文化主管部门应当全面了解非物质文化遗产有关情况，建立非物质文化遗产档案及相关数据库。除依法应当保密的外，非物质文化遗产档案及相关数据信息应当公开，便于公众查阅。

第十四条 公民、法人和其他组织可以依法进行非物质文化遗产调查。

第十五条 境外组织或者个人在中华人民共和国境内进行非物质文化遗产调查，应当报经省、自治区、直辖市人民政府文化主管部门批准；调查在两个以上省、自治区、直辖市行政区域进行的，应当报经国务院文化主管部门批准；调查结束后，应当向批准调查的文化主管部门提交调查报告和调查中取得的实物图片、资料复制件。

境外组织在中华人民共和国境内进行非物质文化遗产调查，应当与境内非物质文化遗产学术研究机构合作进行。

第十六条 进行非物质文化遗产调查，应当征得调查对象的同意，尊重其风俗习惯，不得损害其合法权益。

第十七条 对通过调查或者其他途径发现的濒临消失的非物质文化遗产项目，县级人民政府文化主管部门应当立即予以记录并收集有关实物，或者采取其他抢救性保存措施；对需要传承的，应当采取有效措施支持传承。

第三章 非物质文化遗产代表性项目名录

第十八条 国务院建立国家级非物质文化遗产代表性项目名录，将体现中华民族优秀传统文化，具有重大历史、文学、艺术、科学价值的非物质文化遗产项目列入名录予以保护。

省、自治区、直辖市人民政府建立地方非物质文化遗产代表性项目名录，将本行政区域内体现中华民族优秀传统文化，具有历史、文学、艺术、科学价值的非物质文化遗产项目列入名录予以保护。

第十九条 省、自治区、直辖市人民政府可以从本省、自治区、直辖市非物质文化遗产代表性项目名录中向国务院文化主管部门推荐列入国家级非物质文化遗产代表性项目名录的项目。推荐时应当提交下列材料：

（一）项目介绍，包括项目的名称、历史、现状和价值；

（二）传承情况介绍，包括传承范围、传承谱系、传承人的技艺水平、传承活动的社会影响；

（三）保护要求，包括保护应当达到的目标和应当采取的措施、步骤、管理制度；

（四）有助于说明项目的视听资料等材料。

第二十条 公民、法人和其他组织认为某项非物质文化遗产体现中华民族优秀传统文化，具有重大历史、文学、艺术、科学价值的，可以向省、自治区、直辖市人民政府或者国务院文化主管部门提出列入国家级非物质文化遗产代表性项目名录的建议。

第二十一条 相同的非物质文化遗产项目，其形式和内涵在两个以上地区均保持完整的，可以同时列入国家级非物质文化遗产代表性项目名录。

第二十二条 国务院文化主管部门应当组织专家评审小组和专家评审委员会，对推荐或者建议列入国家级非物质文化遗产代表性项目名录的非物质文化遗产项目进行初评和审议。

初评意见应当经专家评审小组成员过半数通过。专家评审委员会对初评意见进行审议，提出审议意见。

评审工作应当遵循公开、公平、公正的原则。

第二十三条 国务院文化主管部门应当将拟列入国家级非物质文化遗产代表性项目名录的项目予以公示，征求公众意见。公示时间不得少于二十日。

第二十四条 国务院文化主管部门根据专家评审委员会的审议意见和公示结果，拟订国家级非物质文化遗产代表性项目名录，报国务院批准、公布。

第二十五条 国务院文化主管部门应当组织制定保护规划，对国家级非物质文化遗产代表性项目予以保护。

省、自治区、直辖市人民政府文化主管部门应当组织制定保护规划，对本级人民政府批准公布的地方非物质文化遗产代表性项目予以保护。

制定非物质文化遗产代表性项目保护规划，应当对濒临消失的非物质文化遗产代表性项目予以重点保护。

第二十六条 对非物质文化遗产代表性项目集中、特色鲜明、形式和内涵保持完整的特定区域，当地文化主管部门可以制定专项保护规划，报经本级人民政府批准后，实行区域性整体保护。确定对非物质文化遗产实行区域性整体保护，应当尊重当地居民的意愿，并保护属于非物质文化遗产组成部分的实物和场所，避免遭受破坏。

实行区域性整体保护涉及非物质文化遗产集中地村镇或者街区空间规划的，应当由当地城乡规划主管部门依据相关法规制定专项保护规划。

第二十七条 国务院文化主管部门和省、自治区、直辖市人民政府文化主管部门应当对非物质文化遗产代表性项目保护规划的实施情况进行监督检查；发现保护规划未能有效实施的，应当及时纠正、处理。

第四章　非物质文化遗产的传承与传播

第二十八条　国家鼓励和支持开展非物质文化遗产代表性项目的传承、传播。

第二十九条　国务院文化主管部门和省、自治区、直辖市人民政府文化主管部门对本级人民政府批准公布的非物质文化遗产代表性项目，可以认定代表性传承人。

非物质文化遗产代表性项目的代表性传承人应当符合下列条件：

（一）熟练掌握其传承的非物质文化遗产；

（二）在特定领域内具有代表性，并在一定区域内具有较大影响；

（三）积极开展传承活动。

认定非物质文化遗产代表性项目的代表性传承人，应当参照执行本法有关非物质文化遗产代表性项目评审的规定，并将所认定的代表性传承人名单予以公布。

第三十条　县级以上人民政府文化主管部门根据需要，采取下列措施，支持非物质文化遗产代表性项目的代表性传承人开展传承、传播活动：

（一）提供必要的传承场所；

（二）提供必要的经费资助其开展授徒、传艺、交流等活动；

（三）支持其参与社会公益性活动；

（四）支持其开展传承、传播活动的其他措施。

第三十一条　非物质文化遗产代表性项目的代表性传承人应当履行下列义务：

（一）开展传承活动，培养后继人才；

（二）妥善保存相关的实物、资料；

（三）配合文化主管部门和其他有关部门进行非物质文化遗产调查；

（四）参与非物质文化遗产公益性宣传。

非物质文化遗产代表性项目的代表性传承人无正当理由不履行前款规定义务的，文化主管部门可以取消其代表性传承人资格，重新认定该项目的代表性传承人；丧失传承能力的，文化主管部门可以重新认定该项目的代表性传承人。

第三十二条 县级以上人民政府应当结合实际情况，采取有效措施，组织文化主管部门和其他有关部门宣传、展示非物质文化遗产代表性项目。

第三十三条 国家鼓励开展与非物质文化遗产有关的科学技术研究和非物质文化遗产保护、保存方法研究，鼓励开展非物质文化遗产的记录和非物质文化遗产代表性项目的整理、出版等活动。

第三十四条 学校应当按照国务院教育主管部门的规定，开展相关的非物质文化遗产教育。

新闻媒体应当开展非物质文化遗产代表性项目的宣传，普及非物质文化遗产知识。

第三十五条 图书馆、文化馆、博物馆、科技馆等公共文化机构和非物质文化遗产学术研究机构、保护机构以及利用财政性资金举办的文艺表演团体、演出场所经营单位等，应当根据各自业务范围，开展非物质文化遗产的整理、研究、学术交流和非物质文化遗产代表性项目的宣传、展示。

第三十六条 国家鼓励和支持公民、法人和其他组织依法设立非物质文化遗产展示场所和传承场所，展示和传承非物质文化遗产代表性项目。

第三十七条 国家鼓励和支持发挥非物质文化遗产资源的特殊优势，在有效保护的基础上，合理利用非物质文化遗产代表性项目开发具有地方、民族特色和市场潜力的文化产品和文化服务。

开发利用非物质文化遗产代表性项目的，应当支持代表性传承人开展传承活动，保护属于该项目组成部分的实物和场所。

县级以上地方人民政府应当对合理利用非物质文化遗产代表性项目的单位予以扶持。单位合理利用非物质文化遗产代表性项目的，依法享受国家规定的税收优惠。

第五章 法律责任

第三十八条 文化主管部门和其他有关部门的工作人员在非物质文化遗产保护、保存工作中玩忽职守、滥用职权、徇私舞弊的，依法给予处分。

第三十九条 文化主管部门和其他有关部门的工作人员进行非物质文化遗产调查时侵犯调查对象风俗习惯，造成严重后果的，依法给予处分。

第四十条 违反本法规定，破坏属于非物质文化遗产组成部分的实物和场所的，依法承担民事责任；构成违反治安管理行为的，依法给予治安管理处罚。

第四十一条 境外组织违反本法第十五条规定的，由文化主管部门责令改正，给予警告，没收违法所得及调查中取得的实物、资料；情节严重的，并处十万元以上五十万元以下的罚款。

境外个人违反本法第十五条第一款规定的，由文化主管部门责令改正，给予警告，没收违法所得及调查中取得的实物、资料；情节严重的，并处一万元以上五万元以下的罚款。

第四十二条 违反本法规定，构成犯罪的，依法追究刑事责任。

第六章 附 则

第四十三条 建立地方非物质文化遗产代表性项目名录的办法，由省、自治区、直辖市参照本法有关规定制定。

第四十四条 使用非物质文化遗产涉及知识产权的，适用有关法律、行政法规的规定。

对传统医药、传统工艺美术等的保护，其他法律、行政法规另有规定的，依照其规定。

第四十五条 本法自 2011 年 6 月 1 日起施行。